冯长哲　上官存德　李昌峰　编著

宝鸡瓦当

上卷　宝鸡出土瓦当

陕西新华出版传媒集团
陕西人民美術出版社

图书在版编目（C I P）数据

宝鸡瓦当 ：全2册 / 冯长哲，上官存德，李昌峰编著. -- 西安 ：陕西人民美术出版社，2018.2
ISBN 978-7-5368-3441-5

Ⅰ. ①宝… Ⅱ. ①冯… ②上… ③李… Ⅲ. ①瓦当（考古）—研究—宝鸡 Ⅳ. ①K876.34

中国版本图书馆CIP数据核字（2017）第285623号

BAOJI WADANG

宝鸡瓦当

（上、下卷）

冯长哲 上官存德 李昌峰 编著

出版发行：陕西新华出版传媒集团
陕西人民美術出版社
出 版 人：李晓明
地　　址：西安市北大街147号
邮　　编：710003
经　　销：新华书店
印　　刷：西安牵井印务有限公司
规　　格：889毫米×1194毫米　1/16
版　　次：2018年2月第1版　2018年2月第1次印刷
印　　张：72.25
字　　数：247千字
印　　数：1-2000册
书　　号：ISBN 978-7-5368-3441-5
定　　价：500.00元

凡例

一　本书所收瓦当八〇四枚，分上、下两卷，上卷二八七枚，下卷五一七枚。时代上起西周，下讫宋元。

二　上卷所收瓦当均为宝鸡地区出土，为突出瓦当的地域性，以县区为单位，再按瓦当类别依次编排。绝大多数瓦当为公开发表的资料，个别为未发表资料，但出土地点清楚。出土地点尽可能具体，但仅知宝鸡地区出土者，暂归入宝鸡市区。

三　下卷所收瓦当均为宝鸡民间人士所收藏的瓦当，按图像类、图案类、文字类编排。文字类瓦当大致按宫苑、官署、宅舍、祠墓、纪事、吉语、其他类等编排。

四　每一瓦当尽可能注明时代、形制、尺寸、释文、出土地点，某项不详者，暂付阙如。每一瓦当酌情加以必要说明。

五　瓦当中文字残缺或未识者用『□』表明。识字存疑者用『（　）』标注其后。

六　本书图版均为拓片，下卷均取自瓦当原拓片，上卷绝大多数系翻拍所得。由于版面制约，除少量保持原大外，其余均做缩小处理。

宝鸡瓦当

上卷　宝鸡出土瓦当

总目

概述

一、中国古代瓦当概述

（一）瓦当溯源

要说瓦当的起源，先得从砖瓦说起。

砖瓦是中国古代重要的建筑材料。从目前已知的考古资料看，中国发明并使用砖的时代可以追溯到距今约五六千年的仰韶时期。2000年为配合宝鸡市北环路建设，宝鸡市考古工作队在宝鸡市金陵河畔的金台区全家崖遗址，发现了一块带有一角的较厚的残砖块；后来又在位于周原遗址区内的岐山县孙家遗址，也发现了一块较薄的带有一边的残砖块，时代都属于仰韶时期。

虽然史书说夏代就已有了瓦，但截至目前，在考古上还没有发现夏、商两代的瓦。殷墟的考古工作虽说已开展了将近100年，但也没有发现商代的瓦。过去一般认为中国的瓦最早出现在西周时期。20世纪五六十年代，考古工作者先后在长安沣河两岸的丰镐遗址和岐山、扶风的周原遗址中，多次发现西周早期和中期有瓦的实物例证。特别是自1976年以来，考古工作者对周原遗址中位于岐山县的凤雏宗庙建筑遗址和扶风县召陈宫殿遗址的大面积发掘，取得了更加丰富的实物资料。凤雏遗址的出土物经碳十四法测定分析，结果显示年代为公元前1095年前后，这就是说我国用瓦历史并非以前认为的始于公元前7世纪，而是早在公元前11世纪就已开始用瓦了。

中国古代的瓦有板瓦和筒瓦两种，其制作方法是先用泥条盘筑成类似陶水管的圆筒形坯，再切割成两半，成为两个半圆形筒瓦；如果切割成三等份，即成为板瓦。2009年在第三次全国文物普查中，宝鸡市文物普查队在陈仓区桥镇龙山时期的遗址中，发现了当时的建筑材料筒瓦和板瓦。这是一个划时代的发现，把中国烧制瓦的历史从西周提前了1000多年。也就是说，这种筒瓦和板瓦的烧造年代可以追溯到距今4000多年的龙山文化时期。

房屋顶部覆瓦时，相对宽大的板瓦先顺次仰置于屋顶，再以弧度较大的筒瓦覆扣于板瓦间的接缝上，以防漏雨。在接近屋檐的最下的一个筒瓦头部有一下垂的半圆形或圆形部分，这就是瓦当。瓦当有圆形、半圆形和月牙形等，俗称『筒瓦头』或『瓦头』，也有叫『瓦挡』的。在瓦当铭文中，有称『瓦』的，如『都司空瓦』；也有称『当』的，如『兰池宫当』『蕲年宫当』『巨杨冢当』等。陈直先生引用班固《西都赋》中『裁金璧以饰珰』句，释『珰』为『椽头饰也』。以今瓦当之位置考察，正是位于筒瓦之端，椽头之上，用于蔽饰屋檐出头之木，故『瓦当』之得名很可能因其位置和作用而来。作为筒瓦瓦头的瓦当，有保护房屋椽子免受风雨侵蚀而『出头先烂』的实用功能，以延续建筑寿命。

考古资料表明，在西周时期，瓦当就已出现和被使用。在今陕西扶风和岐山北部交界一带的周原遗址范围内，发现了当时的瓦当，距今已有3000多年的历史，被认为是我国历史上最早、最原始的瓦当。在西周瓦当滥觞之初，瓦当皆作半圆形，除众多的素面半瓦当外，还有重环纹半瓦当，这种重环纹是当时青铜器的典型纹饰。至战国，七雄各霸一方，各国所用的瓦当多富于浓厚的地方色彩，其中以秦都雍城的动物纹瓦当最为杰出。

瓦当最初是素面无纹的，仅体现了遮风挡雨的实用功能。随着社会发展和传统建筑美学的建立及人们审美观念的变化，当面开始出现了树木纹、莲花纹、兽面纹等纹饰。人们在当面上施以各种纹饰、文字或图案，赋予人类更多的思想和情感，使之更加艺术化，在其承担保护椽头免受侵蚀的同时又兼具美化屋檐的装饰功能。

（二）瓦当历程

历史悠久的瓦当作为中国古代建筑体系的特有构件，体现了鲜明的时代精神、审美情趣和一定的文化特征，是具有强烈的时代和区域特色的历史文化遗物。

瓦当肇始于西周，发展于春秋战国，盛于秦汉，特别是两汉时期，瓦当图像、图案丰富多彩，变化无穷，更是出现了篆、隶、鸟虫等各体文字的文字瓦当，使瓦当艺术从内容到形式都达到了繁荣鼎盛的极点。自魏隋唐以后，由于佛教的广泛传播，冲击了整个传统文化的方方面面，瓦当艺术成了佛教思想的附属品，图案纹饰渐趋单一、呆乏，从而日趋衰落了。

早期的瓦当主要发现于陕西的周原遗址，形状均为半圆形，多为素面，或饰有简单的弦纹或重环纹，与西周铜器上的同类纹饰甚为相似。

春秋战国时期，社会政治、经济、思想文化的巨大变化，带来了艺术的空前活跃。诸侯国分立割据，楼阁参差林立，在各自独特的自然和人文环境下，形成各具特色的瓦当艺术形式。如燕国的饕餮纹瓦当，齐鲁的树木纹瓦当，三晋的卷云纹、三兽纹瓦当。以齐燕为代表的瓦当纹饰主要特征是左右对称性，如齐国的一树双兽纹、树木卷云纹等左右对称构图的半圆瓦当。与之风格迥异的主要是秦国瓦当，其纹饰以动物、飞禽为主，笔法粗犷古朴，不重细部刻画，而着力于形象的内在精神，构图凝练，简洁生动，反映的是一种颇具游牧特色的狩猎经济和贵族统治阶级频繁田猎的习俗。

秦国建都雍城，宫殿、宗庙广布，规模宏大。秦穆公时戎王使由余使秦，看到秦国宫殿和积蓄的财物时不由感叹道：『使鬼为之，则劳神矣；使人为之，则苦民矣。』

春秋时期的秦国瓦当，一般为素面或绳纹半瓦当。所见绳纹半瓦当，当面饰凹弦纹两道或三道，弦纹间夹一组或两组细绳纹。目前主要发现于春秋时期秦都雍城遗址范围内，在千河下游两岸及阳平附近的渭河南北两岸春秋时期的遗址中也有发现。

进入战国以后，秦国瓦当的发展进入了繁荣时期，瓦当纹饰取材广泛，山峰之气、禽鸟鹿獾、鱼龟草虫皆有，但主要以动物形象居多。动物纹瓦当包括：夔纹、龙纹、凤纹、夔凤纹、虎纹、蟾蜍纹、獾纹、虎雁纹、斗兽纹、鹿纹、鹿鱼纹、鸟纹等。大量的动物纹瓦当显示出秦人对动物的偏爱与细心观察，如奔鹿的矫健，卧鹿的机警，子母鹿的温情等都表现得淋漓尽致。

秦代拉开了中国古代瓦当艺术辉煌发展时代的序幕。始皇横扫六合，一统中原，『秦每破诸侯，写放其宫室，作之咸阳北阪上』（《史记·秦始皇本纪》），同时又大修离宫别苑、坟墓陵寝，把瓦当艺术推向一个高峰。秦代瓦当纹饰有图像和图案两大类，图像类主要为鹿、豹、鱼、鸟等动物纹。图案类主要为变幻无穷的各式云纹。其大型『瓦当王』气派，也正配得上不可一世的秦帝国的国威。

汉代是瓦当艺术的巅峰时代，这是建立在统一的封建帝国物质和精神发展基础之上的。西汉初年，经过了 70 余年的休养生息，国力得到逐渐恢复，经济文化有了新的发展，建筑方面也取得了长足进展。京畿之地宫苑棋布，离宫别馆遍及全国。以国都长安为中心的宫殿建筑，如长乐宫、未央宫、明光宫、北宫、桂宫、建章宫以及上林苑，各抱地势，连属成群，华丽豪奢，每处能容『千乘万骑』。而在这些建筑上必用瓦当以显示皇家的气派与威严，这就为瓦当在汉代大放异彩奠定了广阔的发展基础。

大型的宫殿、仓庾、陵墓建筑都必饰以瓦当，文字瓦当最具汉代时代特色，可谓盛况空前。盛极两汉的文字瓦当内容十分丰富，辞藻极为华丽。内容有吉祥颂祷之辞，有宫苑、陵墓、仓庾、私宅等纪名文字以及纪事者等。字数从一至十不等。在文字布置上，有多种组合结构，布局活泼巧妙，疏密错落，随势为之。更有画、文相配，画中有字、字中有画的完美结合，给人一种极强的艺术享受，其高妙的书法价值更被历代文人墨客推崇备至。

汉代瓦当装饰风格具有古拙、质朴的特点，但古拙而不呆板，朴质而不简陋，装饰意趣浓厚。汉代图案纹饰更加丰富，出现了许多新的结构形式，特别是云纹瓦当更具装饰性，出现云与字、云与动物相结合的图案，富于变化，令人目不暇接。在流行的圆形瓦当上，最常见的装饰纹样之一是卷云纹。卷云纹变化较多，有的四面对称，中间以直线相隔，形成曲线和直线的对比；有的作同向旋转形。这样图纹的瓦当，富有韵律美感。因此汉代瓦当集西周以来之大成，体现出中华民族传统艺术风貌的精神气质，使瓦当艺术达到光辉灿烂的顶点。

北魏六朝以至唐宋，是瓦当艺术逐渐衰落的时期，文字瓦当大为减少，花纹图案也变得单一。莲花纹虽早在秦代就曾作为瓦当的装饰纹样，但数量不多，未形成主流。在佛教艺术中，莲花代表『净土』，寓意吉祥，象征『自性清净』，也是佛教修持圆满的标志。因此，从六朝早期开始，莲花就随着佛教思想的传播和佛教中国化的过程而逐渐与人们的日常生活相结合。到了南朝的梁代，佛教空前盛行，上至皇帝，下至百姓，都是佛教信徒。在梁武帝的大力倡导下，佛教成为『国教』，并得到了更大的发展。莲花是佛教尊崇的信物，于是莲花瓦当开始在全国盛行，并且莲花图案出现在当时人们生活的各个方面，小到日用器皿，大到佛堂供器，处处可见莲花纹的装饰。然而，此时的莲花纹却失去秦时的创造性而走向庸俗化了。隋唐五代，莲花纹成为最普遍的瓦当纹饰。

从宋代开始，一直延续到明清，兽面纹瓦当渐渐取代了莲花纹瓦当的主导地位，俗称『猫头瓦』。早期的兽面比较突出，宋元时期的兽面上鬣髯甚密，纹理也较繁复，形象凶猛。元代以后兽面形象简化。明清时宫殿建筑上用蟠龙纹瓦当，在有些建筑上今天还能看到。

（三）瓦当分类

瓦当的分类标准很多，学者常以瓦当的形制、材质、纹饰来分类，其中以纹饰分类最有研究意义。

瓦以形制分类可分为板瓦和筒瓦两种，但瓦当仅为筒瓦的一个部分。瓦当就形制区分，有半圆形、大半圆形和圆形三种。半圆形瓦当出现时期最早，主要发现于陕西省宝鸡市岐山扶风交界的周原遗址。春秋战国时期虽已经出现了圆形瓦当，但是以半圆形为主。大半圆形瓦当出现于秦代，如夔纹大半圆形瓦当，出土于陕西秦始皇陵建筑基址，当径最大 61 厘米，高 48 厘米，当面图案由两条夔纹组成，呈左右相向对称状，被誉为『瓦当王』。最为常见的圆形瓦当，出现于战国晚期。秦汉时，圆形瓦当十分盛行，半圆形瓦当逐渐被淘汰。到东汉时期，半圆形瓦当绝迹，圆形瓦当则一统天下。

瓦当以材质分类主要有灰陶瓦当、琉璃瓦当和金属瓦当。灰陶瓦当资格最老，也最普通，从西周到明清始终是瓦当中最主要的品种。琉璃瓦当大约唐代以后出现。琉璃瓦当是在泥质瓦坯上施釉烧制而成的，颜色有青、绿、蓝、黄等，都是用于等级较高的建筑物。宋元明清时期，个别建筑物上使用了金属瓦当。金属瓦当有铸铁、黄铜和抹金三个品种，仅在个别建筑物上使用。

瓦当虽变化万千，但从纹饰上看，基本上可分为三大类：图案纹瓦当、图像纹瓦当和文字瓦当。

图案纹瓦当在瓦当中所占比例最大，它是在图像纹瓦当的基础上发展起来的。图案纹所描述的图案并非指人们生活、生产中所见到的某些具体物件或事物表象，而是通过对某些事物的表象进行抽象、变异或者高度提炼，用各种长短、曲直不等的线条描绘出的一种共性的图案，给人一种强烈的规范化、程式化的美感。如秦汉时期各种云纹瓦当、葵纹瓦当等，图案形式虽大同小异，但构图却千变万化。

图像纹瓦当首先出现于战国时期的秦国，最早是单体的动物形象，继而是组合的动物形象图案出现。当面没有界格，而设有界格的瓦当时代略晚。图像纹瓦当在西汉早、中期十分流行，直至西汉晚期，才逐渐被盛行的文字瓦当所取代。随着佛教的传入，南北朝时期又出现了兽面纹瓦当、莲花纹瓦当，唐代出现了佛像造型瓦当等，直至明清时期图像纹瓦当中的云龙纹仍很盛行。

文字瓦当出现最晚，盛行于两汉时期。目前对文字瓦当的出现时间学界看法不一。宋人或以为文字瓦当出现于秦宫旧址而定文字瓦当滥觞于秦。如以『羽阳千岁』『羽阳临渭』等瓦当，并以羽阳宫始建于战国秦武王为据，指其为战国之物。今人也有据『年宫』文字瓦，指其为战国秦惠公所造蕲年宫所用之物。但也有学者对此提出质疑，认为宫殿建筑往往能使用很长时间，后代也时常翻新换瓦，秦宫汉葺是普遍现象，这怎能确认一座秦汉两朝都曾使用的建筑基址上出土的瓦当，必为秦物而不会是汉人大修时重新换上的呢？

文字瓦当究竟出现于秦还是汉，有学者指出传统的金石学方法已无力鉴别，重任落在现代考古学的

肩上。通过大量的考古资料分析，认为文字瓦当可能出现于汉景帝时期（前156—前141），普及于武帝时期（前140—前87），鼎盛于西汉中晚期。但也有学者根据凤翔雍城遗址出土的『华市』卷云纹瓦当，认为这是目前所发现的最早的文字瓦当。如是，则文字瓦当最早出现于战国时期的秦国。该瓦当单线，中心圆内饰纽，内外圆之间有四组纹饰，上下各饰一组相背向单云纹，中间有『华市』二字。『华市』二字变形夸张，与卷云纹浑然一体。

文字瓦当的装饰功能是通过当面巧妙布局文字来实现的。文字瓦当本身不仅是一种艺术品，而且其文字所包含的社会意识形态方面的内容，也是统治者弘扬其政治思想的载体。在汉代瓦当中，以文字瓦当的数量最大，最具时代特色。这类瓦当特点是在形制上分区划界，中心是乳钉与连珠，给铭文安排一个固定模式，在此范围内做上下左右的变化。文字数目不定，最少者一字，最长可达十多字。字体有小篆、鸟虫篆、隶书、真书等，布局疏密相间，用笔粗犷。在书法上不拘一格，烂漫天真，气韵安定，丰满舒畅，艺术价值很高，成为中国陶制品中独具魅力的珍品。

根据瓦当上文字内容，文字瓦当可分为宫苑、官署、宅舍、祠墓、纪事、吉语和其他七大类。从现有资料看，不同文字内容的瓦当有近四百种，其中吉语文字类约占半数。用于宫殿、官署、陵园类的瓦当如『上林』『蕲年宫当』『羽阳千秋』『八风寿存当』『平乐宫阿』『长陵西当』『长陵东当』『京师仓当』『齐园宫当』等。用于私人居宅及祠堂、陵墓建筑物的，如『马氏殿当』『李』字瓦当、『金』字瓦当、『冢』字瓦当、『殷氏冢当』『巨杨冢当』『冢上大当』等。吉祥语类瓦当是表达人们祈祷吉祥的愿望，如『延年益寿』『长乐无极』『长生无极』『与华相宜』『千秋万岁』『永受嘉福』『嘉气始降』『永寿无疆』『六畜蕃息』『万岁未央』等。除此以外，还有带纪念意义的，如『汉并天下』；表示怀念性的，如『长毋相忘』等。

文字瓦当四个字的较多，也有单字或两字的，如『卫』字瓦当、『乐』字瓦当、『宫』字瓦当、『便』字瓦当，『甘林』瓦当、『延年』瓦当、『上林』瓦当、『佐弋』瓦当、『右将』瓦当等。还有多字瓦当，如『与民世世天地相方永安中正』『长乐未央延年永寿昌』『千秋万世长乐未央昌』『千秋万岁与地无极』『维天降灵延元万年天下康宁』等。

汉代文字瓦当是中国文字瓦当艺术的集大成者，是非常重要的文字史证资料，对研究建筑史、文字演变史均有很高的学术价值。同时运用文字线条的揖让伸缩，形成一种变化无穷的美的旋律；而小篆书体，排列组织和谐匀称，布局讲究，显示出汉代质朴浑厚的艺术风格，其艺术观赏性可与精致的汉印相媲美。

（四）瓦当艺术

瓦当集绘画、浮雕、工艺美术及书法于一身，以其独特的艺术形式和装饰手法成为中国古代艺术宝库中的一个极具特色的艺术种类，千百年来，始终发挥着经久不息的艺术魅力。

中国古代瓦当纹饰的题材是十分丰富的，尤其是春秋战国至秦汉时期，瓦当纹饰的取材囊括了天上、地下、神话世界和人间生活的各个方面。从幻想中的猛兽饕餮、龙凤四神，到自然界各种飞禽走兽、花草树木、房屋人物、云彩图形及抽象的几何线条，都浓缩在小小的当面，描绘出一个龙飞凤舞、鹿奔虎啸、鸟飞鱼跃、祥云缭绕，充满非凡活力和旺盛生命力的异常热闹世界。

古代的能工巧匠们以特有的艺术敏感，在极其有限的空间里，容纳进社会生活中政治的、经济的、

思想的、宗教幻想的各种内容。即使是在瓦当艺术逐渐衰落、瓦当纹饰题材变得极为单调的情况下，南北朝、隋唐瓦当上的莲花纹也以其圆润而遒劲的线条显示出雍容华贵、富丽堂皇的美感。

瓦当艺术也是一种精美的造型艺术，除瓦当自身外观造型外，更重要的是纹饰的造型。中国古代瓦当一般都是半圆形和圆形。圆弧是一种富有动感和韵律美的造型，作为纹饰造型的背景和映衬，能更加突出整个画面静中有动、方圆结合的呼应和统一，增强艺术形象的整体性的美感。古代艺术家已自觉地运用这一原则，充分发挥瓦当自身造型的衬托作用，在有限的当面上，以传神的笔法塑造出各种各样、变幻无穷的艺术形象，给人以美的艺术享受。

秦国瓦当的动物造型是十分成功的。其塑造形象多以粗轮廓的单耳双腿侧面剪影形象出现。造型极为生动、简洁，整个画面粗犷古朴，自由奔放，注重形象内在精神的体现，而不耽于局部和细部的刻画。如战国秦的『奔虎逐雁』瓦当，以极为洗练的笔法塑造出虎的生动形象。竖直微卷的虎尾，环钩状的利爪，腿部的大块肌肉表现了虎的力度。作者捕捉了猛虎扑食的动态形象瞬间中相对静止的刹那，既将老虎狡黠、矫健的性格形象展现在观者眼前，又巧妙地运用了烘托、渲染的艺术手法，以善飞的大雁来衬托虎的迅捷和紧张的气氛。

在各种瓦当纹饰中，云纹瓦当的造型是最为多样的。它以中心为支点，采用对角线的方法，通常以单、双界格将当面分为四个象限，使云的形象作了重复，图案既有多种变化而又富有规律，在深沉中求轻盈，在力度刚劲中求活泼，显得庄重而华丽；又仿佛风卷流云，给人一种流动的美。而当心的固定图案也多种多样，如树枝纹、曲尺纹、网格纹、米字纹、四叶纹、乳钉纹等，与云纹巧妙地搭配，构成了一幅幅生动和谐的花纹图案。

汉代艺术的浪漫色彩也直接影响了瓦当造型艺术。工匠们以灵巧智慧的双手，通过瓦当这个舞台，塑造出一个个飞扬流动而又古朴可爱的艺术形象。如四神翼虎、蟾蜍与玉兔纹瓦当，完全是粗线条、粗轮廓的大手笔，不做任何细部的直接描绘，直线、棱角、方形又是那样突出，看起来是那样笨拙古老，姿态不符常情。但这一切却增加了它们力量、气势的美，构成汉代艺术古拙质朴的风格，简而不俗，夸而不饰，饰而不诬。那种蓬勃旺盛的生命力，那种天真狂放的气势，那种征服世界的自信的力量，可以说更多地呈现出中华民族积极向上的精神状态。

瓦当是兼实用与装饰为一体的建筑配件。这就决定了瓦当必须安放在相当高度的屋顶、檐头的位置上，在有限的面积上，在仰视和远视的重重局限下，尽可能以最为醒目突出的构图形式来实现自己的装饰性。古代瓦当纹饰不论是中轴线对称结构，辐射圆旋结构还是任意灵活性结构，都力图做到主题突出，结构均衡，并达到最好的装饰效果。

大多数瓦当纹饰讲究对称。对称结构是中国古典艺术的传统特色，它的特点是等量同形，即以中轴线中心点为支撑，上下左右配置相同形状和大小的纹饰，使整个画面既庄重大方，又富有节奏和韵律。而图案瓦当主要采用辐射圆旋结构，以圆心为中心，向四面八方伸出辐射线，如太阳纹伸出的辐射线，有如太阳光芒，给人一种旭日东升、朝气蓬勃的感受。此外还有葵纹和一些云纹，其图案花纹呈现出向左右旋转的运动状态，强调和追求图案内在联系的完整结构。整个画面活泼洗练，朴素美观，具有强烈的韵律感和健康向上的审美情趣。

秦汉动物图像纹饰主要采用任意结构，当面都有一个主体纹饰，画面舒展自由，不拘一格。其气势铺天盖地，占去画面绝大部分，以不对称的灵活构图烘托出形象的动感，以浓重、粗拙的笔法渲染出一

种单纯、烂漫的情怀，与后世的轻巧空灵之美完全不同，整个画面给人以朴实饱满和古拙的美。

与秦图像瓦当取材于现实生活不同，汉代瓦当的珍禽异兽图像多是取材于现实而又经过了高度艺术夸张，超脱于现实生活，通过丰富的想象，巧妙的构思，细腻而不繁缛的线条勾勒，将汉代质朴浑厚、自由奔放、气势磅礴的艺术风格表现得淋漓尽致，极富浪漫主义色彩。

文字瓦当是汉代瓦当的主流，在圆形当面这一特定范围内，依形就势，促长行短，互为避就，不取方正，充分发挥了篆文书法的装饰艺术效果，显示出汉代质朴浑厚的艺术风格。

在象形基础上所演化出来的线条章法和形体结构成为中国汉字之美的独特表现，即在于它们曲直适宜，纵横合度，结体自如，布局完满。瓦当文字正是利用有限的空间淋漓尽致地体现了这种美，达到了与印章异曲同工的艺术效果。它根据文字的多少、繁简，精心布置，或雄壮磅礴，或敦厚古朴，或凌厉刚健，或流畅洒脱，疏密错落，粗细相映，达到饱满酣畅、刚柔相济、均衡舒适的艺术效果。如一字文瓦当『卫』『李』等，以整个当面为一单元布置文字，字的外笔画依圆而变，曲直相映。或有在文字空白处填以云纹等予以点缀，刻意求工，给人一种图案美。二字者有左右结构或上下结构，讲究对称美。虽然笔画有繁有简，如『千秋』『佐弋』等，二字笔画繁简悬殊，制作者为使两边对称，巧妙地将『秋』字的『火』部，『佐』字的『亻』部放在当面正中，这样就形成了『千』与『禾』『左』与『弋』的对称结构。此外还有多单元和无单元结构，依字多少、繁简，灵活配置，十分活泼紧凑。在处理一些较为特殊的情形时，古代的瓦当制作者们还采用了许多巧妙、灵活的变体结构，以达到理想的艺术效果。为了使『八风寿存当』这五字安排在四个单元中，瓦当制作者把『八风』二字合为一体，排在一个单元之中。如『右将』瓦，为求得二字匀称、平衡，作者把『将』字左右结构拆开，变为上下结构。在『延年益寿』当中，『益寿』二字排得密不透风，而『延年』却极为宽松，颇有趣味。

二、宝鸡地区瓦当的发现与研究

宝鸡位于陕西关中平原西部，东连咸阳，南接汉中，西北与甘肃省的天水、平凉毗邻。渭河从秦岭和渭北高原间穿过，秦岭群峰与渭河平原互为映衬，构成了宝鸡市的地貌主体。境内秦岭主峰太白山海拔3767米，是中国大陆青藏高原以东的最高山峰。宝鸡地质构造复杂，地貌差异大，南、西、北三面环山，以渭河为中轴向东拓展。山、川、塬具备的独特地理环境，肥沃的土质，温和的气候，适中的雨量，使宝鸡千百年来成为宜农、宜牧、宜渔的风水宝地，成为孕育中华文明的摇篮之一。

7000年前，北首岭人在这里刀耕火种，点燃了文明的火种。5000年前，中华民族的人文初祖——炎帝，诞生在这里。3000多年前，周人的祖先来到这里，用勤劳与智慧，浇铸出了『青铜器之乡』。从公元前763年秦文公率兵东猎陈仓，到公元前350年秦孝公迁都咸阳的四个多世纪里，秦人活动的中心舞台，就在今陕西宝鸡一带。在这里秦经历了一段由弱到强的创业历程，为后来统一六国，建立多民族的中央集权帝国，打下了坚实的政治、经济、文化和军事基础。悠久的历史，灿烂的古代文明，留下了星罗棋布的文物遗迹。这里发现了中国最早的砖瓦，而最早的瓦当（西周瓦当），也在这里发现。

（一）宝鸡瓦当研究与著录

宝鸡地区瓦当发现与著录的历史是比较早的。北宋的王辟之在《渑水燕谈录》中有关于『羽阳千岁』瓦当的记载，应是关于瓦当最早的、最明确的文字记载。文中提到『羽阳千岁』瓦当云：『秦武公

作羽阳宫，在凤翔宝鸡县界……居民权氏浚池，得古铜（筒）瓦五，皆破，独一瓦完。面径四寸四分，瓦面隐起四字，曰：「羽阳千岁」』。稍后的黄伯思在《东观余论·古瓦辨》中写道：『今有长安民，献秦武公羽阳宫瓦十余枚，若今人筒瓦然，首有「羽阳千岁」「万岁」字，其瓦犹今旧瓦，殊不朽腐。』

《宝鸡县志·卷十四》羽阳瓦篆条亦云：『羽阳千载，陆友仁《研北杂志》，羽阳宫在凤翔宝鸡县，宋元祐六年正月直县门之东百步，居民浚地得古铜瓦五，独一尚完，径四寸五分，瓦面隐起四字曰「羽阳千载」，篆书随势为之。《渑水燕谈录》所载为「羽阳千岁」，云得之者乃县之民权氏。』

1963 年陈直先生发表的《秦汉瓦当概述》，标志着自宋代以来的瓦当研究开始从传统金石学，走向现代考古学。20 世纪 60 年代初，中国科学院考古研究所与陕西省考古研究所在凤翔南古城遗址考古试掘，出土了战国时期的叶纹、葵纹、辐射纹瓦当和汉代的云纹瓦当。这是现代考古学对瓦当的首次发现与研究。此后，随着考古工作的进一步深入，发现日渐增多，大批有准确地层的瓦当出土，为瓦当的分期断代提供了科学依据，使传世的『瓦学』研究与现代考古学紧密相连。

2002 年刘怀君、王力军先生出版了《秦汉遗珍——眉县秦汉瓦当图录》一书，这是第一部专门研究宝鸡地区秦汉瓦当的专著，冲破了传统著录瓦当的藩篱，独树一宫一书的新形式。书后还附录了历年来眉县西岭村、赵家庄、尧上村等地秦汉遗址出土的部分瓦当，是一部图录和文字密切结合的研究成果著作。该书在文字叙述和图案拓印上也有鲜明的特性，文字重点说明无法看到的瓦当当背情况，独辟蹊径，使读者得以全面了解瓦当当背图案，为以后的瓦当图案收集、研究开辟了新的思路。

2002 年傅嘉仪先生编著的《中国瓦当艺术》一书，第一部分就是宝鸡雍城遗址出土的瓦当，其范围扩大到岐山、扶风交界一带周原遗址。介绍了114件瓦当，时代上至西周，下讫秦汉。

2004年王世昌先生的《陕西古代砖瓦图典》一书，第二章第一节是雍城遗址出土的瓦当，分为半瓦当和圆瓦当，圆瓦当部分按图像、图案和文字瓦当分别介绍了47件雍城出土的瓦当。第二节为凤翔凹里秦汉遗址出土的瓦当，通过图表介绍了三式葵纹瓦当和八式云纹瓦当。在第三章对眉县秦汉建筑遗址出土的文字瓦当『成山瓦当』『眉』字瓦当、云纹瓦当分别进行了介绍。

2008年陕西省考古研究院编撰的《雍城秦汉瓦当集萃》四卷本，比较全面地介绍了近年来雍城考古中所发现的瓦当。

2016年冯长哲先生等出版的《雍城秦汉瓦当》一书，以雍城出土的秦汉瓦当为主，附录收集了散见于其他出版物中宝鸡出土的瓦当，文字与图案相配。该书是近年来宝鸡秦汉瓦当研究的集大成者。

（二）宝鸡瓦当出土情况

在宝鸡市区及扶风、岐山、凤翔、眉县、麟游、陇县等地都发现了瓦当，各有特色。周原遗址发现了中国最早的瓦当——西周瓦当；秦汉瓦当主要发现于宝鸡市区、雍城遗址、眉县这三个区域；麟游县因为曾是隋唐两代帝王避暑胜地而建离宫别馆，开凿石窟，佛教大兴，所以这里与佛教有关的瓦当很有特色。宝鸡市区发现瓦当的时间最早，雍城遗址发现的瓦当最多、考古发掘最多、研究最丰，眉县发现的瓦当最集中。

宝鸡市区

说到瓦当收藏的发轫，不能不提及『羽阳千岁』瓦当。北宋时，瓦当著录的开山名篇《渑水燕谈

录》就已有记录。自宋以来，羽阳宫瓦在宝鸡火车站西出土之频、种类之多、数量之大，都是罕见的，而以『千岁』最多，『万岁』次之。如1935年至1940年，修建宝鸡火车站时，又在那里发现了大量的羽阳类瓦当，当时多被毁以铺路。1958年宝鸡博物馆建成后，从当地居民手中征集到『羽阳千岁』瓦当4枚。目前陕西历史博物馆、陕西省考古研究院和宝鸡青铜器博物院，以及陕西安康、临潼、凤翔等地文博单位都收藏有瓦当，估计私人手中亦有不少。羽阳宫是秦的重要宫殿之一，由于年代久远，后世没能知其具体地址。这些瓦当的大量发现说明现在的宝鸡市马道巷至火车站一带就是秦汉时期的羽阳宫遗址所在地。随着市政建设的大规模展开，羽阳宫旧址已不复存在。

周原地区

周原地区发现了中国最早的瓦当——西周时期的瓦当。1976年以来周原考古队对扶风县召陈村周原遗址进行了多次发掘，发现多处大型宫殿建筑遗址，出土的西周瓦，数量品种之多前所未有。考古工作者先后在召陈村以西，甲、乙、丙三区西周建筑遗址的晚期地层中（早期地层未发现瓦当），以及强家沟、董家村等5处遗址中发掘和采集到的共50多件瓦当，均为半瓦当。有素面、刻画纹两种，均属西周晚期遗物。其共同特点是：泥质细、火候高、质地坚硬、结构紧密。残破处可见瓦色分浅灰、灰、深灰三色。其制法为先造当面，再制筒瓦，后做边轮，然后以手捏抹，使其边轮与当面和筒瓦牢固地合拢黏接，等半干后再用陶拍拍打，瓦背面有拍打痕迹。最后从上纵切一分为二，即成为两个带瓦当的筒瓦，破损处层次清晰可见。当面阴刻纹饰并非模制，似为信手刻画而就。虽不甚规整但线条柔和流畅，简洁大方，工匠技艺异常熟练。当面的重环纹与西周青铜器上的回纹、雷云纹有极相似之处。

雍城地区

在秦旧都雍城的各类遗存考古中，当时凡使用瓦的地方都有瓦当的伴出现象。如姚家岗、马家庄、铁丰三大宫殿区建筑群，凤尾村与高王寺贵族聚集区建筑群，城墙城门与城内高台建筑，以及汉代衙署与民居建筑等。此外，考古人员发现的西汉时期孙家南头千河码头仓储建筑遗址、城内豆腐村与铁丰村东周时期陶质建筑作坊遗址等，都发现了大量瓦当。因此，在雍城所出土的瓦当，其时代自春秋战国、秦代延续至西汉时期；在整个关中地区，秦汉瓦当具有连续性、典型性、代表性的特征。

雍城瓦当重要的出土情况有：

1959年和1961年，陕西省考古研究所在凤翔南古城村进行钻探和试掘时，获得了一批云纹和文字瓦当。

1962年10月，考古人员在南古城村东北，马家庄村西北与豆腐村南地区，发现了『年宫』和『棫阳』瓦当。

1982年，陕西雍城考古队对东至纸坊镇瓦窑头村，西至南指挥镇高家河村，北起纸坊镇铁沟村，南到南指挥镇东社村范围之内以及位于千河东岸的长青镇孙家南头瓦王寺等地有关遗址进行了调查，先后采集到『蕲年宫当』『巨杨冢当』『万岁冢当』和虎雁纹瓦当、猎人斗兽纹瓦当、鹿纹瓦当、房屋建筑纹瓦当及数量较多的云纹瓦当等。

1982年至1984年，凤翔县文化馆在铁丰村至高王寺一带的雍城遗址范围内采集到鹿蟾狗雁纹瓦当和凤鸟纹、蛙纹、奔鹿纹、单獾云纹瓦当等。

1986年，陕西雍城考古队对凤翔县横水镇凹里秦汉建筑遗址进行了调查和钻探，发现和采集到了鱼鸟纹、双獾纹、云纹等战国秦瓦当和『长生无极』『大宜子孙』等西汉瓦当。

1992年至1995年，凤翔县博物馆在长青镇孙家南头征集到虎纹瓦当、葵纹瓦当、云纹瓦当、朱雀纹瓦当和『来谷宫当』、『长生未央』、『长生无极』瓦当。

1996年，陕西省考古研究所对孙家南头秦汉建筑遗址进行试掘，出土大量筒瓦、板瓦等建筑材料及大批瓦当。其中有『蕲年宫当』、『橐泉宫当』、『来谷宫当』、『竹泉宫当』文字纹瓦当及虎纹、鹿纹、朱雀纹等动物纹瓦当和云纹瓦当等。同年又在凤翔县东南三岔村征集到东周时期的『橐泉宫当』瓦当。

2005年冬至2006年春，由陕西省考古研究院、宝鸡市考古研究所、凤翔县博物馆联合组队，对位于雍城城址范围内西北角的豆腐村战国时期陶质建材作坊遗址进行了抢救性考古发掘，出土了大量文物。除制陶工具和所制的方砖、槽形板瓦、筒瓦、贴面墙砖、陶塑外，还有一批很有特色的瓦当，总数达两千余件，瓦当主要以动物纹为主，有鹿蟾狗雁纹、鹿纹、鹿蛇纹、虎纹、虎雁纹、豹鹿鱼纹、单獾纹、双獾纹、凤鸟纹、蛙纹等，另外还有一批云纹瓦当和素面瓦当等。此次系雍城出土瓦当数量最多的一次。此次考古发掘出土瓦当因作于当时制作的场所，这批瓦当有一部分是因为火候过高或烧制过程中其他不当原因成为废品，还有一些虽然完整但可能是与之相连接的筒瓦损坏而遭废弃的。这里发掘出土的动物纹瓦当与以前在雍城建筑遗址上发掘采集到的部分瓦当的品类和造型完全相同，说明雍城大量的建筑材料可能来源于该作坊。

眉县

1981年，全国第二次文物普查时，在眉县县城西南7.5公里的第五村，发现较大规模的秦汉遗址。此后不断有秦汉时期的砖瓦建筑材料出土。1983年，眉县文化馆的刘怀君先生在该遗址发现了『成山』字样的文字纹瓦当，引起学术界瞩目，开始不断有人前往探寻。1990 年，西北大学的赵丛苍先生与刘怀君先生一道对该遗址进行了田野调查，获得了不少第一手资料。2000 年 3 月，宝鸡市考古工作队与眉县文化馆联合，对眉县第五村秦汉遗址进行了调查与试掘，在清理的灰坑中得到一大批建筑材料，尤以板瓦、筒瓦、瓦当居多，不同个体瓦当残片近 500 件，其中个体超过三分之一者有 300 枚。从形制上分，有大半圆形瓦当、半圆形瓦当和圆形瓦当；以纹饰分，有素面瓦当、图像瓦当、图案瓦当以及文字瓦当等几种。这批珍贵的建筑资料的获得，使人们对成山宫遗址的文化面貌有了更清楚的认识。

（三）宝鸡瓦当的分类

瓦当的分类标准很多，通常以瓦当的形制、材质、纹饰来分类，其中以纹饰来分类最有研究意义。按纹饰分类一般可分为图像纹、图案纹及文字类三大类。三大类分法看似简明，但有时不好把握图形纹饰与图案纹饰的界限，有些内容复杂的瓦当也不好归类，导致同一瓦当有不同叫法。

素面及绳纹瓦当

素面瓦当分素面半瓦当和素面圆瓦当。素面半瓦当是瓦当家族中最早的成员。素面圆瓦当见于战国早期，以后已极少使用。

素面瓦当盛行于春秋中晚期至战国早期秦建筑遗址中。如凤翔县豆腐村战国制陶作坊遗址出土的素面半瓦当，面径 13~17 厘米，筒瓦内拍印大麻点纹并留有明显的一层层泥条盘筑痕迹，瓦色青灰，瓦质坚硬厚重，是早期秦瓦的典型特征。

绳纹半瓦当在素面半瓦当面上有绳纹的饰带，多与素面半瓦当相伴出土，流行于春秋中晚期，沿用

至战国早期。在凤翔县豆腐村姚家岗春秋建筑遗址、马家庄春秋中晚期建筑（秦宗庙）遗址、凤翔县瓦窑头村及凤翔县豆腐村战国制陶作坊遗址皆有出土，面径 12~15 厘米。瓦色浅灰，泥条盘筑，所附筒瓦为绳纹。当面或饰交错绳纹，或饰凹纹两道弦纹，弦纹间夹一组细绳纹。简单的风格流露着瓦当『童年』的纯真。此类瓦当时代多为春秋时期。

动物纹瓦当

动物纹瓦当是战国秦最具特色的瓦当。工匠们以秦人狩猎常见的动物为主要表现对象，反映狩猎活动在战国时期秦人经济生活中所占的重要地位，以及王公贵族频于田猎的习俗。

当面主体纹饰为动物纹，基本上都是圆瓦当，无界格。瓦当呈青灰色，陶质坚硬，边轮较窄。根据当面动物组合、种类又可分：单体动物纹瓦当、一种多个（两个或两个以上）动物纹瓦当、复合动物纹瓦当。

单体动物纹瓦当多见于战国前期雍城遗址。一般边轮较窄且不甚规整，当面没有弦纹，瓦呈青灰色，十分坚硬，瓦筒拍细绳纹。动物纹样包括鹿、虎、獾、蟾蜍、夔凤等，其中鹿纹瓦当出土最多。鹿纹瓦当是秦国动物纹瓦当的代表作品之一，面径一般在 13~16 厘米。早期秦人以游牧狩猎生活为主，鹿是他们狩猎的主要对象，瓦当上鹿的形象，表现了鹿与人类的生活有着密不可分的关系。当面上的鹿或立或卧或做奔跑状，姿态万千。作者准确地把握住鹿的特性，通过生动传神的笔法和匠心独运的艺术搭配将鹿机警的性格、矫健的身躯表现得淋漓尽致，整个画面舒展活泼、生机盎然。夔凤纹瓦当也是秦国瓦当中颇具特色的一种，多出于凤翔雍城遗址。种类较多，一般直径在 13~17 厘米。主纹均为一长喙高冠叉尾、振翅欲飞的凤鸟形象，各瓦形态略有差异。

一种多个（两个或两个以上）动物纹瓦当，有的当面上每个动物纹所占面积基本相同，如双獾纹、双犬纹、三雁纹、四兽纹瓦当等；也有的以一个动物为主，其余动物处于从属地位，主次分明，如子母鹿纹瓦当等。

当面为复合动物纹瓦当，是以一种动物为主体纹饰，兼有其他种类纹饰。如鹿纹瓦当，昂然而立的鹿旁还饰有蟾蜍、鸟兽，展示了一幅生机勃勃的草原景象。

植物纹瓦当

当动物纹的瓦当逐渐衰落的时候，工匠们开始把日常生活中常见的树木、花草也纳入瓦当的装饰题材中。这类瓦当数量并非很多，种类也不及动物图像瓦当丰富，主要以写实手法表现出日常多见的莲花、花苞、蔓草、树叶等。均为圆瓦当，当面无界格，多用中心对称的布局方式，和谐统一，体现出一种静态的美，与渲染动态美的动物纹瓦当形成鲜明的对照。

莲花纹瓦当多出自凤翔秦雍城遗址。当面主体纹饰为花瓣，花瓣间饰以箭镞纹或树纹。当面正中为一乳钉状花心，有五个花瓣或九个花瓣。有研究认为，莲花纹的形成是在秦的瓦当纹样由动物形象向植物形象转化的过程中产生的。秦瓦当上的莲花图案与佛教传入中国以后的莲花图案是有区别的。

旋曲纹瓦当

当面的主体纹饰为旋曲纹。旋曲纹一般又称之为太阳纹、辐射纹。由当心向外伸出一条条曲线顺时针旋转一直延伸到边轮，给人一种流动的感觉。如凤翔南古城村出土的旋曲纹瓦当，当中心为一圆饼，以圆为中心向四周引出 31 条射线，犹如太阳的光芒。

还有一种旋曲纹，也叫葵纹，在秦瓦当中最具地域性和时代性特色。它的大约出现，在战国之初，

到战国中期基本定型，战国晚期和秦达到鼎盛期。关于葵纹图案的来源，传统认为的『葵纹』实际并非源于植物的『葵花』，有人从葵纹瓦当纹饰的细微之处观察，认为是『植物叶尖和动物尾巴的曲卷』。近年，又有学者研究认为，它是从传统所说的『辐射纹』『旋云纹』发展而来，其含义可能是象征运动着的『水』。秦人以水纹装饰瓦当是与其『水德』密切相关的，这个说法颇有道理。葵纹瓦当有着自己的演变历程。就雍城所出土的葵纹瓦当来看，还处在这类瓦当的初级阶段，数量和种类都比较少。当面有两重空间，当心为圆饼，外圈饰数对 S 形或反 S 形纹样，与规格整齐的葵纹瓦当尚有一定的距离。栎阳城址所出土的葵纹瓦当与雍城所出截然不同，不仅数量多，而且已趋向定型。当面为两重空间，葵纹花朵均由双线环绕，左右逆向排列，富有韵律，是葵纹瓦当成熟阶段的作品。

云纹瓦当

云纹瓦当的产生大约在战国中晚期，到秦代已基本成熟，是秦汉瓦当的大宗。起初云纹图案虽大致由四组组成，但每组间并无明确的分区线。以后分区线出现，图案、图像和文字瓦当分四区排列的模式渐渐固定下来。如果说西汉图案瓦当已十分成熟，每令人有几分单调之感，秦图案瓦当则显现出明显的朝气，变化自如，令人目不暇接。以云纹为主题的瓦当，具有光亮、明快之感，这与秦汉宫室体现的祥云缭绕、求仙升天的思想有密切关系，是当时社会人们『祈求太平』『永受嘉福』意识的反映。

先秦云纹瓦当大部分为圆瓦当，少数为半瓦当，当面多由界格线分为四区；界格线将当面分为两区，每区内各饰云纹一朵。边轮内一般有凸弦纹一周，当心和云纹的形状变化丰富。网格云纹瓦当当心由若干条单线构成网格纹，最多的线条有 20 余条。可分网格羊角纹、网格连云纹、网格双柱卷云纹、网格蘑菇云纹等四种。如眉县第五村成山宫遗址出土的网格羊角云纹瓦当（MDH3∶5），面径 16.7 厘米，边轮宽 1.1 厘米，中心圆内由纵横各 9 条单线相交组成的方格网作为当心，外饰四组羊角形云纹等分外区。如雍城遗址采集的网格连云纹瓦当（《雍城秦汉瓦当》119），面径 15.9 厘米，由纵横各7条、斜向 5 条单线相交组成的三角网格纹作为当心，双线格界四等分当面，每格饰一组连云纹；眉县第五村成山宫遗址采集的网格双柱卷云纹瓦当（MD采：27），面径 16.8 厘米，边轮宽 1厘米。在中心圆内由纵横各 4 条单线相交组成当心，四组双线平分当面，双线外端各接一卷云纹；眉县第五村成山宫遗址出土的网格蘑菇云纹瓦当（MDH5：10），面径 15.7 厘米，边轮宽 1.2 厘米。在中心圆内由纵横各 5 条单线相交组成当心，双线格界四分当面，每格饰一蘑菇状云纹。

云纹是如何演变而来的呢？学者们通过对大量考古资料进行分析，从瓦当纹饰的自身变化中，认为云纹由葵纹演变而来，并随着秦汉统一帝国的建立，很快推及全国各地。需要强调的是，关中地区秦汉时代发展、流行起来的云纹瓦当，在当时全国是最具代表性的图案瓦当。

文字类瓦当

文字瓦当的装饰功能是通过当面巧妙布局文字来实现的。文字瓦当本身不仅是一种艺术品，而且其文字所包含的社会意识形态方面的内容，也是统治者弘扬其政治思想的载体。目前对文字瓦当的出现时间看法不一。宋人或以为文字瓦当出现于秦宫旧址而定文字瓦当滥觞于秦。今人也有据『年宫』文字瓦，指其为战国秦惠公所造蕲年宫所用之物，但也有学者对此提出质疑。今多数学者认为文字瓦当可能出现于汉景帝时期（前 156—前 141），普及于武帝时期（前 140—前 87），鼎盛于西汉中晚期。

1995 年周晓陆、路东之先生辨认出『日月山川利』『华市』战国秦文字瓦当。同时，焦南峰、王保平先生认为 20 世纪 80 年代出土的『商』字半瓦当、『蕲年宫当』『橐泉宫当』极有可能是秦文字

瓦当。稍后，周晓陆先生又辨认出『□□羊利』等秦文字瓦当。

至此，秦文字瓦当能否确认的关键就集中在考古学的地层依据上。

1996 年冬季，陕西省考古研究所雍城考古队对曾出土『蕲年宫当』『橐泉宫当』的凤翔县长青镇孙家南头堡子壕遗址进行了科学试掘，发掘者认为从地层学的角度确认了秦文字瓦当的存在。

从秦文字瓦当出土地域看，均集中于关中地区，又高度集中于千渭之会、雍城等秦故都的相关的遗址处。焦南峰先生等结合堡子壕遗址的发掘成果，对过去出土和著录的文字瓦当进行简单梳理，能初步确认的秦文字瓦当大致有十数个品种，可分为以下几类。

宫殿用当　如『蕲年宫当』『橐泉宫当』『竹泉宫当』『来谷宫当』『羽阳千岁』『成山』瓦当等。

市署瓦当　如『华市』瓦当，过去曾疑为文字，但未能确认，以『燕树纹瓦当』著录。当面两字，小篆体而略加装饰，上下排列，字两侧及当右部有卷云纹，当左部为鸟树纹。华市当为秦都雍城中某市署之名。

地名瓦当　如『来谷』瓦当，1996 年凤翔县长青镇孙家南头堡子壕遗址出土。

吉语祈禳类　如『日月山川利』，当面主体纹饰为葵纹，『日月山川利』五字由左下开始，顺时针旋读而终于正下方，五字隐藏于『葵纹』之间，不易辨认。此瓦当应为祭祀日月山川之神殿用物，时代大致是战国中晚期。

干支类　如『壬子』瓦当，雍城遗址采集，西安秦砖汉瓦博物馆收藏。面径 16 厘米，残缺。第一字明显是『壬』，第二字似为小篆『子』，当为干支纪年『壬子』。按此壬子年应为公元前 249 年，秦庄襄王元年，于秦统一之前28年。如是，此瓦为唯一有绝对纪年的秦瓦当。

（四）宝鸡文字瓦当所反映的离宫别馆

秦汉瓦当的发现与研究，以宝鸡地区为最早，这与宝鸡在秦汉时期所处的地位是相一致的。当时许多重大历史事件就发生在这一地区，有些事件影响力甚至贯穿了整个中国历史。自秦襄公被封为诸侯后，为了得到周天子许诺的岐丰之地，秦人越过陇山，进入宝鸡地区，最终从戎人手中夺得岐西之地。从此，周王朝留下的三百年文化基业，逐渐为秦所继承，并迈开了饮马黄河、争霸中原、称雄海内的历史脚步。那些如星斗珠玉般洒落在关中西部的离宫别馆，也于此时开始了它的建造历程。宝鸡秦汉文字瓦当从一个方面反映了当时的离宫别馆的信息，是宝鸡文字瓦当的一大特点。

蕲年宫

『蕲年宫当』采集于凤翔县孙家南头堡子壕。『蕲』与『祈』通假，『蕲年』取向天祈求丰年之意。蕲年宫建筑时代说法不一，有『秦德公说』『秦穆公说』『秦惠公说』，沿用到汉代。根据史料记载，秦王嬴政在即位后的第九年（前238）四月，前往故都雍城举行冠礼，住在蕲年宫。蕲年宫是雍城的一处郊祀的斋宫，秦汉帝王多次在此祭天和先公。西汉自高祖至成帝，皇帝去雍祭五畤有18次之多，多宿于蕲年宫。

橐泉宫

橐泉宫位于千河东岸，邻近蕲年宫，因旁有橐形之泉而得名，秦孝公时期所建。橐泉宫经过多次维修，一直沿用至西汉中叶。因橐泉宫近泉水，西汉政府又设『橐泉马厩，在橐泉宫下』（《汉书·百官

公卿表》注引如淳语）。根据考古调查，在今凤翔县西南，长青镇孙家南头堡子壕村一带的台地上的蕲年宫遗址附近，发现一眼古泉，四季常涌，水质甘醇。从『橐泉宫当』与『蕲年宫当』并存于同一堆积层情况来看，两宫可能是同处一座宫城中的群体建筑。只不过蕲年宫高起，而更具特色。从时代上讲，秦惠公建蕲年宫在先，孝公扩大规模，筑新宫在后，名曰橐泉宫，并把蕲年宫包罗在橐泉宫的宫区之内，所以才有『橐泉宫蕲年宫』的连用。

竹泉宫

竹泉宫位于凤翔长青镇马道口村附近的千河东岸的台地上，东靠雍城，西临千河，地势高亢，视野开阔。该宫是史书失载的秦汉宫殿之一，寓意宫殿之处水资源充沛，植被丰茂。

来谷宫

来谷宫位于凤翔县长青镇孙家南头。『来』为招致之意，来谷与蕲年意思相近，表现了希望储备更多粮食的美好愿望。此瓦当的出土表明在西汉蕲年宫附近可能还有一座祭祀农神的宫殿——来谷宫。

羽阳宫

自北宋以来，在今宝鸡市旧城东门外老火车站至马道巷一带多次出土过汉羽阳宫的文字瓦当。1940 年，宝鸡市东关修铁路时，曾掘出一大批瓦当残片，约有万余片，包括『羽阳千岁』『羽阳千秋』『羽阳万岁』和『羽阳临渭』。其中千岁最多，万岁次之，千秋仅十余片，而临渭最少。『羽阳临渭』瓦当清楚地表明，羽阳宫处于渭水之滨。羽阳宫从秦武王创建到汉宣帝时犹存，先后近 300 年。羽阳宫是秦武王建造的一座行宫。《汉书·地理志》就明确记载：『右扶风陈仓县羽阳宫，秦武王起。』

棫阳宫

棫阳宫是雍地的秦离宫，秦始皇软禁其母之处。其时间延续很长，《三辅黄图》和《汉书·地理志》注都说创建于秦昭王时期，大约经过战国、秦、汉三个时期。传世青铜铭文有『雍棫阳宫共厨鼎』。秦始皇平息嫪毐之乱，迁太后于雍，据《史记·吕不韦列传·索隐》说：『迁太后棫阳宫。』此后，汉文帝也曾『行幸棫阳宫』（《汉书·地理志》）。苏武兄苏嘉随汉武帝『至棫阳宫』（《汉书·苏武传》）。汉武帝征和四年（前89）陨石雨，『雍县无云，如雷者三，或如虹气，苍黄若飞鸟，集棫阳宫南，声闻四百里。』（《汉书·郊祀志》）。据说县境的北山，名榆此山（又称俞山），因山上多长棫橿，故又称棫山。由于该宫位于棫山之南，故取名『棫阳宫』。棫阳宫始建于秦昭王时期，根据出土瓦当判断，位于凤翔县城南东社村。该瓦当在凤翔出土，纠正了过去棫阳宫在扶风的错误说法。

年宫

『年宫』瓦当，凤翔县东社采集，轮内饰单线弦纹，双线中心圆内饰一凸起大乳钉。内外圆之间以双线十字栏界为四个扇形区间，饰有三个单线云纹，下边区间阳文篆书『年宫』二字，字体曲折方正。学者曾以年宫为蕲年宫之省文。后来蕲年宫瓦在凤翔县城西南长青镇孙家南头发现，两者地点显然不在一处。或另有『年宫』，但文献不见记载。此瓦当应属西汉遗物。

成山宫

『成山』瓦当中心圆内印有阳文小篆体的『成山』二字，『成』与『山』各占二分之一，具有汉印或泥封之趣，特别是『山』字中间一画，不做一竖，而书作一小山丘，浑然一体。『成』字中间一画直压在『山』字中间一画小山丘上。『山』字整体以泰然之势稳重地承托住如天而坠的『成』，设计可谓

颇具匠心。『成山』瓦当出土于眉县第五村，解决了长期以来对秦汉成山宫地望的争论。

经考古发掘证实，眉县第五村秦汉遗址就是汉代的成山宫。陈直先生认为第五村成山宫遗址采集到的莲花纹瓦当，应是在秦的瓦当纹样由动物纹向植物纹转化的过程中产生的。时代应早到战国中期偏晚时期，这与秦人进入关中以后势力的发展相吻合。德公居雍前，由于渭河天堑的阻隔，其势力主要集中在渭河以北地区；居雍城以后，在其势力向东、南扩张中于渭水南岸设立了一个『要塞』。进，可以作为依托；退，可以据此为守。因此，成山宫的始建年代可能在战国晚期偏早，兴盛于秦代，而『汉承秦制』，西汉时期加以修葺沿用。

上卷目录

植物类纹饰瓦当

旋曲纹类瓦当

云纹类瓦当

文字类瓦当

其他类瓦当

第四部分　眉县出土瓦当

变形兽纹瓦当

云纹类瓦当

文字类瓦当

第五部分　宝鸡市区出土瓦当

宫苑类文字瓦当

官署类文字瓦当

第一部分　扶风县出土瓦当

扶风县位于陕西省关中平原中西部，宝鸡市东部。秦汉时属右扶风，取扶助京师以行风化之意，历代相沿至今。境内的周原遗址属全国重点文物保护单位，是《诗经》所云『周原膴膴，堇荼如饴』之地。这里北倚岐山，南临渭水，形如高阜，海拔900米。《史记·周本纪》记载古公亶父『逾梁山，止于岐下』，率国人在这里建造家室，营筑城邑，建都立国，史称『岐周』。周原遗址中心区域的范围包括今岐山、扶风两县交界的京当、黄堆、云塘、庄白、召陈等二十多个乡村，东西宽约3千米，南北长约5千米，总面积为15平方千米。这里经太王、王季、文王三代经营，初具规模。公元前11世纪后半叶，周文王虽迁都丰都，但周原仍是周人的重要政治、经济、文化中心。西周末年，由于犬戎入侵破坏，遂成废墟，废弃不用。

西汉以来，这里不断有西周青铜器出土，被誉为『青铜器之乡』。新中国成立以来，为了摸清早期周人活动的情况，考古工作者在这一带做了大量工作，进行了考古调查和发掘工作。特别是20世纪70年代以来，对周原遗址的大面积发掘，先后发现了岐山风雏、扶风召陈等西周宗庙和宫殿建筑遗址，出土了大量西周甲骨文、青铜器、陶器等极为重要的文物实物资料。其中砖和大量的板瓦、筒瓦、瓦当的发现不仅为我国砖、瓦的发展史提供了最新的实物资料，而且在我国建筑史上也具有划时代的意义。周原遗址发现的西周晚期瓦当是我国目前发现的最早的瓦当，开瓦当发展历程之先河。

素面半瓦当

一　西周　素面半瓦当

面径 13.8 厘米，高 6.5 厘米。中国最早的瓦当发现于扶风县召陈村周原遗址，为西周瓦当，均为半圆形，质地坚硬，呈青灰色，当面平整无凸起的边轮。素面瓦当一般形体较小，数量不多。扶风县召陈村周原遗址出土，周原博物馆收藏。

重环纹半瓦当

二 西周 重环纹半瓦当

面径 21 厘米，高 8 厘米。重环纹是西周中晚期青铜器上常见的一种重要纹饰，整体略呈椭圆形，环有一重、两重、三重三种形式。有学者认为，重环纹不是普通意义上的几何图案，它是天的象征。以敬天保民为己任的周王认为自己是上天意志的代言人。所以，以象征的重环纹装饰于随时仰视即见的宫室屋檐之上，一则可暗示君权神授的权威，二则力图时时提醒自己，对上天的信仰要恭敬虔诚。1982 年扶风县召陈村周原遗址出土，周原博物馆收藏。

三　西周　重环纹半瓦当

面径 18.2 厘米，高 8.8 厘米。是目前见到最早的瓦当形式。在半圆当面内图案可分三部分，当心为四个同心圆的二分之一，边沿为三个同心圆的二分之一。之间加四组重环纹，或两个，或三个一组，开口朝左。可以说，周宫室瓦当上的重环纹是周统治者『敬天保民』施政纲领的无声独白。1978 年扶风县召陈村㕓原遗址出土，周原博物馆收藏。

四　西周　重环纹半瓦当

面径 21.5 厘米，高 10.3 厘米。在半圆当面内图案可分两部分，当心下部为四组横向排列的重环纹，上部为半圈弧形排列的重环纹，重环纹的开口统一朝左。1980 年扶风县召陈村周原遗址出土，周原博物馆收藏。

五 西周 重环纹半瓦当

面径 25 厘米，高 12.5 厘米。轮内饰三重阴刻弦纹，中心阴刻双线半圆。内外弦纹之间又饰阴刻双线弦纹，把当面分割为三个环形区间。中心半圆内饰一个半菱形纹。当面内外两个半圆区间，各饰三个阴刻重环纹，环纹间似圭形纹。出土时可看清当面阴文内填以朱红色。当面和瓦背涂有一层漆质物。这是我国目前发现西周瓦当中最大、最完整的花纹半瓦当，极其珍贵。1982 年扶风召陈周原遗址出土，周原博物馆收藏。

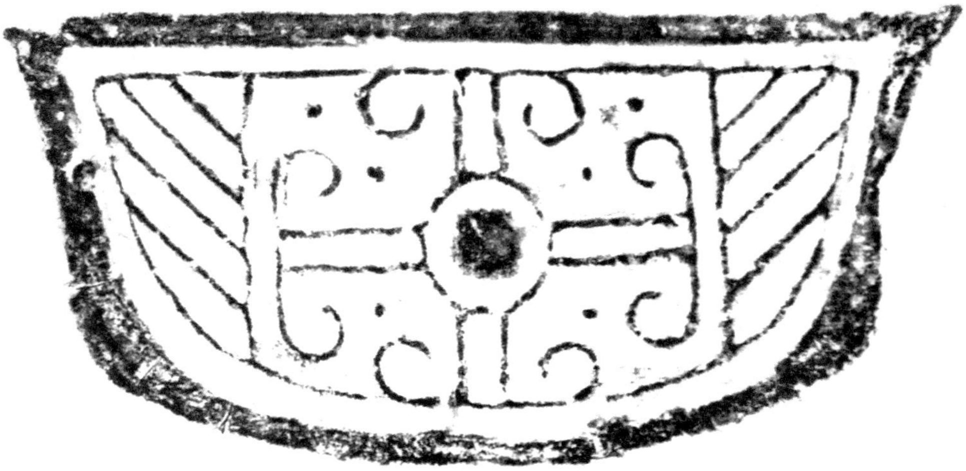

云纹瓦当

六 战国 云纹瓦当

底径 23.3 厘米，高 11 厘米。呈不规则倒梯形。当心为圆纽，外饰弦纹，弦纹外与两侧单线方框之间被双线十字四分，十字出头分别与四组连云纹相接，间以小乳钉。方框两侧三角形内饰斜线纹。《中国瓦当艺术》一书注明此当为周原遗址扶风县召陈村采集，但从瓦当时代及风格看应出自雍城遗址。

文字类瓦当

七 汉 美阳万当瓦当

面径 17.5 厘米，当面被三线十字四分。按《扶风县志》记：秦孝公作四十一县，一曰美阳，今扶风县北 10 公里法门镇，北周建德三年（574）废。此瓦以汉篆入瓦，字形呈方形，线条粗细一致，布局疏密得当，如摹印用篆。扶风县采集。

第二部分　岐山县出土瓦当

岐山县以境内有岐山而得名，位于陕西省西部，宝鸡市东北部。它北接麟游县，南连太白县，东与扶风、眉县接壤，西同凤翔、陈仓区毗邻。岐山是中华民族的发祥地之一，其历史悠久，人物荟萃，文化积淀丰厚。相传黄帝时代，岐伯就居于岐山之下。著称于世的周原遗址是周人最早的京城所在地，自汉代以来，在周原地区出土商周青铜器甚多，其中大盂鼎、毛公鼎最为著名。1975 年于京当镇董家村出土的窖藏青铜器 37 件，其铭文分别记载着西周土地交换、诉讼判决、册命赏赐等重要事件，是研究西周中期政治、经济、法律、土地制度的珍贵考古实物资料。1977 年凤雏西周建筑基址出土的甲骨文，不仅大大丰富了西周甲骨文的内容，也为研究西周历史提供了新的史料。

境内的周公庙位于岐山县城西北的凤凰山南麓，此处依山傍水，古木参天，风景秀丽，东、西、北三面环山，唯南边与平地相接，状如簸箕。《诗经》中描述此地为『有卷者阿，飘风自南』。唐武德元年（618），为纪念西周著名政治家、曾帮助武王灭商立国和辅佐成王平叛安邦的周公姬旦，在此修建了周公祠。后经历代的修葺、扩建，形成以周三公（周公、召公、太公）殿为主体的关中西部最大的古建群。秦岭北麓的五丈原为三国时期诸葛亮积劳成疾病死之地，五丈原由此闻名于世。历代文人墨客，官宦庶民，题词立碑，建祠修庙，凭吊千古，在这里留下许多珍贵的古文化遗迹。

八 战国 双獾纹瓦当

当面大部残缺。双獾仅有头部和尾部，相向交颈，竖耳张嘴，做惊恐状，尾巴上卷。岐山县李家道遗址采集，金石斋收藏。

九 战国 双獾纹瓦当

面径 14.4 厘米，边轮宽 1.1 厘米。当面残缺。双獾头部缺，相向交颈，身体和四肢修长，劲健有力，尾巴上卷，四爪尖利。岐山县李家道遗址采集，金石斋收藏。

一〇 战国 飞鸟云纹瓦当

面径 15 厘米，边轮宽 1 厘米。当心圆内饰 7 条平行线。单线十字穿过当心，将外区四分，十字出头分别与四组连云纹相接，间以飞鸟饰，形态不一，简洁明快。岐山县李家道遗址采集，金石斋收藏。

二一 战国 云纹瓦当

面径 16 厘米，边轮宽 0.9 厘米。当心圆内饰以菱形方格网纹。外为双线十字，十字出头分别与四组连云纹相接。岐山县李家道遗址采集，金石斋收藏。

二二 战国 云纹瓦当

面径 15 厘米，边轮宽 0.9 厘米。边轮残缺。当心圆内饰以棋盘形网纹。外区被双线十字四分，各饰一组卷云纹，两两相连。岐山县李家道遗址采集，金石斋收藏。

一三 **汉 长乐未央瓦当**

面径 17.5 厘米，边轮宽 1.5 厘米。当心为圆纽，外饰弦纹。外区被双线十字四分，先右后左直书『长乐未央』四字，篆书。私人收藏。

一四 汉 长生无极瓦当

面径 17.5 厘米，边轮宽 1.5 厘米。当心为圆纽，外饰弦纹、连珠纹。外区被双线十字四分，先右后左分别直书『长生无极』四字，篆书。私人收藏。

第三部分 凤翔县出土瓦当

凤翔县古称雍，是周秦发祥、嬴秦创霸之地，华夏九州之一。地处关中平原西部、宝鸡市东北。凤翔历史悠久，秦国在此建都历时长达 328 年，是始皇加冕、苏轼初仕之地。唐肃宗至德二载（757）以箫史弄玉骑龙乘凤的故事改设凤翔府，成为关中西部政治、经济、文化中心。宋、元、明、清皆设凤翔府，民国改县，1939 年设陕西省第九行政督察公署，1941 年后又改为县。

春秋至战国秦国都雍城，位于今凤翔县城南豆腐村、南古城、赵家坝、凤尾村一带，面积约 10.5 平方千米。作为春秋战国时期秦国国都，雍城筑起了规模巨大的城垣，其宫殿宏伟壮丽，特别是穆公时更是大兴土木，宫室台阁鳞次栉比，是当时最发达的都市之一。战国晚期秦国虽迁都咸阳，但许多重大活动仍在这里举行，许多宫殿建筑直到西汉还在继续使用。这片土地上秦的遗迹、遗物极为丰富。

经过多年来的考古勘察和发掘工作，目前基本上摸清了雍城遗址的范围和城市布局。该遗址东起纸坊镇瓦窑头，西至南指挥镇高家河，北到纸坊镇铁沟村，南到南指挥镇东社村以及千河东岸长青镇孙家南头、瓦王寺一带。在此范围内断墙残壁、碎砖残瓦俯拾即是。多年来，发掘出土和采集到的陶制建筑材料极为丰富，有板瓦、筒瓦、空心砖、铺地砖、条形砖和瓦当等。板瓦除弧形外尚有一种仅雍城遗址独有的槽形板瓦。弧形板瓦瓦面有绳纹或素面无纹，瓦背有绳纹或席纹。瓦当

有半圆瓦当、圆瓦当两种，纹饰分素面、图像、图案和文字。因该遗址连续时间较长，所以出土瓦当有的属先秦，有的属秦代，还有不少如文字瓦当、部分云纹瓦当，则是西汉时修葺使用之物。总括这一时期的瓦当，纹饰取材新颖、艺术手法多变，展示了当时绘画、浮雕艺术的独特风格。

秦人立国之前，是一个以游牧为主要经济来源的部落。立国之后，戎俗犹存。在雍城遗址出土的鹿纹、虎雁纹、斗兽纹等战国时期动物纹瓦当，采取自然主义的表现手法，取材于现实生活，以狩猎中常见的动物为主要描写对象，从另一方面也表现了皇家贵族频繁田猎的风俗。这些瓦当风格统一，特点突出，构图均衡对称，大都采取浮雕的艺术手法。据近年的考古发掘，『橐泉宫当』『竹泉宫当』『来谷宫当』均出土于秦代遗址地层，将文字瓦当的科学断代，又向前推进了一步。『华市』『山利』『吉羊大利』瓦当为目前发现时代最早的文字瓦当。

动物类纹饰瓦当

一五 战国 凤纹瓦当

面径 15 厘米，边轮宽 1 厘米。当面主体为一昂首、展翅的凤鸟，头饰花冠，圆目张口，展翅腾空，尾羽飞扬，栩栩如生。凤鸟纹是我国商代至战国时期普遍采用且形式多样的动物纹装饰图案之一，多见于铜器、漆木器和陶质建筑材料之上。凤鸟也是秦人早期图腾，所以被秦人崇尚。在古人心中，凤为百鸟之王，它是以鸟的形象为基础，又综合了多种动物外形而想象出来的一种神鸟，是吉祥安宁、富足生活的象征。《说文》云：『凤，神鸟也……见则天下安宁。』在秦国瓦当中，凤鸟纹瓦当最具特色，工匠们运用写实或抽象的艺术手法，淋漓尽致地表现出了凤鸟站立、奔跑、飞翔和首尾环绕等各种姿态。雍城遗址出土，陕西省考古研究院收藏。

一六 战国 凤纹瓦当

面径 14.5 厘米，边轮宽 1 厘米。当面主体为一昂首站立，翘尾分叉的凤鸟，头饰花冠，翅膀舒展，栩栩如生。《说文》云：『凤，神鸟也……见则天下安宁。』雍城遗址出土，凤翔县博物馆收藏。

一七 战国 夔凤纹瓦当

面径 15.5 厘米，边轮宽 1.2 厘米。当面一夔凤，高冠、翘尾，做疾走状，威风凛凛。凤，在古代的传说中，为群鸟之长，是羽虫中最美者，飞时百鸟随之，被尊为百鸟之王。凤是吉祥之鸟，此为夔凤纹的较早的形态。夔是古代传说中的一种奇异的怪兽，声如雷鸣，给人以威慑四方之感。夔纹流行于商周时期的青铜器及玉器上，在秦的瓦当中突然出现，又很快消失，被认为是对商周青铜器上夔纹的继承。雍城遗址出土。

一八 战国 夔凤纹瓦当

面径 14.3 厘米，边轮宽 1 厘米。当面一夔凤，体态轻盈，顶部有冠，尖长喙，圆目，颈部细长前曲，低头，做寻觅追逐状。雍城遗址出土。秦动物纹瓦当采用自然主义的手法，取材于现实，以秦人狩猎最常见的动物为主要表现对象，充分反映了狩猎活动地位，以及王室贵族频于田猎的习俗。

一九 战国 夔凤纹瓦当

面径 14.5 厘米，边轮宽 0.6 厘米。当面一夔凤，体态稍肥。头顶部有冠，颈部弯曲，大喙下垂，尾部高翘分叉，双爪用力，似做攻击状。雍城遗址采集，宋志贤收藏。

二〇 **战国 夔凤纹瓦当**

面径 14.5 厘米，边轮宽 0.7 厘米。当面一夔凤，身有纹饰，体态修长。顶部有冠，颈部弯曲，尖喙下垂，尾部纤细，高翘分叉，双爪前伸，做奔跑状。雍城遗址出土。

二一 **战国 夔凤纹瓦当**

面径 15 厘米。当面一夔凤，展翅飞翔，体态稍显臃肿。头顶部有飘逸长冠，巨喙，长尾高翘分叉，前爪前伸，后爪翘起。雍城遗址采集。

二二 **战国 夔凤纹瓦当**

面径 14.6 厘米。当面一夔凤，身上有华丽纹饰，体态修长，神态高傲。头顶部有飘逸长冠，其眼炯炯有神，短喙下垂，长尾部高翘分叉，前爪前伸，后爪着地，做迅速奔跑状。雍城遗址铁沟村采集。

二三 战国 夔凤纹瓦当

面径 15 厘米，边轮宽 1.2 厘米。此当色青灰，当背中心低凹。夔凤头顶部有长冠拖后，其眼睛炯炯有神，喙下垂，长尾高翘分叉，做迅疾奔走状，神情自若。凤翔县孙家南头建筑遗址出土，陕西省雍城考古队收藏。

二四 战国 夔凤纹瓦当

面径 14.6 厘米。当面一夔凤，顶部有飘逸长冠，弯颈伸喙，目光注视地面，双足用力，双爪抓地，做进攻状。构图巧妙，线条洗练，形象逼真。雍城遗址铁沟村采集。

二五 战国 夔凤纹瓦当

面径 14.4 厘米，边轮宽 1.3 厘米。当面一夔凤，体态肥硕，形象憨厚。其高冠飘逸，翱翔九天，一副怡然自得神态。雍城遗址出土。

二六　秦　夔凤纹瓦当

面径 14.9 厘米，边轮宽 0.8 厘米。当面一夔凤，身上有纹饰，体态稍肥。顶部有冠，颈部弯曲，大喙下垂，尾部高翘分叉，双爪用力，似做攻击状。雍城遗址出土。

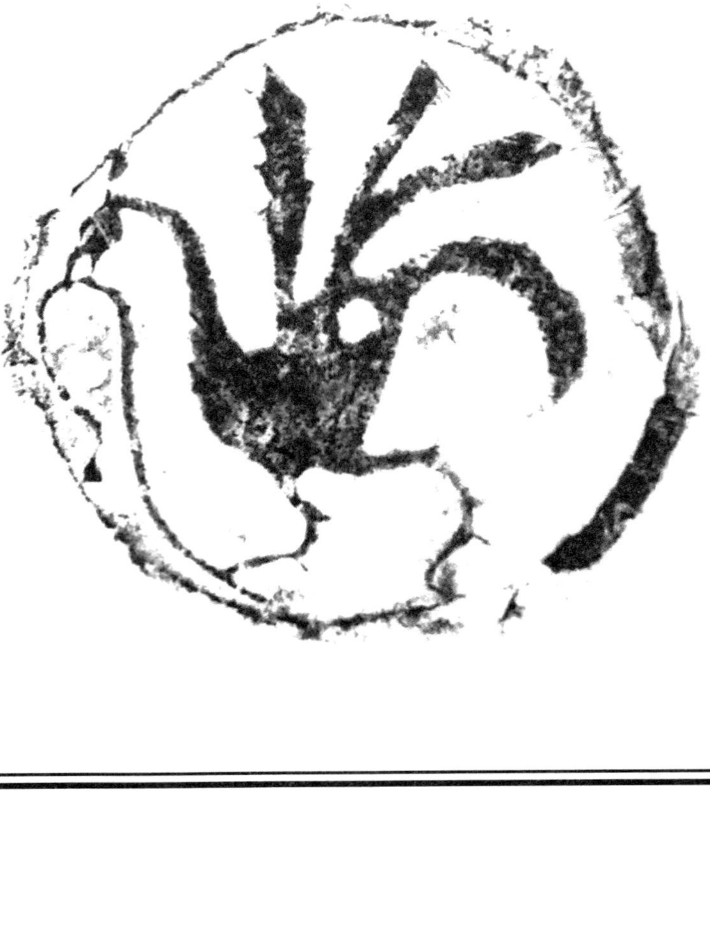

二七　战国　鸟蛇纹瓦当

面径 14.5 厘米。当面饰一大鸟，双腿弯曲，双爪抓地，尾羽高扬，瞪目张喙，吞叼蛇颈；蛇身弯曲挣扎，欲逃脱。图案传神生动。雍城遗址出土。

二八 战国 子母凤纹瓦当

面径 16.7 厘米，边轮宽 1.2 厘米。当面主体为一昂首展翅的凤鸟，凤鸟头饰花冠，大凤展翅护佑四只小凤，形象生动，栩栩如生。凤纹饰造型酷似孔雀。孔雀外表美丽，但并不软弱，所以自古以来，人们把孔雀作为美与力量的象征。雍城遗址出土，西安市文管会收藏。

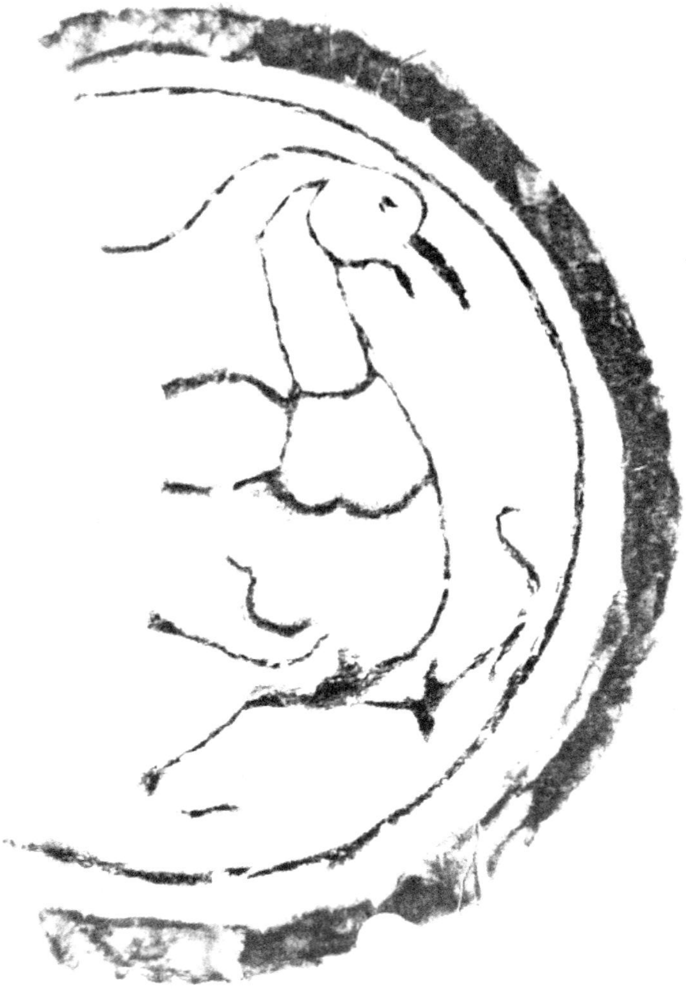

二九 战国 奔鸟纹瓦当

面径 16 厘米，边轮宽 1 厘米，左半边残缺。当面一奔鸟，顶部有飘逸长冠，目光炯炯有神，短喙下垂，双爪前伸做奔跑状，线条简洁，动态传神，在雍城遗址出土瓦当中较为罕见。雍城遗址出土。

三〇 **战国 奔鸟纹瓦当**

面径 15.2 厘米。当面饰一凤鸟，圆目张喙，曲身翘尾，尾羽分叉，前爪微抬，关节分明，做奔跑状。凤鸟周围散有乳钉纹。雍城遗址采集，西安秦砖汉瓦博物馆收藏。

三一 **战国 凤鸟纹瓦当**

面径 10.1 厘米，边轮宽 0.6 厘米。当面饰一展翅欲飞的凤鸟，肥体、大冠、尖喙、短尾，背部有一倒三角形大翼，双爪着地，似负重状。雍城遗址出土。

三二　战国　鱼鸟纹瓦当

面径 14 厘米，边轮宽 1.1 厘米。当面饰一鹳鸟，昂首长喙，张口欲啄，嘴下一尾大鱼，鱼尾做摆动状。鹳鸟为按季节迁居之候鸟，以鱼蛙昆虫为食。此纹饰与秦人所处生活环境息息相关，是秦人渔猎生活的真实写照。雍城遗址采集，宋志贤收藏。

三三 战国 鱼鸟纹瓦当

面径 13.5 厘米，边轮宽 0.5 厘米，品相完整，与前瓦为同一模具。当面鹳鸟叼大鱼，形态生动传神，布局疏密合理。雍城遗址出土。

三四 战国 鱼鸟纹瓦当

面径 13.2 厘米。当面饰一急速奔跑的鹳鸟，似做追赶状。鸟前方有一条大鱼。画面生动，造型简洁大方。此瓦存世较少。雍城遗址出土。

三五　战国　三雁纹瓦当

面径 14.5 厘米。宽边轮，轮内饰单线弦纹，当中心饰凸起大乳钉。当心与单线弦纹间逆时针饰首尾相接的三只引吭飞雁。大雁又称野鹅，大型候鸟，在长途旅行中，队形整齐，常常排成人字形或一字形，一边飞着，一边还不断发出『嘎、嘎』的叫声。在中国古文化中大雁是传书的使者。雍城遗址采集，现藏咸阳市工艺美术公司。

三六 战国 鹿纹瓦当

面径 14 厘米，边轮宽 1.2 厘米。当面一只机敏灵巧的奔鹿，鹿角硕大，顾首鸣叫，栩栩如生。反映出动物瞬间的动态美，给人以美的享受。因『鹿』与『禄』谐音，人们往往取其『利禄』之意。雍城遗址出土。

三七 战国 鹿纹瓦当

面径 15 厘米，边轮宽 0.7—1.3 厘米。当面下部三分之一残缺。奔鹿眼睛炯炯有神，顾首鸣叫。反映出动物瞬间的动态美。雍城遗址出土。

三八　战国　鹿纹瓦当

面径 16 厘米，边轮宽 1.7 厘米。当面上是一只机敏灵巧的奔鹿，鹿角高扬，躯体舒展，画面为粗轮廓的单耳双腿侧面像。构图巧妙，栩栩如生。据《汉书·蒯通传》记载：『且秦失其鹿，天下共逐之。』『鹿』就是国家和王权的象征。雍城遗址出土。

三九 战国 鹿纹瓦当

面径13.5厘米，边轮宽0.8厘米。一只机敏灵巧的奔鹿，昂首前视，鹿角高扬，躯体舒展。构图巧妙，形象逼真。雍城蕲年宫遗址出土。

四〇 战国 鹿纹瓦当

面径14厘米。当面为一只肥硕的奔鹿，无角短尾，回首后望，似在招呼同伴，活灵活现。雍城蕲年宫遗址出土。

四一 战国 鹿纹瓦当

面径 14.5 厘米。鹿角粗壮，体态肥大，一只前蹄腾空，一只着地，顾首鸣叫，令观者有身临其境之感。雍城蕲年宫遗址出土。

四二 战国 鹿纹瓦当

面径 14.5 厘米。当面一只肥硕的奔鹿，花角短尾，身上布满梅花纹，圆目回首鸣叫，似在招呼同伴，生动传神。雍城蕲年宫遗址出土。

四三 战国 卧鹿纹瓦当

面径 14 厘米，边轮宽 0.8 厘米。上边轮残缺。当面饰一卧鹿，花角高竖，回首眺望。雍城蕲年宫遗址出土。

四四　战国　卧鹿纹瓦当

面径 14.3 厘米，边轮宽 1 厘米。当面饰一卧鹿，花角高竖，回首眺望。鹿为马身羊尾，头窄，但跑动迅速，其形象为人们所喜爱。雍城蕲年宫遗址出土。

四五　战国　子母鹿纹瓦当

面径 13 厘米，边轮宽 1—1.3 厘米，与前瓦为同一类型，当面品相完整。大鹿昂首张目，花角纤细，体型修长，小鹿紧紧依偎在大鹿胸前。雍城遗址出土。

四六　战国　子母鹿纹瓦当

面径 14.5 厘米，边轮宽 0.8 厘米。当面饰纹为子母鹿，母鹿大而长的双角，圆而壮的身体，健壮有力的腿，极为传神逼真；小鹿紧紧依偎在大鹿胸前，表现了母子之间的亲昵关系。大鹿腹部下方有一十字形符号，寓意不明。雍城遗址出土。

四七 战国 子母鹿纹瓦当

面径 15 厘米，边轮宽 0.8—1.2 厘米。大鹿抬头张目前视，花角粗壮，肌肉丰满。前蹄伸展，后腿细长。小鹿紧紧依偎在大鹿胸前，做母子嬉戏状。雍城遗址采集，宋志贤收藏。

四八 战国 站鹿纹瓦当

面径 13 厘米，边轮残。当面饰一站立的花角鹿，抬头警惕远视，体型粗短肥硕，构图生动。雍城遗址出土。

四九 战国 站鹿纹瓦当

面径 15.7 厘米，边轮宽 1—1.5 厘米。当面饰一昂首站立的花角鹿，安详远望，体型肥大，鹿角粗壮，矫健有力，富有动感，画面平稳，疏密得当。雍城遗址出土。

五〇 战国 鹿犬纹瓦当

面径 14.5 厘米。当面鹿形惊恐奔跃，一猎犬疾扑袭咬鹿颈部，画面惊心动魄，生动地再现了狩猎场面。1976 年冬凤翔县豆腐村采集。

五一 战国 鹿犬树纹瓦当

面径 14.5 厘米。当面为一猎犬追逐奔鹿，鹿在一棵树前戛然而止，张目仰首，惊恐万状。雍城遗址采集。

五二 战国 鹿雁蛇树纹瓦当

面径 14.5 厘米。当面以一昂首立鹿为主，立鹿上方有一棵枝繁叶茂的大树，一只大雁从远处飞过，立鹿前有一条蜿蜒舞动的长蛇，画面层次清楚，主次分明。雍城遗址出土。

五三 战国 鹿雁犬蟾瓦当

面径 14.7 厘米，边轮宽 0.8 厘米。边轮残。当面主体为一壮实高傲的雄鹿，空隙处填以蟾蜍、犬、飞雁等小动物，画面构图异常热闹。雍城遗址出土。

五四　战国　鹿雁犬蟾纹瓦当

面径 14.8 厘米，边轮宽 0.8 厘米。当面中心为一壮实高傲的雄鹿，大而长的双角，健壮有力的腿。当面空隙处填以蟾蜍、犬、飞雁等小动物作为衬托，使得鹿纹更加突出。画面构图热闹，鹿、雁、犬、蟾和谐相处。雍城遗址采集，宋志贤收藏。

五五 战国 鹿蛇蛙纹瓦当

面径 14.8 厘米，边轮宽 0.8 厘米。当面纹饰为天空中忽然飘落的一条长蛇，蛇正好紧紧咬住地上正在低头觅食的鹿脚，鹿腹下一只青蛙惊恐之中正欲跳走。蛇是秦人心目中白帝神的象征，从天而降含有秦人朴素的『君权神授』思想。雍城遗址出土。

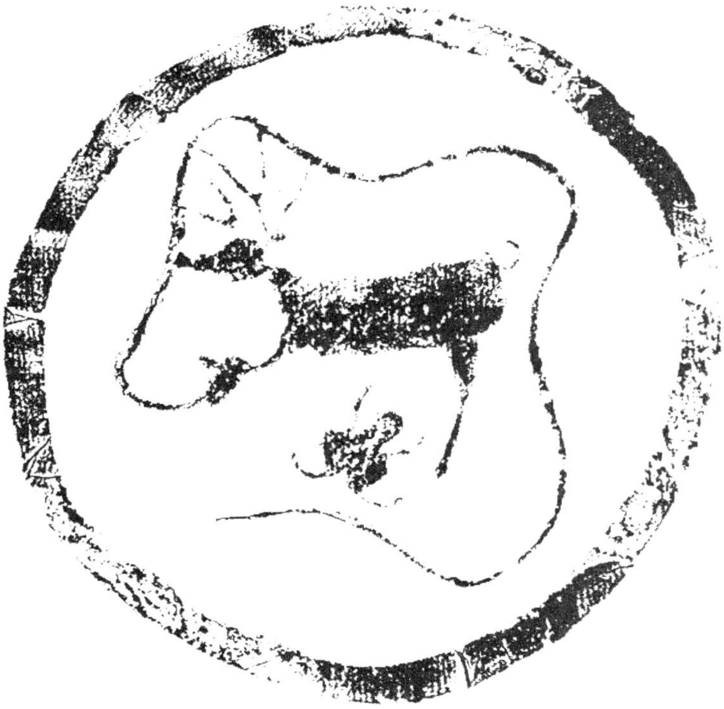

五六 战国 鹿蛇蛙纹瓦当

面径 14 厘米，边轮宽 0.7 厘米。当面下部稍残。当面内容与上瓦相同，应为同一模具所出。秦文公东猎陈仓后，『收周余民而有之』。此当应是为秦人拥有『岐以西之地』制造社会政治舆论。雍城遗址出土。

五七　战国　蟾蜍纹瓦当

面径 14 厘米，边轮宽 0.7 厘米。当面为一阔背蟾蜍，蟾蜍肌肉发达，四肢弯曲有力，似做跳跃状，颇为逼真。蟾蜍是蛙类的一种，传说月中有蟾蜍。在早期人类历史中，蛙类两栖动物与人的生活最为密切，蛙具有强大的繁育能力，对于渴望获得更多劳动力的古人来说必然引发出他们生殖崇拜的观念。蟾蜍纹瓦当无疑是古人生殖崇拜观念的延续。雍城遗址出土，凤翔县博物馆收藏。

五八 战国 蟾蜍纹瓦当

面径 16.7 厘米，边轮宽 1.1 厘米。当面图纹清晰生动，蛙体矫健，鼓肚，做跳跃状。雍城遗址采集，宋志贤收藏。

五九 战国 蟾蜍衔鱼纹瓦当

面径 15 厘米。当面蛙纹圆目有神，身体矫健，鼓肚，前爪用力，嘴衔一鱼，做捕食状。雍城遗址出土。

六〇 战国 单虎纹瓦当

面径 14.5 厘米。图案造型为一回首卷尾、圆目突出、獠牙显露的大头虎纹。虎为十二生肖之一，称寅虎，为百兽之王。自古以来，虎一直为人们所崇拜，将其比作正义、勇猛、威严之象征。雍城遗址出土。

六一 战国 虎燕纹瓦当

面径 15 厘米，边轮宽 0.8 厘米。当面饰一回首虎，虎身细长，前爪着地，似在对追逐的燕子发出怒吼。画面惊心动魄。虎为百兽之王，自古以来为人们所崇拜；燕属候鸟，常在人居屋内或屋檐下用泥筑巢居住，与人和谐相伴，也常被喻为新婚夫妇亲睦和美之象征。秦虎燕纹瓦当图案题材取自秦人对自然界规则的认识。雍城遗址采集，宋志贤收藏。

六二 战国 虎雁纹瓦当

面径 15 厘米，边轮宽 0.8 厘米。当面一虎一雁相逐，用善飞的雁来衬托奔虎之快。虎怒目圆睁，獠牙外露，做回首扑雁状；大雁振翅挣扎，惊恐万分。虎那直中带卷的尾巴，钩状的利爪，以及发达的腿部肌肉，都恰到好处地表现了虎在扑食瞬间的勇猛之状。雍城遗址出土。

六三 战国 虎鹿纹瓦当

面径 13.6 厘米，边轮宽 0.6 厘米。当面饰一翘尾回首的虎咬住一只挣扎的母鹿，一边站着的鹿子做哀鸣状。画面惊心，动感十足。雍城遗址采集，宋志贤收藏。

六四 战国 虎牛纹瓦当

面径13厘米。当面一虎扑牛，虎口大张，虎尾伸展有力，前腿抓住牛腹，强悍凶猛。牛以背着地，四蹄朝天，做惊恐挣扎状。外围一圈葵纹。雍城遗址采集，西安秦砖汉瓦博物馆收藏。

六五 战国 豹鹿鱼纹瓦当

当径 14 厘米，轮宽 1 厘米。当面浮雕三兽一鱼。大兽似豹，回首反咬小兽，形态占当面约三分之二。画面下一小兽做奔跑状。大兽与小兽间有一游鱼。整个画面颇具匠心，场面惊心动魄。鱼纹是中国古代传统纹饰之一，多见于陶器、青铜器、玉器、瓷器上，而瓦当上少见。一般认为鱼纹出现在器物上有祈求子孙人丁兴旺的用意。雍城遗址铁钩村采集。

六六 战国 豹鹿鱼纹瓦当

当径 14 厘米，边轮宽 1 厘米。当面品相完整，构图饱满。大兽的凶猛与小兽的惊恐构成强烈的视觉反差。雍城遗址出土。

六七 战国 猎人斗兽纹瓦当

面径 15.5 厘米，边轮宽 1 厘米。当面饰一体型瘦小的猎人与一凶猛怪兽搏斗。猎人立于怪兽之下，双手持长矛直刺兽的腹部。怪兽身饰人字形花纹，阔口大张，利爪前伸，长尾高卷，腾空跃起，扭曲成 S 形，做挣扎嘶吼状。雍城遗址出土。

六八 战国 猎人斗兽纹瓦当

当径 15 厘米，边轮宽 1 厘米。当背心略凹，切口不平，当面右侧略残，与前瓦为同一类型。1982 年凤翔县南指挥镇东社村采集，陕西省雍城考古队收藏。

六九 战国 双犬纹瓦当

面径 14 厘米。当面双犬同向而立，神态相似，昂首竖耳，瞪目张嘴，身体后倾，做吠叫状。画面图案似犬看守宅第。雍城遗址采集，西安秦砖汉瓦博物馆收藏。

七〇 战国 单獾纹瓦当

面径 15 厘米。瓦色深灰。瓦脊中心下凹，切抹痕迹明显。当面饰一獾，顾首，卷尾，似做逃跑状。与其他动物纹瓦当所不同之处，此瓦纹饰做块状浮雕。雍城遗址采集，宋志贤收藏。

七一　战国　单獾纹瓦当

面径 13.7 厘米，边轮宽 0.8 厘米。当面饰一只獾，獾体饰折线纹，四肢弯曲，回首张望，长尾向上卷起。构图清晰，花纹极具装饰性。獾系一种穴居杂食性野生动物，种类多。獾的四肢粗壮有力，奔跑极快，是一种瑞兽。雍城遗址出土。

七二 战国 双獾纹瓦当

面径 16 厘米，边轮宽 1.7 厘米。当面双獾交颈而立，竖耳张口，卷尾利爪，做惊恐状。仔细观察，画面酷似两只对立的狼犬，凶猛机警，伺机而动。雍城遗址出土。

七三　战国　双獾纹瓦当

面径 14.5 厘米，边轮宽 1—1.5 厘米。当面两獾相向而立，颈部相交，抬头卷尾，竖耳张嘴，四爪抓地，似受到惊吓。当面构图平稳，清晰美观。雍城遗址出土。

七四　战国　双獾纹瓦当

面径 14.5 厘米，边轮宽 1—1.5 厘米。当面两獾相向，半蹲而立，颈部相交，卷尾，竖耳张嘴，身体肥硕，似受到惊吓后小憩。雍城遗址出土。

七五 战国 龙虎蟾蜍纹瓦当

面径 16 厘米，边轮宽 1 厘米。轮内一大一小弦纹，当中心饰一蟾蜍被小弦纹环绕，大小弦纹之间上部饰一游龙，下部饰一奔虎。画面布局平衡匀称，构思奇巧。在古代，蟾蜍一直被人们视为神物。《太平御览》引《文子》曰：『蟾蜍辟兵。』又引《玄中记》云：『蟾蜍头生角，得而食之，寿千岁，又能食山精。』可见当时人们相信蟾蜍是辟五兵、镇凶邪、助长生、主富贵的吉祥之物。凤翔县南古城村采集。

七六 战国 四兽纹瓦当

面径 14 厘米，边轮宽 0.9 厘米。此当仅见一例。纹饰以当心为中心，同向排布四只顾首卷尾奔兽，线条粗犷，造型简洁，率真可爱。对称中又有变化，具有传统图案装饰效果。雍城遗址出土，赵康民藏瓦拓。

植物类纹饰瓦当

七七 战国 树纹瓦当

面径 15.8 厘米，边轮宽 1 厘米。轮内饰单线同心圆两圈，内圈以十字分为四区，每区有三横或三竖线分布其间。内外圆之间饰树枝纹、云纹和镞纹。具有写实风格。当面主体为动物纹的瓦当衰落的时候，由于对大自然的喜爱，古代工匠们开始把日常生活中常见的树木、花草也纳入瓦当的装饰题材中。这种瓦当大部分为圆形，当面无界格，或饰单体植物，或饰多个植物；或花朵，或树叶；或写实，或变形。率真天趣，生机勃勃。

七八 战国 树纹瓦当

残径 8.5 厘米，边轮宽 1.2 厘米。小中心圆内一乳钉为当心，小中心圆与两道弦纹之间饰有一三角形纹饰，弦纹外饰羊角形卷云纹、树叶纹。凤翔县豆腐村战国制陶作坊遗址出土，陕西省雍城考古队收藏。

七九 战国 树纹瓦当

面径 15.8 厘米，边轮宽 1 厘米。中心圆内饰大乳钉，中心圆与外圆间饰有两组羊角形卷云纹，间以斜线树叶纹。纹饰清晰，层次分明。凤翔县孙家南头建筑遗址出土，陕西省雍城考古队收藏。

八〇 战国 树纹瓦当

面径 15.8 厘米，边轮宽 1 厘米。当面上单线十字末端与四个扁圆形叶子连接，把当面分为四区，其中两区对称地饰以椭圆形叶片，叶脉清晰，另两区分别饰一叶纹和一简化的动物纹。画面古拙写实。雍城遗址采集，宋志贤收藏。

八一 战国 九瓣花纹瓦当

面径 14.2 厘米，边轮宽 1 厘米。当心饰一凸起圆形花蕊。绕花蕊一周有九片近似菱形的花瓣，花瓣之间饰 V 字形。构图集中，富有立体感。雍城遗址出土，陕西省考古研究院收藏。

八二 战国 九瓣花纹瓦当

面径 14.2 厘米，边轮宽 1 厘米。当心饰一凸起圆形花蕊。绕花蕊一周有九片近似菱形的花瓣，花瓣瘦长。画面极富动感。雍城遗址出土。

八三 战国 九瓣花纹瓦当

面径 15 厘米，边轮宽 1 厘米。当心饰一凸起圆形花蕊。绕花蕊一周有九片近似椭圆形的花瓣，花瓣清秀，栩栩如生。雍城遗址出土。

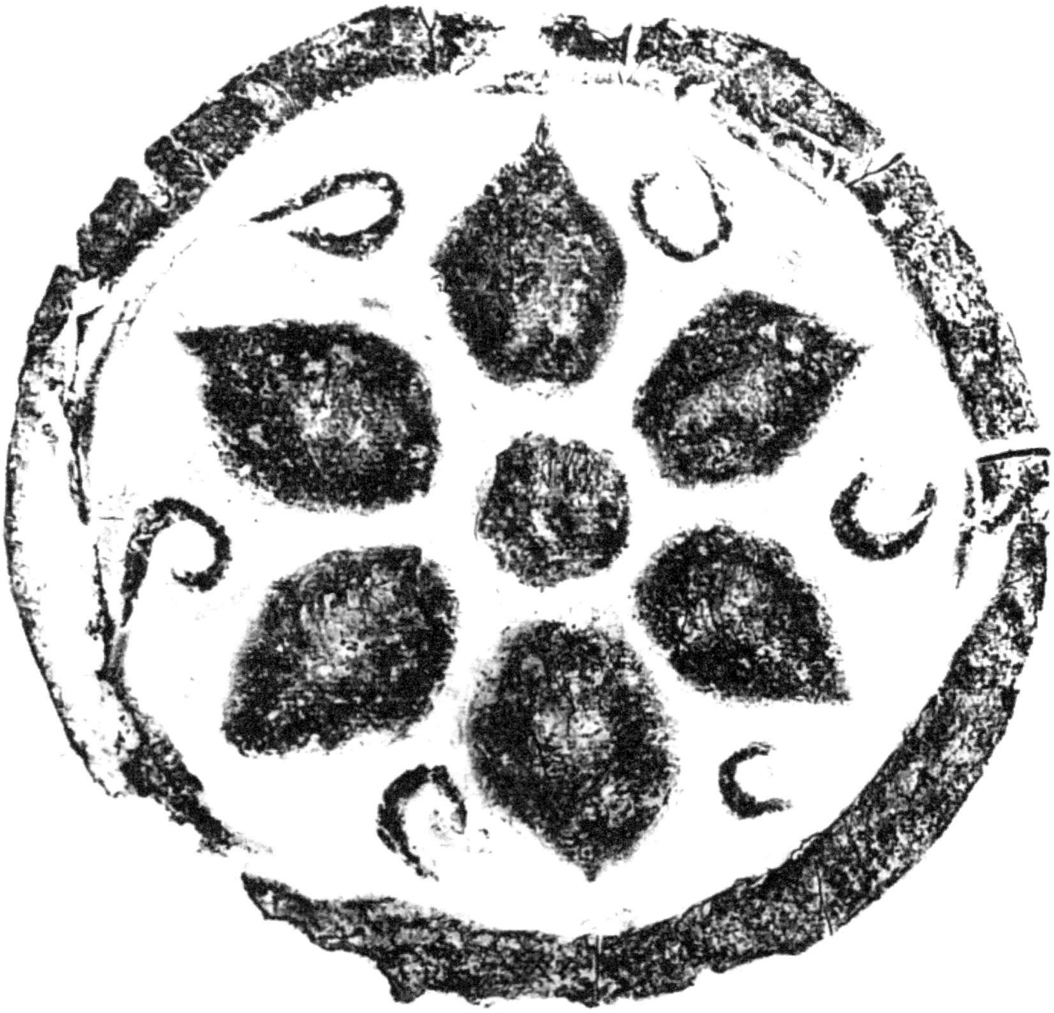

八四　战国　莲花纹瓦当

面径 14 厘米，边轮宽 1—1.1 厘米。当心饰圆形凸起似花蕊，绕花蕊一周有六片近似菱形的肥厚花瓣，花瓣间外端饰勾纹，稚拙古朴。雍城遗址采集，宋志贤收藏。

八五 战国 莲花纹瓦当

面径 14.6 厘米，边轮宽 1 厘米。当心饰圆形，凸起似花蕊，绕花蕊一周有五片近似菱形的肥厚花瓣，花瓣间外端有外射镞形纹，形似花萼，构图具有原始岩画色彩。雍城遗址采集，宋志贤收藏。

八六 战国 莲花纹瓦当

面径 15.5 厘米，边轮宽 1 厘米。当心饰圆形，凸起似花蕊，绕花蕊一周有五片近似菱形的肥厚花瓣，构图简洁大方，富有质感。雍城蕲年宫遗址出土。

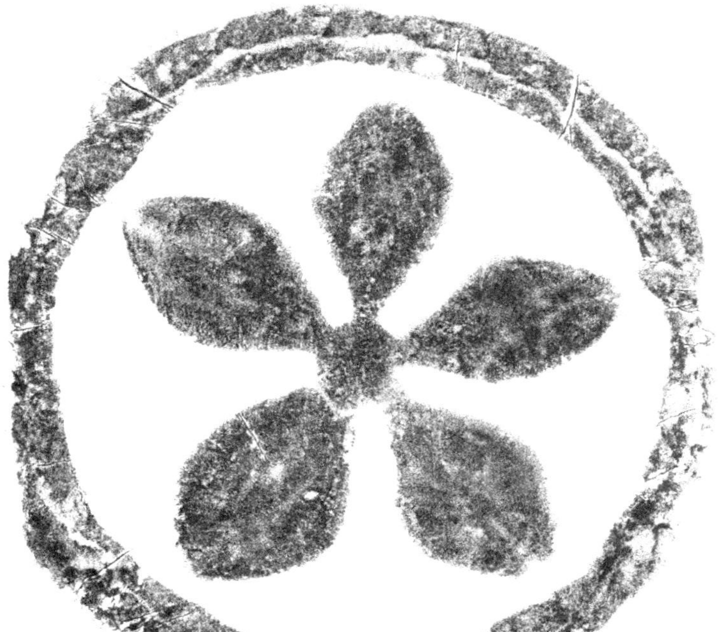

八七 战国 葵纹瓦当

面径14.5厘米。十字形当心，两同心圆把当面区分为内外两大部分，内圆八个葵瓣，逆时针卷曲。外圆十二个葵瓣，顺时针卷曲。葵纹是战国时期常见且风格独特的装饰图案，极富有韵律美感。雍城遗址出土。

八八 战国 葵纹瓦当

面径 16 厘米，边轮宽 1 厘米。边轮稍残。主体纹饰为九个葵瓣，葵瓣或相背，或相对弯曲。自然随意，富有韵律美感。雍城遗址出土。

八九 战国 葵纹瓦当

面径16 厘米，边轮宽 1.2 厘米。四叶花作为当心，绳索状弦纹内伸出四瓣葵纹，向外伸出四瓣葵纹，间以葵瓣纹。画面构图看似凌乱，细看动中有静。现藏于陕西省雍城考古队。

九〇　战国　葵纹瓦当

面径 17 厘米。小乳钉当心，饰纹以两个同心圆分割当面，以内圆为主体饰四个 S 形葵瓣，连接内外圆，外圆间以四个卷曲葵瓣。画面简单，层次分明。雍城遗址出土。

九一 战国 葵纹瓦当

面径15厘米。小乳钉当心，饰纹以绳纹圆环为主体，内外各饰若干葵瓣，绳纹内伸出四个葵瓣，绳纹外十二个葵瓣顺向排列。清新大方，极富有韵律美感。凤翔县城南采集。

九二　战国　葵纹瓦当

面径 13 厘米，边轮宽 1.2 厘米。小乳钉为当心，两同心圆分割当面，内圆伸出五个葵瓣，外圆伸出九个葵瓣，似有九五之尊之含义。雍城遗址采集。

九三　战国　葵纹瓦当

面径 13.8 厘米，边轮宽 0.5—1 厘米。弦纹内似以含苞待放花蕾作为当心，别具一格。弦纹外伸出三组羊角卷云纹。凤翔县孙家南头建筑遗址出土，陕西省雍城考古队收藏。

九四 战国 葵纹瓦当

面径 15 厘米。以四叶花为当心，两个同心圆分割当面。内圆九个葵瓣，顺时针卷曲。外圆十三个葵瓣，逆时针卷曲。葵纹是战国时期常见且风格独特的装饰图案，此当画面繁缛，但层次感强，具有精美的装饰效果。雍城遗址出土。

九五　战国　网格葵纹瓦当

面径 14.6 厘米。以网格纹当心为中心，似丰收的葵盘，葵籽饱满，硕果累累。周围伸出十个卷曲葵瓣纹，中间间以小乳钉。画面富有生机。雍城遗址采集。

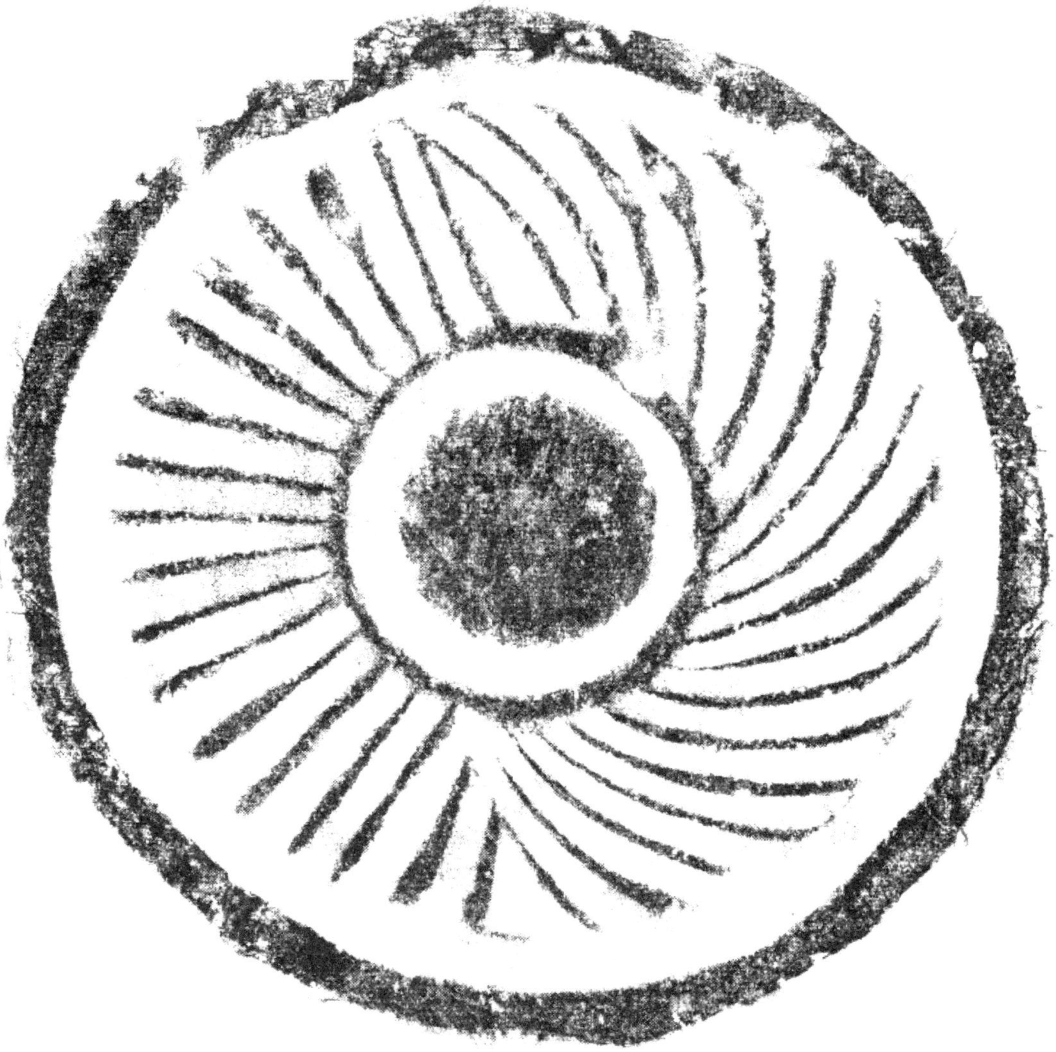

旋曲纹类瓦当

九六 战国 旋曲纹瓦当

面径 14.6 厘米。中心为一圆饼，以圆为中心向四周引出三十余条射线，犹如太阳光芒。亦称太阳纹瓦当、辐射纹瓦当或轮纹瓦当。目前为止，太阳纹这种瓦当仅发现于凤翔雍城遗址和秦都咸阳遗址。太阳瓦当的出现，亦当理解为秦人对太阳崇拜的一种反映。也有人认为辐射纹图案的含义可能是象征运动着的水。秦人以水纹装饰瓦当应与秦主水德有密切关系。至于称轮纹的人则认为其与车轮相似。这类瓦当寓意丰富。

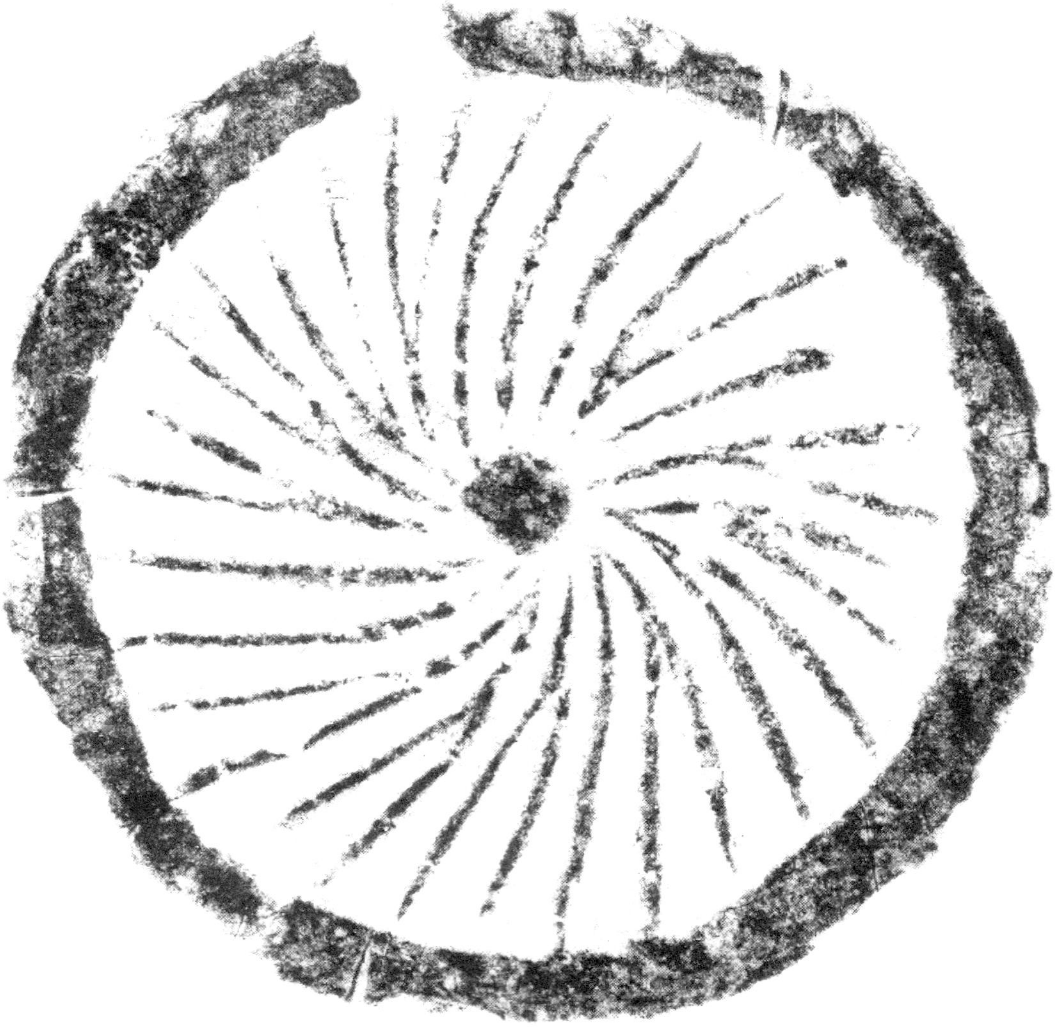

九七 战国 旋曲纹瓦当

面径 13.4 厘米，边轮宽 0.8 厘米。此当以圆饼作为当心，向四周引出三十余条射线，犹如太阳光芒。凤翔县南古城村遗址采集，陕西省考古研究院收藏。

九八 战国 旋曲纹瓦当

面径 13.4 厘米，边轮宽 0.8 厘米。当心饰一凸起小乳钉，外轮与乳钉之间饰一道凹纹，将当面分为两个环形区间。内区沿乳钉一圈有十九条弧线，以逆时针向外辐射。外区饰单线或双线云纹，等距离布满，好似盛开的花朵。整个图案似乎表达了大地上万物在太阳的沐浴下生机勃勃的景象。凤翔县长青村采集。

九九 战国 旋曲纹瓦当

面径 15 厘米。以小乳钉纹为当心，一圆把当面分为内外两区，内区构图似太阳纹。外区饰单线云纹，似菊花。富有装饰性。雍城遗址出土。

一〇〇 战国 旋曲纹瓦当

面径 13 厘米。以小乳钉纹为当心，一圆把当面分为内外两区，内区构图似太阳纹，外区饰单线卷云纹。画面干净美观。雍城蕲年宫遗址出土。

一〇一 战国 旋曲纹瓦当

面径 15.5 厘米。两同心圆把当面分为两区，内区构图为太阳纹，外区饰一圈双线勾纹。整个画面动感十足。雍城蕲年宫遗址出土。

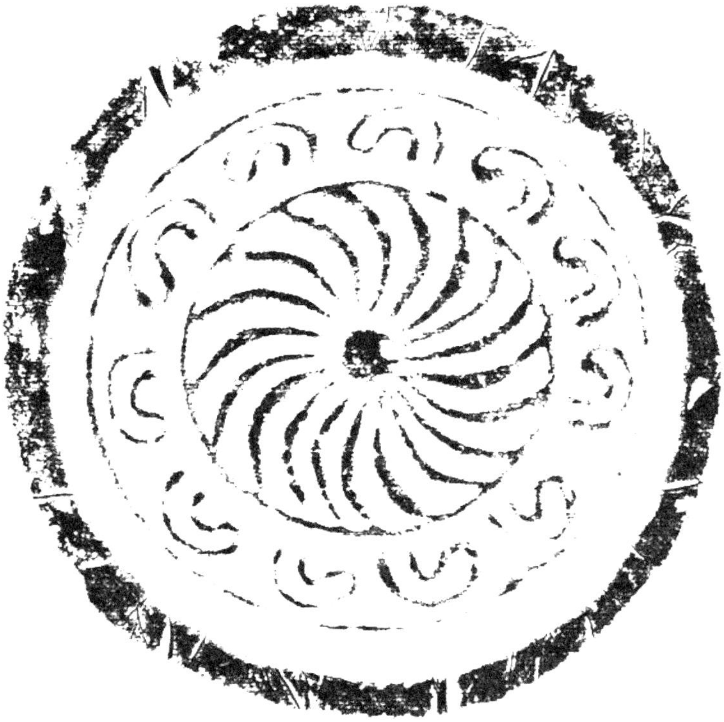

一〇二 战国 旋曲纹瓦当

面径 15.5 厘米。以小乳钉纹为当心，一圆把当面分为内外两区，内区构图似太阳纹。外区饰单线卷云纹，似菊花花瓣。画面清新简洁。雍城蕲年宫遗址出土。

一〇三 战国 旋曲纹瓦当

面径16.5厘米。当面以一圈小方乳钉纹为界分两个区，内区放射状曲线以顺时针旋转，外区双线勾纹以逆时针旋转。整个画面动感十足。雍城蕲年宫遗址出土。

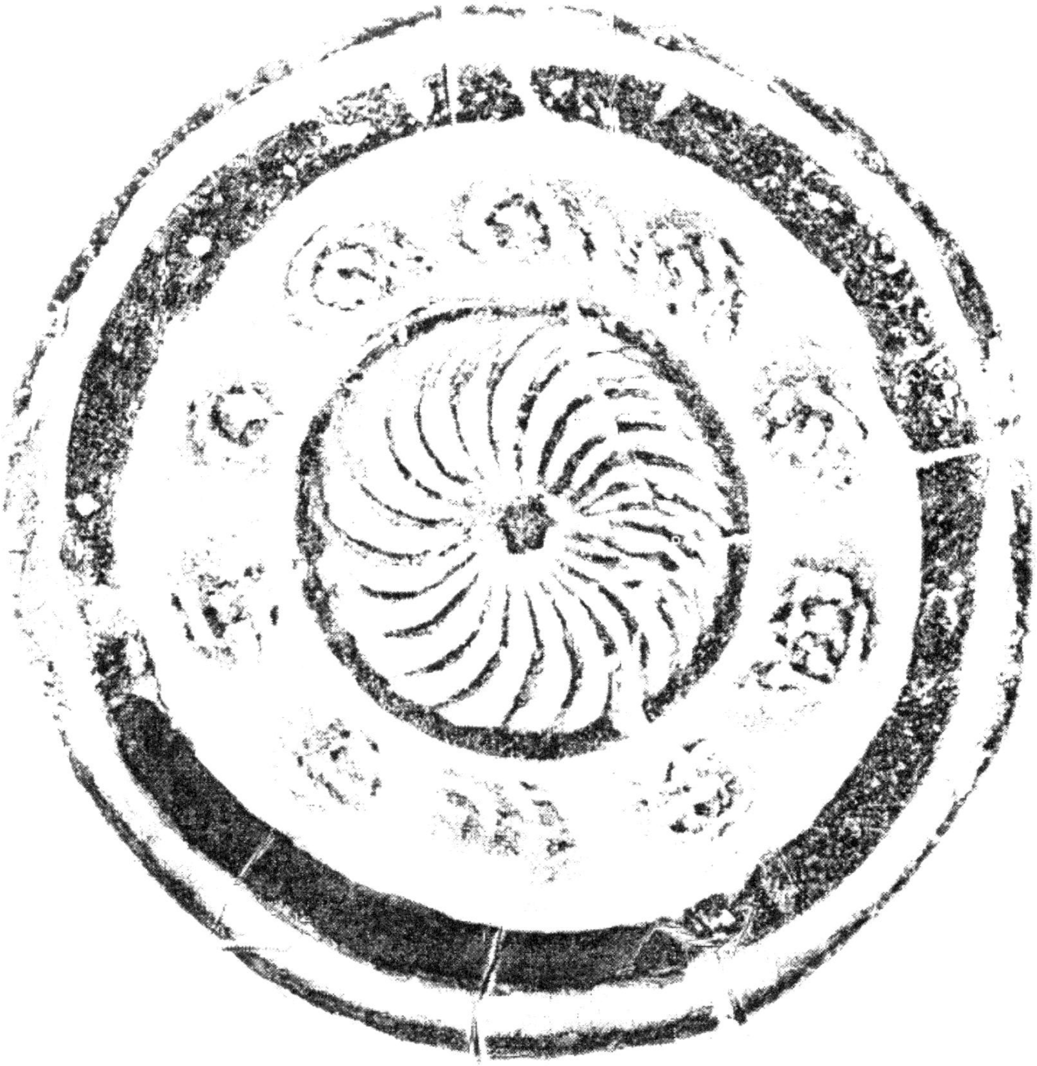

一〇四 战国 旋曲纹瓦当

面径 15.8 厘米。以小乳钉纹为当心，一圆把当面分为内外两区，内区构图似太阳纹。外区饰一周团花纹，整个画面喜气洋洋，花团锦簇。雍城蕲年宫遗址出土。

一〇五 战国 旋曲纹瓦当

面径 16.5 厘米。以小乳钉纹为当心，以两同心圆把当面分为两区，内区构图似太阳纹，外区饰单线卷云纹。画面装饰性强。雍城蕲年宫遗址出土。

一〇六 战国 旋曲纹瓦当

面径 16 厘米。内区构图为旋曲纹。外区饰一圈五个卷云纹，间以椭圆形叶片状纹，好似一幅水墨画。雍城蕲年宫遗址出土。

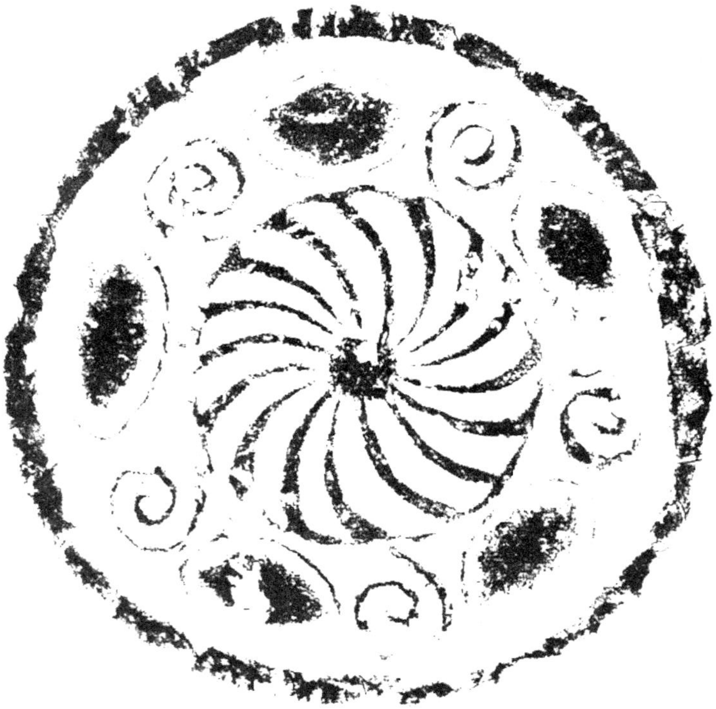

一〇七 战国 旋曲纹瓦当

面径 15.5 厘米、边轮宽 0.5—1 厘米。内区为太阳纹。外区饰一圈单线卷云纹，间以椭圆形叶片状纹。纹饰丰富有变化。雍城蕲年宫遗址出土。

一〇八 战国 旋曲纹瓦当

面径 15 厘米。内区构图为太阳纹，外区饰一圈卷云纹，间以两片树叶纹，构图明快。雍城蕲年宫遗址出土。

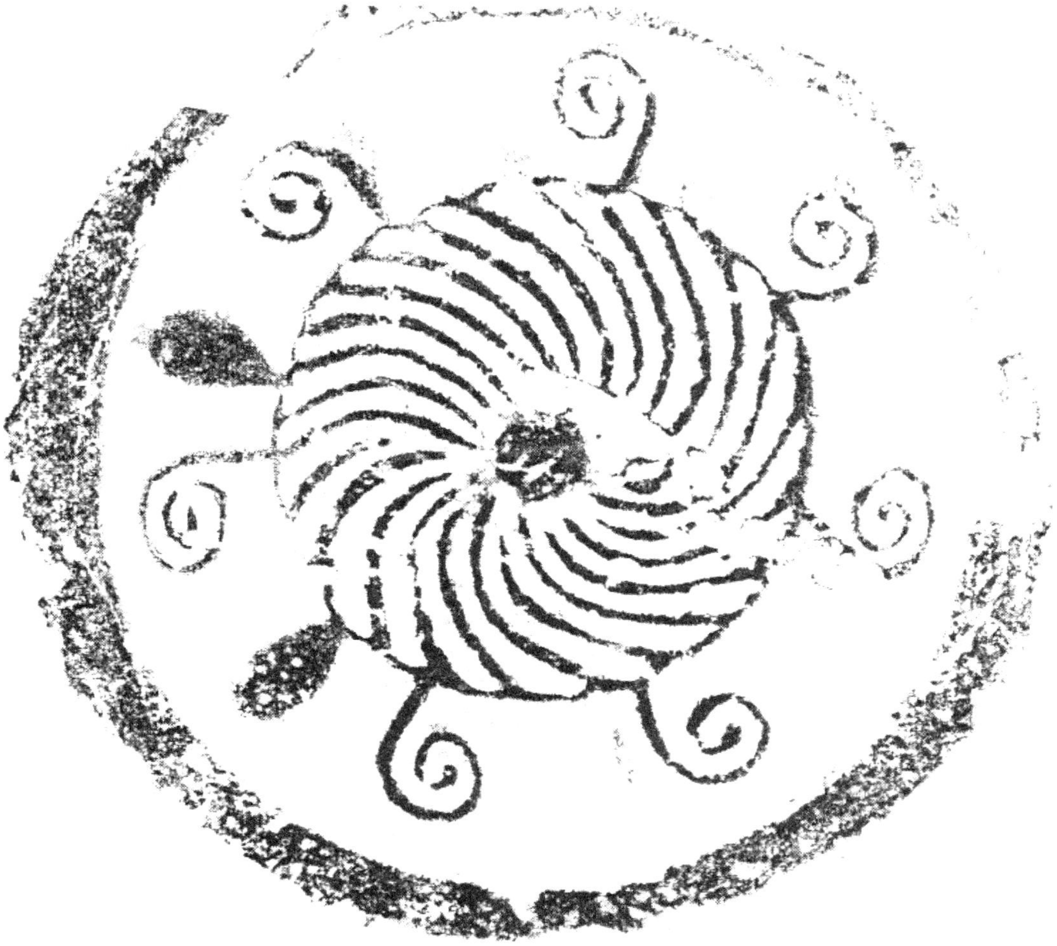

一〇九 战国 旋曲纹瓦当

面径 15.5 厘米。内区构图为太阳纹，外区饰一圈卷云纹，左侧卷云纹间饰两片树叶，简洁明快。雍城蕲年宫遗址出土。

云纹类瓦当

二一〇 战国 云纹半瓦当（上瓦）
二一一 战国 云纹半瓦当（下瓦）

上瓦当面径 15.5 厘米，高 8 厘米。下瓦当面径 16 厘米，高 8 厘米。两瓦均由凤翔县豆腐村战国制陶作坊遗址出土，陕西省雍城考古队收藏。天空中变幻莫测的浮云引起了古人无穷的遐想。云纹经过几千年的发展演变，不断丰富，每个时期都融入了时代的因素。有一部分学者认为，新石器时代彩陶上的原始旋纹就是早期的云纹样式。从形态来看，楚汉云气纹、先秦卷云纹、商周云雷纹与新石器时代的彩陶旋纹，有着比较明显的承继关系。汉代是中国云纹运用面最广，也是云纹形态最丰富和最生动的时期。

一一二 **战国 四叶云纹瓦当**

面径 16.5 厘米，边轮残。以四叶花为当心，四朵卷云纹从当面的弦纹沿顺时针伸出，十分自然，图案简单大方。雍城遗址出土。

一一三　战国　四叶云纹瓦当

面径 17 厘米，边轮宽 1 厘米，当面品相完整。四朵卷云纹从当面的弦纹沿顺时针伸出，四叶花为当心，小乳钉纹似于云纹间飘散的花粉，简单自然。雍城遗址出土。

一一四　战国　四叶云纹瓦当

面径 16.5 厘米，边轮宽 1 厘米，略有残缺。当心圆内饰四叶纹，乳钉当心为花蒂，四叶之间间以小乳钉纹，似飘散的花粉。外区用双线十字四分，各饰一组连云纹，连云纹中间饰以小点乳钉纹，似飘出的花粉。雍城遗址出土。

一一五 战国 四叶云纹瓦当

面径 15.5 厘米，边轮宽 0.8—1.4 厘米。当心圆内饰四叶纹。外区被双线十字四分，各饰一组连云纹。对称式的构图给人以建筑美的感觉。雍城遗址出土。

一一六 战国 四叶云纹瓦当

面径 15 厘米，边轮宽 1.1 厘米。当心圆内饰四叶纹。外区被双线十字四分，各饰一组连云纹。线条清新，构图和谐。雍城遗址出土。

一一七 战国 网格云纹瓦当

面径 16.5 厘米，边轮宽 1 厘米，略残。当心圆内饰方格纹，外区被双线十字四分，各饰一组卷云纹。构图简练。雍城遗址出土。

二一八 战国 网格云纹瓦当

面径 17.5 厘米，边轮上部略残。当心圆内饰菱形网格纹，外饰弦纹。外区被双线十字四分，各饰一组连云纹。画面庄重大方。雍城遗址出土。

一一九 战国 网格云纹瓦当

面径 15.5 厘米，边轮残缺。当心圆内饰菱形网格纹。外区被双线十字四分，各饰一组连云纹。线条生动流畅。凤翔县长青村采集。

一二〇 战国 网格云纹瓦当

面径 15.8 厘米，边轮宽 0.8 厘米。当心圆内饰方形网格纹。外区被单线十字四分，各饰一组卷云纹，间以小乳钉纹。左下区间云纹模具有误，似应是云纹两两相对。画面整体对称中又有变化。凤翔县长青村采集。

一二一 战国 网格云纹瓦当

面径 17.2 厘米，边轮略残。当心圆内饰不规则格纹，外饰弦纹。外区被单线十字四分，各饰一组卷云纹，有极强的装饰性。雍城遗址采集。

一二二　战国　网格云纹瓦当

面径 15.5 厘米。当心圆内饰棋盘形网纹，外饰弦纹。外区被双线十字四分，各饰一组卷云纹，两两相连，其中一组云纹内有一文字符号，未识。凤翔县史家河遗址采集。

一二三　汉　网格云纹瓦当

面径 17.2 厘米，边轮略残。当心圆内饰网格纹。外区双线十字对称弯曲，两两相连，其内饰连云纹，间以小乳钉纹，富有传统图案之美。雍城遗址出土。

二二四　战国　网格叶云纹瓦当

面径 16 厘米，边轮略残。当心圆内饰网格纹，网格外饰四个对称的三角形叶纹，外区被双线十字四分，各饰一组卷云纹，两两相连，云纹间亦饰三角形叶纹。当面构图对称，纹饰丰富别致。雍城遗址采集，瓦砚斋藏拓片。

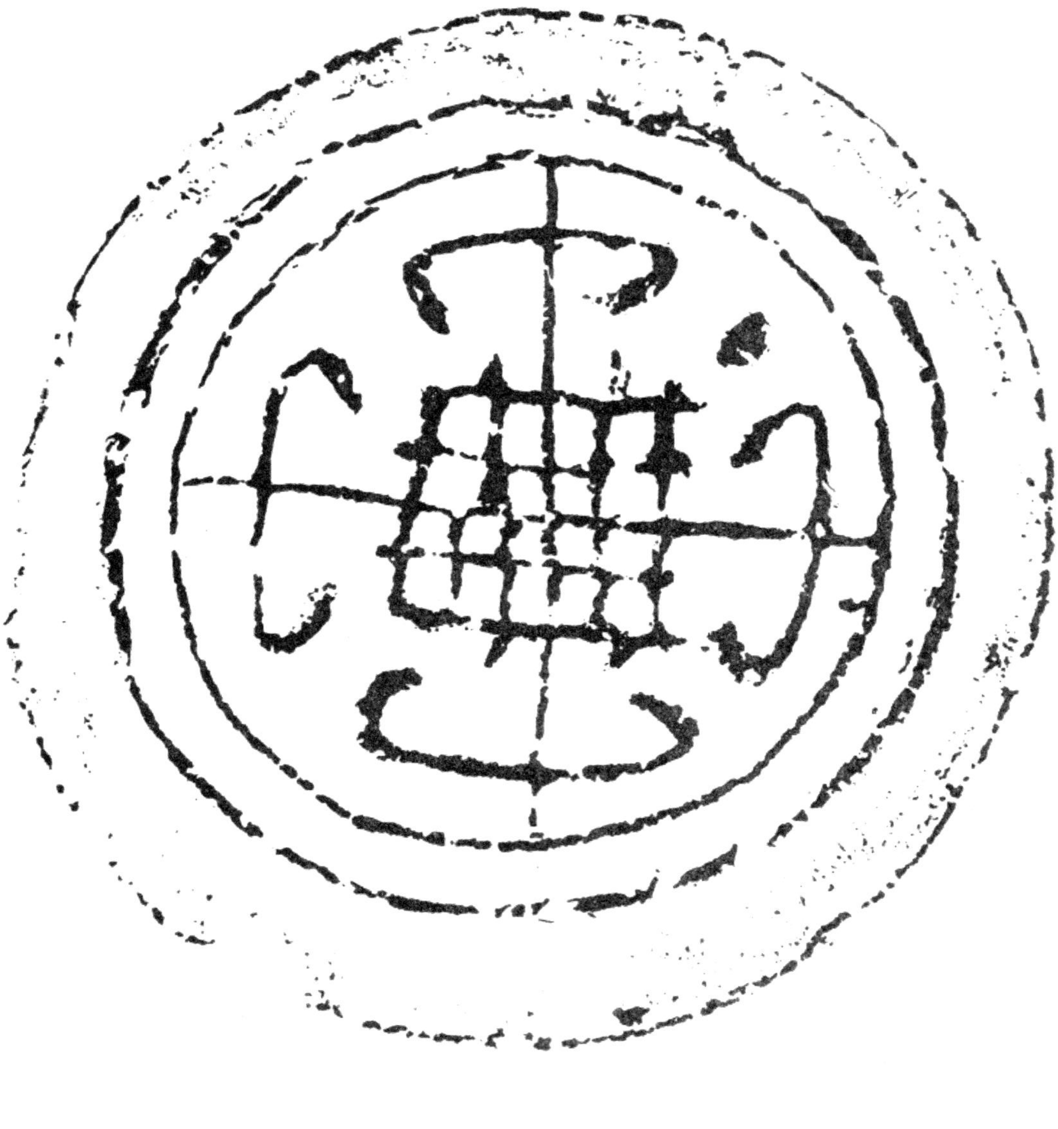

一二五 战国 网格巾形纹瓦当

面径 15.5 厘米，边轮残。构图别出心裁，当心方形网格纹与外部单线弦纹间饰四个巾字形符号，整体图案随意自然，用笔古拙。雍城遗址采集。

二二六 战国 勾折云纹瓦当

面径 16.5 厘米，边轮宽 1.2 厘米。当心为一个大圆，被单线十字四分，各饰一勾折纹。外区饰八组羊角形云纹。线条稚拙，随心所欲。雍城遗址出土。

一二七 战国 勾连云纹瓦当

面径 16.5 厘米，边轮 1.2 厘米。当面云纹勾连诡异，想象奇特。雍城遗址出土。勾连纹实际上也是云纹的一种，云纹图案类型较多，渊源也有多种观点：或认为是从青铜器上的回纹演变而来，或认为是从动植物纹演化而来，如动物中的蝉纹、蝴蝶纹、鸟纹等禽兽纹，植物中的树枝花朵，自然界中的云朵光芒综合演变而来等。战国时期的阴阳五行学说可能是云纹瓦当图案产生的思想基础，而神秘莫测、变化多端的纹饰反映了当时人们对未知世界和多变自然的认识，表达了对祥瑞、祥和生活的祈望。

二二八 战国 勾连云纹瓦当

面径 15.5 厘米，边轮宽 0.8 厘米。当心为十字形纹，被四组勾连云纹包围。勾连云纹也称作蘑菇云纹，四组相连，浑然一体。凤翔县孙家南头建筑遗址出土，陕西省雍城考古队收藏。

二二九 战国 乳钉云纹瓦当

面径 15.7 厘米，边轮宽 1.1 厘米。当心圆内饰四个小乳钉。单线十字穿过当心，将外区四分，各饰一组卷云纹，构图相互贯通，引人联想。雍城遗址出土。

一三〇 战国 乳钉云纹瓦当

面径 14 厘米，边轮宽 0.4 厘米。当心圆内饰一小乳钉，外区被双线十字四分，十字出头分别与四组连云纹相接，具有古朴的装饰色彩。雍城遗址出土。

一三一 战国 乳钉云纹瓦当

面径 15.8 厘米。云纹象征吉祥如意。四朵卷云纹从当面的弦纹沿顺时针伸出，十分自然，云纹间各饰一组小乳钉纹，画面构图简单。凤翔县纸坊镇马家庄采集。

一三二 **汉 乳钉云纹瓦当**

面径 15.6 厘米，边轮宽 1.3 厘米。当心为圆纽，外饰弦纹、连珠纹。外区被双线十字四分，各饰一组连云纹。外环两圈弦纹内填 X 形纹。内容丰富，富有美感。雍城遗址采集，宋志贤收藏。

一三三　**汉　乳钉云纹瓦当**

面径 16 厘米，边轮宽 1 厘米。当心两圈弦纹，内饰四个小乳钉纹。外区被双线十字四分，各饰一组云纹，装饰性强。雍城遗址出土。

一三四 汉 乳钉云纹瓦当

面径 16.5 厘米，品相完整。当心为圆组，外饰两圈弦纹。外区被双线十字四分，各饰一组连云纹，云纹两侧饰小三角纹，是瓦当中的小清新。凤翔县长青村采集。

一三五 汉 乳钉云纹瓦当

面径 12 厘米，边轮宽 1 厘米，下部残缺。当心饰乳钉纹，外饰两组弦纹。外区被双线十字四分，各饰一组卷云纹，两两相连，云纹生动飘逸。凤翔县纸坊镇马家庄采集。

一三六　汉　乳钉云纹瓦当

面径 15.8 厘米。当心为圆纽，外饰弦纹。外区被双线十字四分，各饰一组卷云纹，两两相连，并间有不同的几何符号，寓意不明。凤翔县纸坊镇马家庄采集。

一三七 汉 乳钉云纹瓦当

面径 15.5 厘米，边轮宽 0.9 厘米。当心圈内饰小乳钉纹。外区被双线十字四分，各饰一组连云纹，点缀以小乳钉纹。当面线条匀称丰富，美感强烈。凤翔县长青村采集。

一三八　汉　乳钉云纹瓦当

当心圆内饰小乳钉纹及云纹。外区被双线十字四分，各饰一组卷云纹，两两相连。线条勾连，衔接自然。凤翔县长青村采集。

一三九　汉　乳钉云纹瓦当

当心圆内饰四个小乳钉纹。单线十字穿过当心，将外区四分，十字出头各饰一组连云纹，云纹间点缀小乳钉纹。布局别具一格。凤翔县长青村采集。

一四〇 汉 曲尺纹瓦当

面径 15 厘米，边轮宽 1 厘米。当心圆内饰曲尺纹。外区被双线十字四分，十字出头分别与四组连云纹相接，云纹间各饰两个小乳钉纹。曲尺纹和双十字栏界线有明显的错位。凤翔县长青村采集。

一四一 汉 曲尺纹瓦当

面径 15.3 厘米，边轮宽 0.8 厘米。当心圆内饰曲尺纹。双线十字穿过当心，将外区四分，各饰一组卷云纹，云纹间饰小乳钉纹。线条重叠处缺少虚实变化。凤翔县长青村采集。

一四二 汉 曲尺纹瓦当

面径 17 厘米，边轮宽 0.7 厘米。当心圆内饰曲尺纹。双线十字穿过当心，将外区四分，各饰一组连云纹，云纹内各饰一个小乳钉。线条准确均匀，对称精美。凤翔县长青村采集。

一四三 战国 云纹瓦当

面径16.8厘米。当心圆内饰斜线纹。外区被双十字四分，各饰一组卷云纹，两两相连，与双十字线连接自然。画面中间十字线与双十字线严重错位。当面品相完整，装饰性强。雍城蕲年宫遗址采集。

一四四　战国　云纹瓦当

面径 16.5 厘米。两同心圆把当面分为三部分，中心圆内饰五个乳钉纹，中间一圈饰十二个卷云纹，外圈饰十七个卷云纹。整个画面繁而不乱。雍城遗址采集。

一四五　战国　云纹瓦当

面径 16.3 厘米。当心圆内饰四个连云纹，中间为十字形纹。外区被双线十字四分，各饰一组连云纹，内外图形具有重复性。雍城蕲年宫遗址采集。

一四六　战国　飞鸟云纹瓦当

面径 15 厘米。当心圆内饰直线纹。单线十字穿过当心，将外区四分，十字出头分别与四组连云纹相接，云纹间饰飞鸟形纹，飞鸟形态不一。当面品相完整，整个构图简洁明快，生动自然。雍城遗址采集，西安秦砖汉瓦博物馆藏。

一四七 战国 十字云纹瓦当

面径 15.5 厘米，边轮宽 1 厘米。当心圆向外伸出四个勾云纹。单线十字穿过当心，将外区四分，十字出头分别与四组连云纹相接。当面于对称中又富于变化。雍城遗址出土。

一四八 战国 十字云纹瓦当

面径 15.5 厘米，边轮宽 1 厘米。单线十字穿过当心圆，将外区四分，各饰一组卷云纹，图案具有极强的对称性。雍城遗址出土。

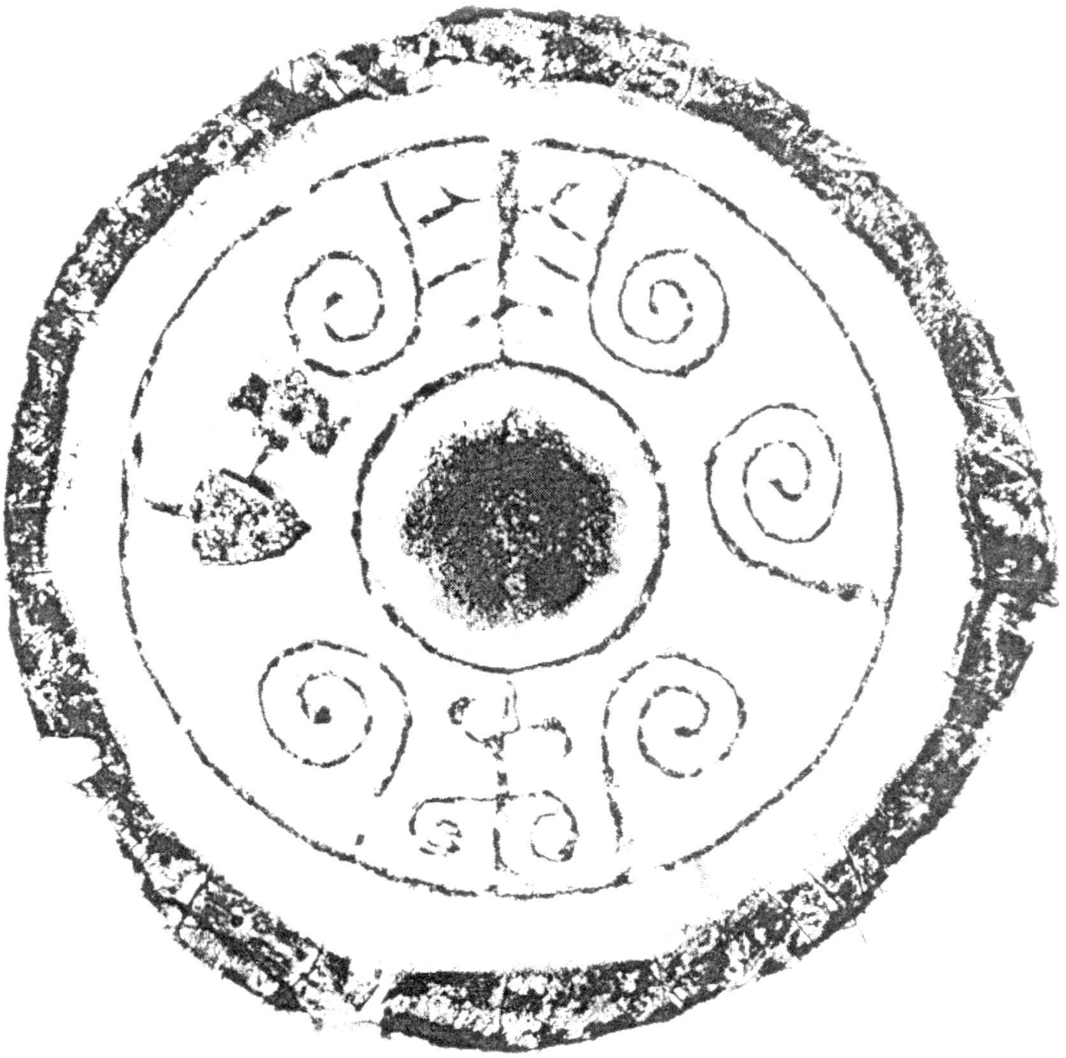

文字类瓦当

一四九　战国　华市卷云纹瓦当

面径 15.5 厘米。当面涂有颜色，当心内饰凸起大乳钉，外饰弦纹。外区有四组纹饰，上下各饰一组相背的单线卷云纹，中间有『华市』二字。『华市』二字变形夸张，与卷云纹浑然一体。右饰单线卷云纹，左边为一树一燕，小燕舒展双翼，飞向镞形树冠。为目前发现最早的文字瓦当。凤翔县史家营村高家河出土。文字瓦当出现最晚，但人们对它却最感兴趣也最执着。宋代是我国传统金石学大兴的时代，作为现代考古学的前身，它偏重于著录和考证古代之文字，所以宋人率先注意到文字瓦当。雍城遗址出土的『华市』『山利』瓦当为目前所见最早的文字瓦当。

一五〇 战国 华市卷云纹瓦当

面径 15.5 厘米。与前瓦应为同一模具，中间有『华市』二字，字体古拙。小燕伸展双翼，图案清晰、动态传神，画面静中求动。凤翔县高家河出土。

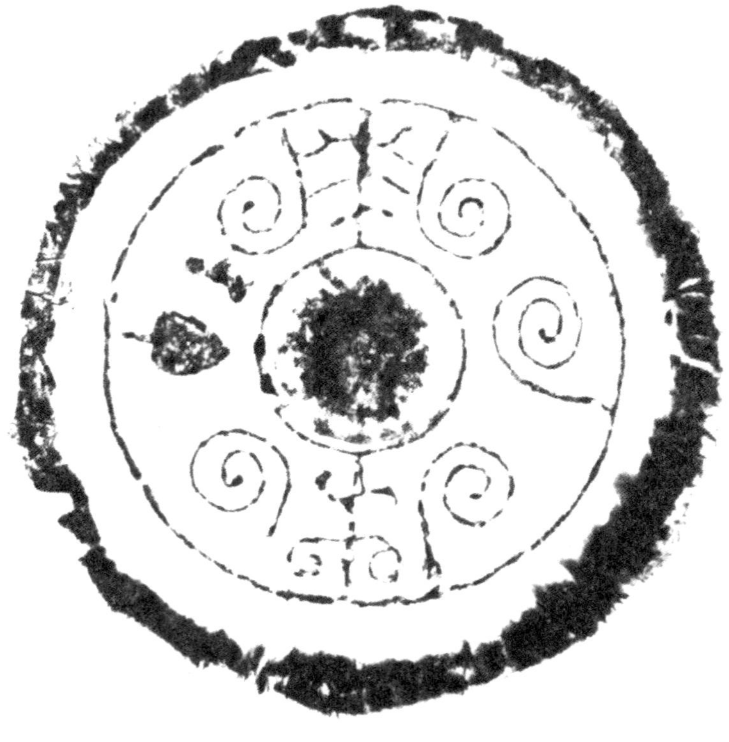

一五一 战国 华市卷云纹瓦当

面径 15.5 厘米。当面品相完整，与前两瓦应为同一模具，且同一地点出土。

一五二　战国　山利瓦当

面径 14 厘米。当心圆内饰米字形纹饰，外饰弦纹，外区饰若干弧线，呈逆时针旋曲状，其间夹有文字。有说此当面有五字『山川日月利』。为目前所见最早的文字瓦当。雍城遗址采集。

一五三 战国 吉羊大利瓦当

面径 18 厘米，边轮宽 0.6—1 厘米。外区被双十字四分，十字出头分别与四组连云纹相接。有说当面中心圆内为『吉羊大利』四字，『羊』即『祥』。与『山利』『山川日月利』同为目前所见最早的文字瓦当。凤翔县豆腐村采集。

一五四 战国 吉羊大利瓦当

面径 18 厘米，边轮宽 0.6—1 厘米。与『山利』『山川日月利』为目前所见最早的文字瓦当。凤翔县豆腐村采集。

一五五 汉 年宫瓦当

面径 15.6 厘米，边轮宽 0.7 厘米。当心为圆纽，外饰两圈弦纹。双线十字将外区四分，饰三个连云纹和阳文篆书『年宫』二字，字体曲折方正。1982 年凤翔县东社村采集，雍城考古工作站藏。学者曾以『年宫』为蕲年宫之省文。后来蕲年宫瓦在凤翔城西南长青镇孙家南头发现，两者地点显然不在一处。或另有『年宫』，但文献不见记载，此瓦当应属西汉遗物。

一五六 汉 年宫瓦当

面径 16.3 厘米。当心为圆纽，外饰两圈弦纹。外区被双线十字四分，饰三个连云纹和阳文篆书『年宫』二字，字体曲折方正。图案文字布局匀称，当面品相完整，凤翔县城南采集。

一五七　汉　年宫瓦当

面径 16.5 厘米。双线十字将外区四分，饰三个连云纹和阳文篆书『年宫』二字。雍城遗址出土。

一五八　汉　年宫瓦当

面径 16.3 厘米。双线十字将外区四分，饰三个连云纹和阳文篆书『年宫』二字。字体曲折方正。凤翔县南采集。

一五九 战国 壬子瓦当

面径16厘米。残缺三分之一。当面主体饰三个羊角形云纹，每两个羊角形云纹之间饰一个勾云纹，中心圆内饰龟形纹，在云纹之间隶书两字，第一字明显是『壬』而非『王』，第二字亦与『干』字不类，似为小篆『子』，当为干支纪年『壬子』。按此壬子年应为公元前249年，秦庄襄王元年，于秦统一之前28年。如是，此瓦为唯一有绝对纪年的秦瓦当。

一六〇 汉 蕲年宫当瓦当

面径 16.8 厘米，边轮宽 1 厘米。当心为圆纽，外饰弦纹。外区被双线十字四分，先右后左直书『蕲年宫当』四字，篆书，排列平整，书风高古。『蕲』与『祈』通假，『蕲年』取向天祈求丰年之意。凤翔县采集，陕西省考古研究院收藏。

一六一　汉　蕲年宫当瓦当

面径 16.7 厘米，边轮宽 0.8 厘米，品相完整。属蕲年宫当，有学者认为是西汉修葺时用瓦。字体华美飘逸，布局合理匀称。1982 年于凤翔县孙家南头堡子壕采集。

一六二 战国 橐泉宫当瓦当

面径 14 厘米。此当为此类瓦当中当径较小者。当心饰四叶纹，瓦文用笔方中有圆，线条柔中蓄刚。时代较早，应为战国时期瓦。雍城遗址出土，大山藏瓦拓。

一六三 汉 橐泉宫当瓦当

面径17厘米。当面外区被双十字线四分，刻『橐泉宫当』四字，篆书。橐泉宫位于千河东岸，邻近蕲年宫。因旁有橐形之泉而得名。从蕲年宫遗址发现『蕲年宫当』与『橐泉宫当』并存于同一堆积层情况来看，两宫可能是同一座宫殿的群体建筑。凤翔县长青村采集。

一六四 汉 橐泉宫当瓦当

面径16.4厘米。因其地有橐形水泉而得橐泉宫之名，秦孝公时期建，与蕲年宫毗邻，位于千河东岸。橐泉宫经过多次维修，沿用至西汉中叶。凤翔县出土，陕西省考古研究院收藏。

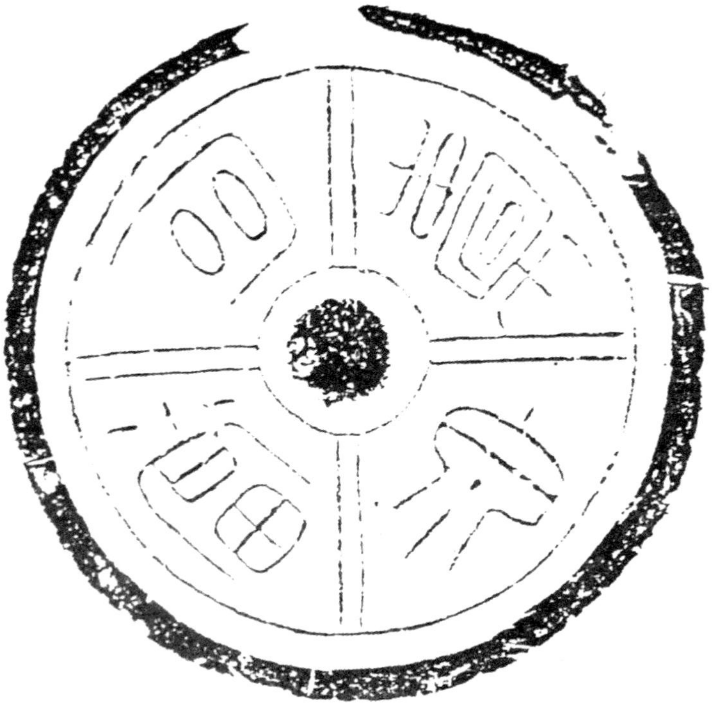

一六五 汉 橐泉宫当瓦当

面径 17 厘米。瓦文是典型的小篆体，用笔圆转流畅，布局匀称，给人以清新之感。凤翔县出土，陕西省考古研究院收藏。

一六六 汉 橐泉宫当瓦当

面径 16.3 厘米，边轮稍残。当心为圆纽，外饰弦纹、连珠纹。外区被双线十字四分，先右后左直书『橐泉宫当』四字，篆书。此瓦为典型的汉武帝时期风格。凤翔县采集，陕西省考古研究院收藏。

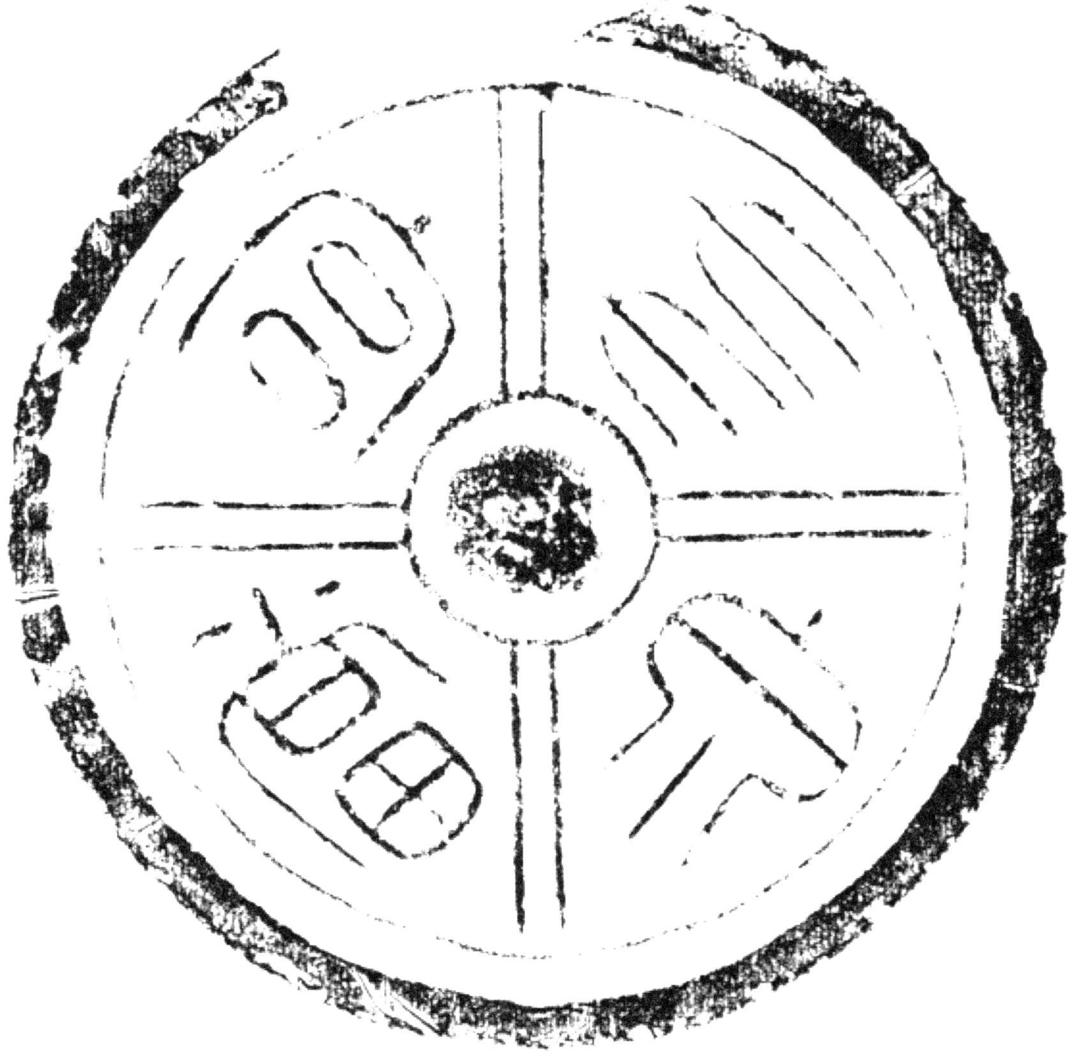

一六七 汉 竹泉宫当瓦当

面径 16.3 厘米，边轮宽 0.8 厘米。当心为圆纽，外饰弦纹。外区被双线十字四分，先右后左直书『竹泉宫当』四字，篆书。文字瓦当从战国到秦、汉逐步演变而来，是含蓄到直白的表达过程，反映在社会生产生活和意识形态等各方面。竹泉宫位于凤翔县长青镇马道口村附近的千河东岸的台地上，东靠雍城，西临千河，地势高亢，视野开阔。该宫是史书失载的秦汉宫殿之一，寓意宫殿之处水资源充沛，植被丰茂。凤翔孙家南头宫殿建筑遗址出土。

一六八　汉　来谷宫当瓦当

面径 16.5 厘米，边轮宽 0.8 厘米。出土于凤翔县长青镇孙家南头，此地曾出土『蕲年宫当』，两瓦文字风格如出自一人。『来』为招致之意，『来谷』与『蕲年』意思相近，表现了希望招致储备更多粮食的美好愿望。此瓦当的出土，表明在西汉蕲年宫附近可能还有一座祭祀农神的宫殿——来谷宫。

一六九　汉　棫阳瓦当

面径 14.8 厘米。棫阳宫始建于秦昭王时期，根据瓦当出土地判断，位于凤翔城南东社村。公元前 238 年，秦王嬴政在蕲年宫平定嫪毒叛乱，亲理国政，将『犯了错误』的母亲软禁在棫阳宫。到了西汉时期，棫阳宫仍作为关中的『离宫三百』之一而使用。棫阳瓦当瓦心周饰连珠纹，边饰网纹，为西汉中晚期之物。该瓦当在凤翔出土，纠正了过去棫阳宫在扶风的错误说法。雍城遗址采集，汉基老人藏瓦拓。

一七〇 汉 棫阳瓦当

面径 18.2 厘米。当心为圆纽，外饰弦纹、连珠纹，外区被双线十字四分，各饰一组连云纹。外环两圈弦纹，内填 x 形纹，在 x 形纹间书『棫阳』二字，顶天立地。1982 年凤翔县南指挥镇东社村秦汉遗址采集，陕西省雍城考古队收藏。

一七一 汉 万岁冢当瓦当

面径 17.3 厘米。当心为圆纽，外饰两圈弦纹。外区被双线十字四分，顺时针书『万岁冢当』四字，篆书。凤翔县东社村、马家庄皆有发现，应为汉代祠堂冢用瓦。汉长安城遗址也曾出土此类瓦当，形式、文字略同，其中有一圈外轮为网带纹。凤翔县南指挥镇东社村秦汉遗址采集。

一七二　汉　万岁冢当瓦当

面径 16.2 厘米，边轮宽 1.6 厘米。当心为圆纽，外饰两圈弦纹。外区被双线十字四分，顺时针书『万岁冢当』四字，篆书。雍城遗址出土。

一七三　汉　万岁冢当瓦当

面径 16.2 厘米，边轮宽 1.6 厘米，应与前瓦为同一模具。属万岁冢当。文字精美，线条笔画流畅。雍城遗址出土。

一七四 汉 巨杨冢当瓦当

面径 16.6 厘米，边轮宽 1.5 厘米。当心为圆纽，外饰弦纹、连珠纹。外区被双线十字四分，先右后左直书『巨杨冢当』四字，篆书。应是汉代官僚地主祠堂冢墓用瓦。凤翔县采集。

一七五 汉 巨杨冢当瓦当

面径 15.5 厘米。边轮稍残缺。当面文字笔画与画面线条融为一体，有篆章之风。凤翔县采集。

一七六　汉　长生未央瓦当

面径 16.2 厘米，边轮宽 1.1 厘米。长乐未央系古人泛用吉语。『未央』，原出自《诗·小雅·庭燎》：『夜如何其？夜未央。』当心为乳钉纹，以双线十字分割四区，书『长生未央』四字。字体处于篆隶之间，具有鲜明的时代性。『长生』就是长寿，『未央』就是没有终止，引申为丰裕不尽的意思。雍城遗址出土。

一七七　汉　长生未央瓦当

面径 16.1 厘米，边轮宽 1.2 厘米，稍残。当心圆内饰菱形方格纹。外区被双线十字四分，上书『长生未央』四字。雍城遗址出土。

一七八 汉 长乐未央瓦当

面径17.5厘米，边轮宽1厘米，品相完整，字迹清晰。『长乐未央』系古人泛用吉语，不是专指长乐、未央两宫而言。字体处于篆隶之间，多方笔，显得古拙、大气。『长乐』原是君王祝福自己的统治连绵不绝，『未央』就是没有终止。长乐未央反映了秦汉时期人们对世俗之乐的追求，以及对幸福生活的憧憬，寓意祝福欢乐不尽，永远开心快乐。雍城遗址出土。

一七九 汉 长生无极瓦当

面径 17.5 厘米，边轮宽 1 厘米。当心为圆纽，外饰弦纹、连珠纹。外区被双线十字四分，阳文篆书『长生无极』四字分置其间。『长生无极』是汉王朝追求长生不老、国家永昌的思想反映。把『长生无极、长生未央』的理想艺术化，制成瓦当悬挂于房檐，有着重要昭示意义。雍城遗址出土。

一八〇 汉 长生无极瓦当

面径 17.4 厘米，边轮宽 1.5 厘米。属长生无极当。当面字体皆成弦弧线排列，特点突出。雍城遗址出土。

一八一 汉 长生无极瓦当

面径 17.5 厘米，边轮宽 1.2 厘米。『长』字残缺，『生』字半缺。『长生无极』是汉王朝追求长生不老、国家永昌的思想反映。雍城遗址出土。

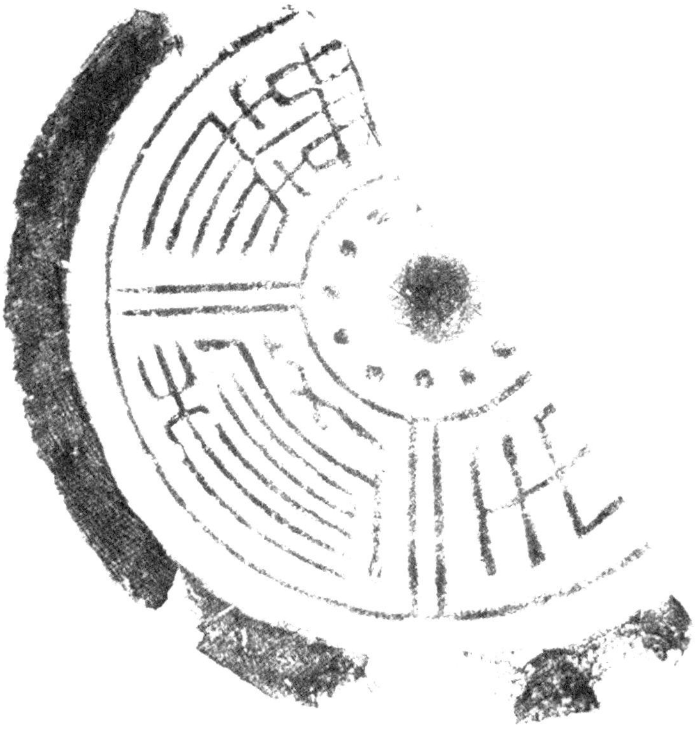

一八二 汉 延年益寿瓦当

面径 18.8 厘米。当心为圆纽，外饰弦纹。外区被双线十字四分，阳文篆书四字『延年益寿』，分置其间。笔意劲健，书风肃穆。雍城遗址出土。

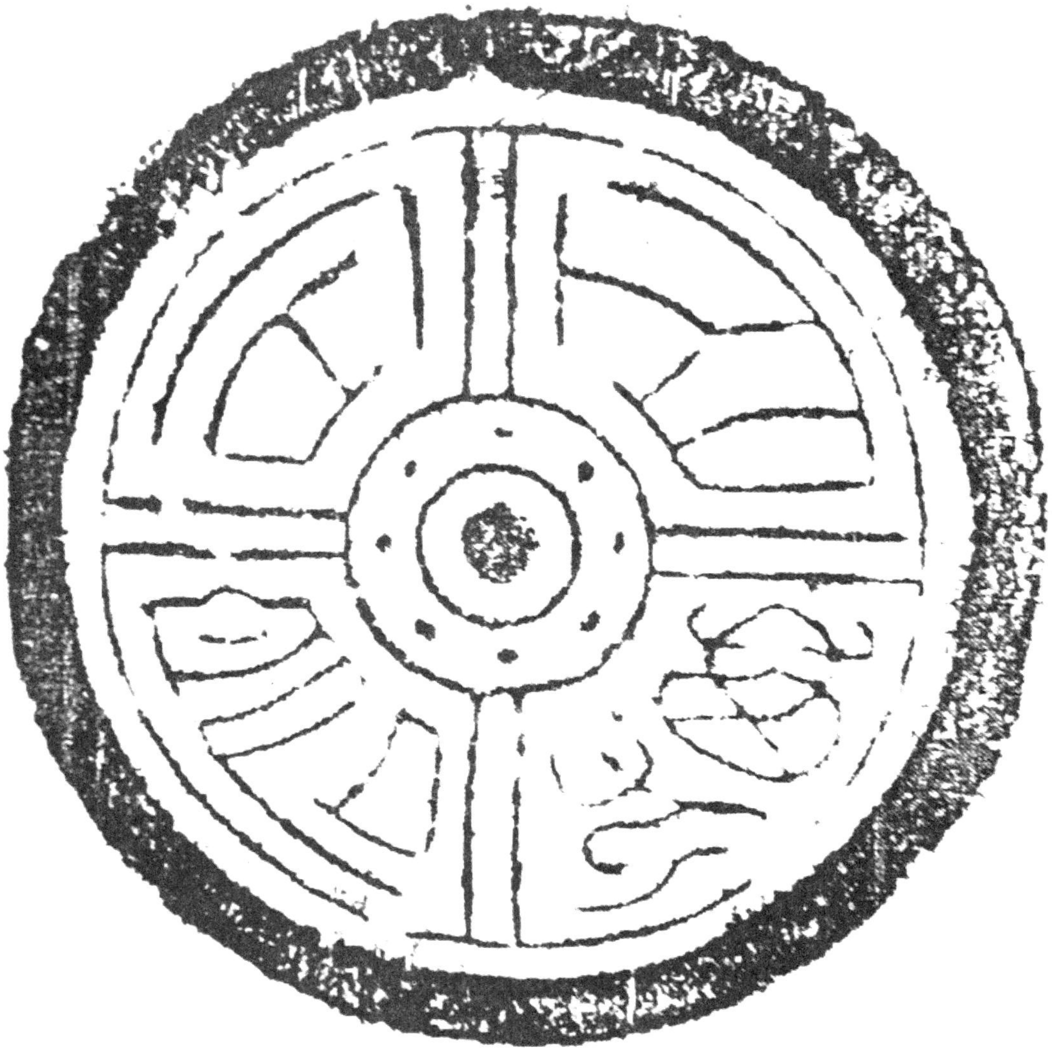

一八三 汉 百万石仓瓦当

当心为圆纽，外饰弦纹、连珠纹。外区被双线十字四分，阳文篆书『百万石仓』四字分置其间。应是汉代粮仓建筑用瓦。凤翔县孙家南头村采集。

其他类瓦当

一八四　战国　素面半瓦当

面径 13 厘米，高 6 厘米。当面为半圆，素面。凤翔县豆腐村战国制陶作坊遗址出土，陕西省雍城考古队收藏。

一八五　战国　素面半瓦当

面径 17 厘米，高 8.6 厘米。当面半圆，素面无纹饰，边有残缺，中间有一划痕。凤翔县豆腐村战国制陶作坊遗址出土，陕西省雍城考古队收藏。

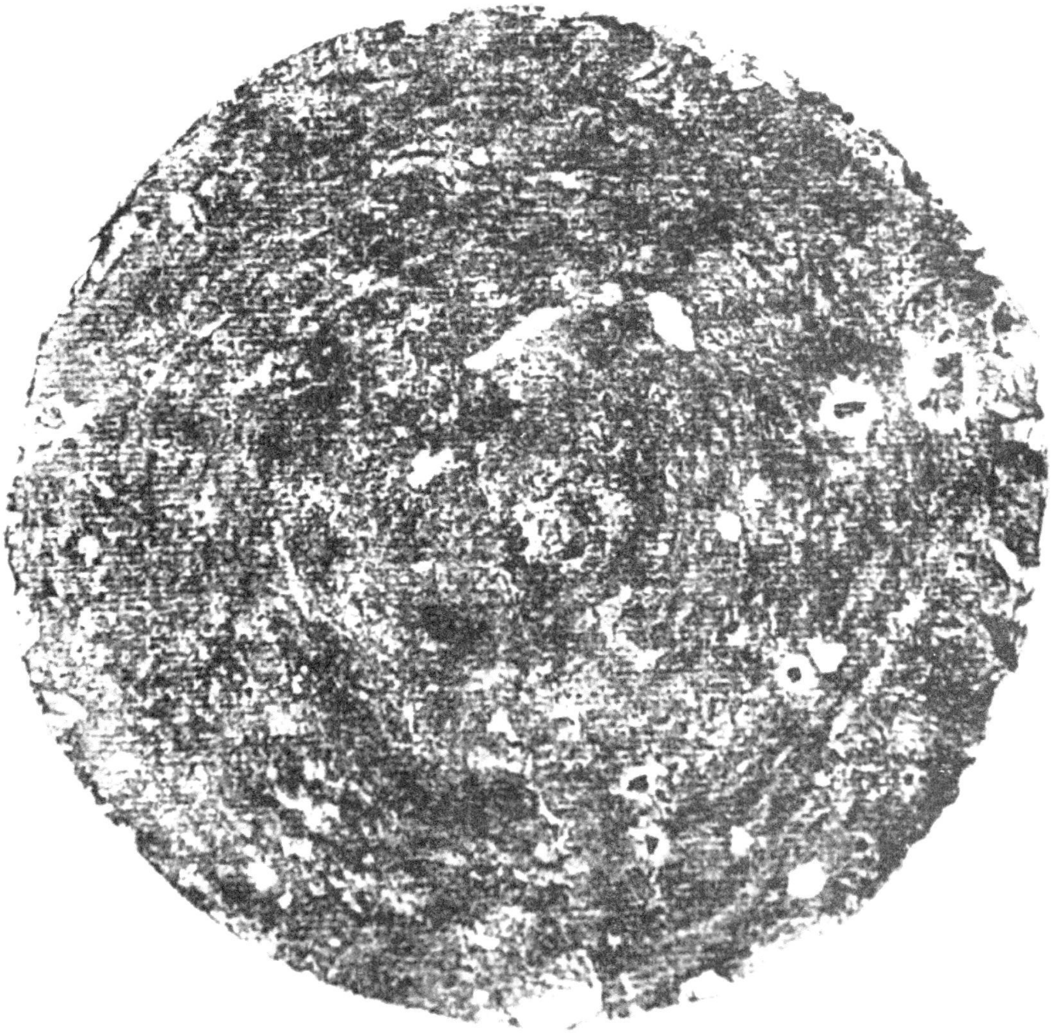

一八六 战国 素面圆瓦当

面径 15.5 厘米。素面圆形。凤翔县豆腐村战国制陶作坊遗址出土，陕西省雍城考古队收藏。

一八七 战国 素面圆瓦当

面径 15 厘米。素面无纹饰，边有小残缺，中间有一划痕。凤翔县豆腐村战国制陶作坊遗址出土，陕西省雍城考古队收藏。

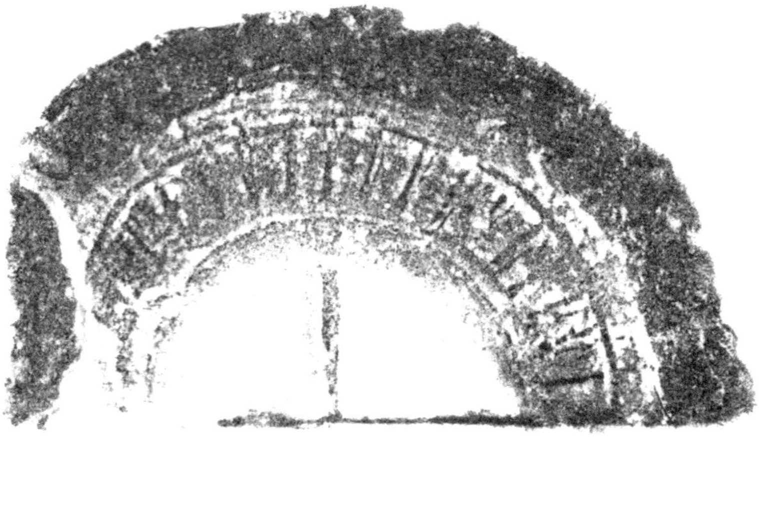

一八八 战国 太阳纹半瓦当

底径 14.3 厘米，高 7.1 厘米。宽轮，中心为一单线半弦纹，似从地平面冉冉升起的太阳，外为一周射线纹，似光芒万丈。整个画面再现了朝阳升起的景象，堪为经典。雍城蕲年宫遗址出土。

一八九 春秋 绳纹半瓦当

面径 12 厘米，高 8 厘米。瓦色浅灰，泥条盘筑，所附筒瓦为绳纹。当面饰两道凹弦纹，弦纹间夹一组细绳纹。为秦国早期瓦当。凤翔县豆腐村采集，陕西省雍城考古队收藏。

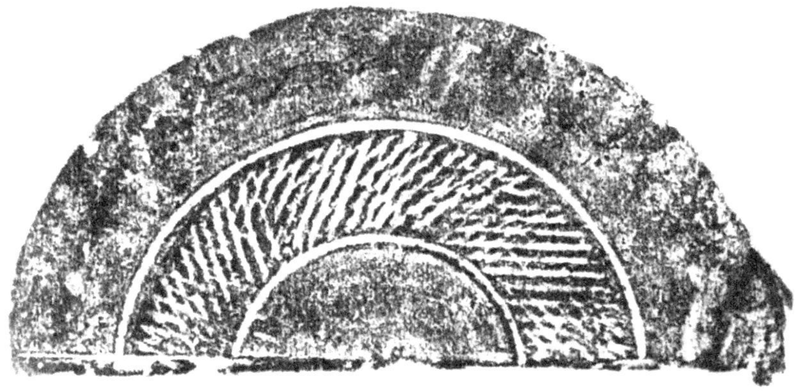

一九〇 战国 绳纹半瓦当

面径 15.5 厘米，高 7.5 厘米。当面为半圆，饰交错绳纹，中间有划痕。凤翔县豆腐村战国制陶作坊遗址出土，陕西省雍城考古队收藏。

一九一 战国 绳纹半瓦当

面径 14 厘米，高 7 厘米。当面饰两道凹弦纹，内弦纹内饰交错绳纹，两弦纹间夹一组交错绳纹。凤翔县豆腐村战国制陶作坊遗址出土，陕西省雍城考古队收藏。

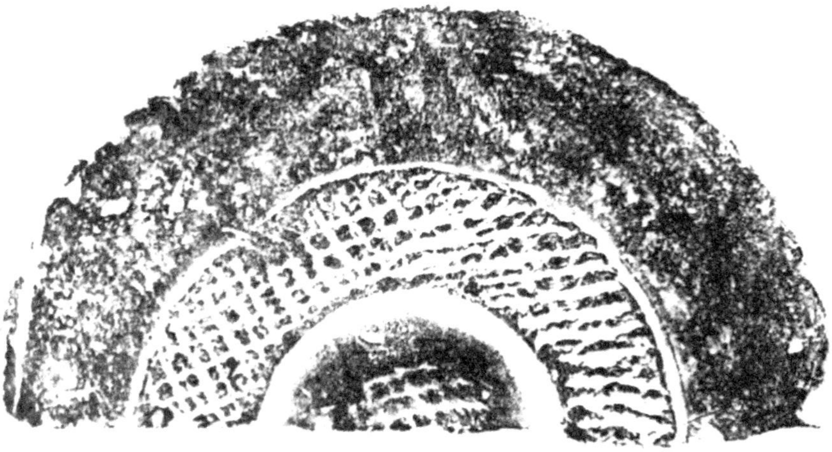

一九二 战国 绳纹半瓦当

面径 15 厘米，高 7.5 厘米。当面可分三部分，当心为若干道弦纹组成的半同心圆群，中间部分饰交错绳纹，外边缘为一圈素面，略有残缺。凤翔县豆腐村战国制陶作坊遗址出土，陕西省雍城考古队收藏。

一九三 汉 曲尺饕餮纹瓦当

面径 15 厘米。一半残缺。双十字格界穿过中心圆，圆内饰曲尺纹。圆外四格栏内各饰一组变形云纹，似青铜器纹饰中的饕餮纹。整个布局既雍容华贵，又充满神秘感。凤翔县史家河村采集。

一九四　战国　刻划纹半瓦当

面径 14.5 厘米，高 7.5 厘米。当面饰两道凹弦纹，两弦纹间饰两个刻画符号，线条流畅，笔画较粗，似前双引号，又似天上的流云。凤翔县豆腐村战国制陶作坊遗址出土，陕西省雍城考古队收藏。

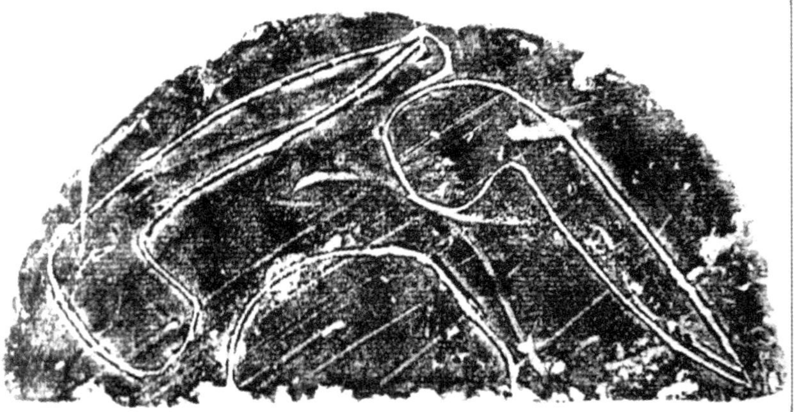

一九五　战国　刻划纹半瓦当

面径 14.5 厘米，高 7.5 厘米，当心为弦纹。当面纹饰为两蝌蚪形符号。神秘犹如玛雅文化。凤翔县豆腐村战国制陶作坊遗址出土，陕西省雍城考古队收藏。

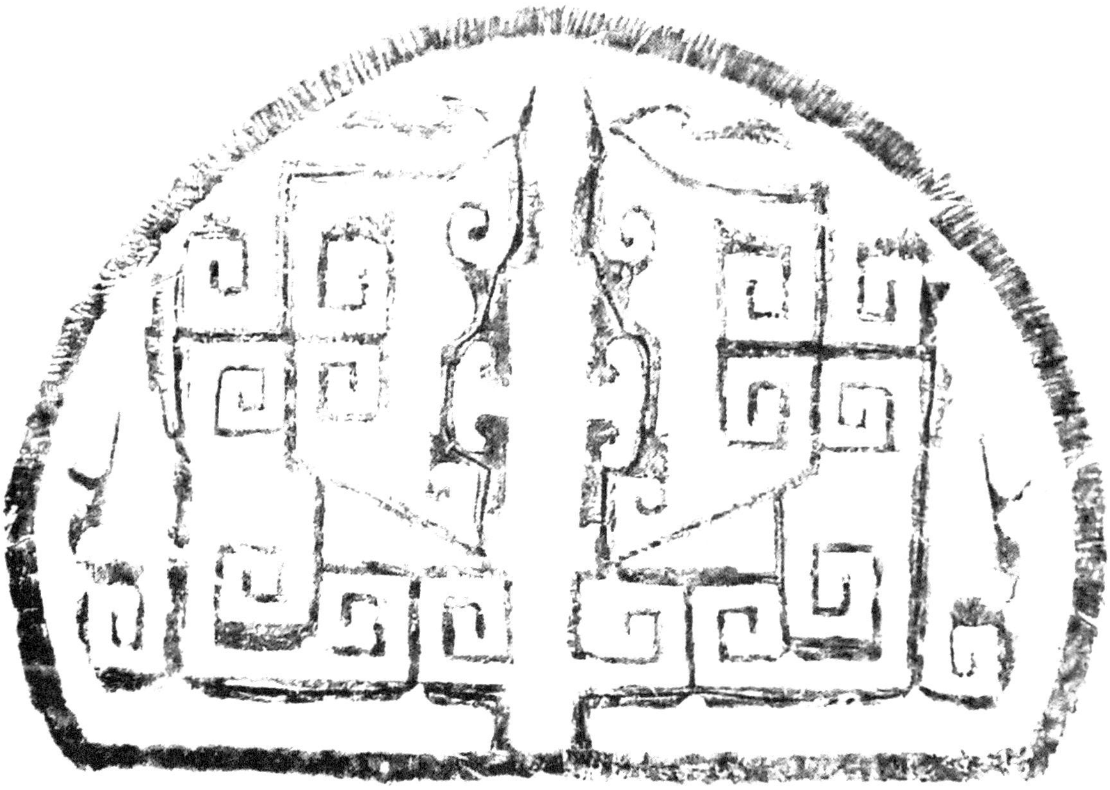

一九六 春秋 变形夔纹半瓦当

面径 56 厘米。形制巨大。当面纹饰繁缛，由连续的变形夔纹组成，线条卷曲，有方有圆，弯处以方折居多，劲健有力，华美富丽，堪称佳作。夔是古代传说中的一种奇异的独脚怪兽，声如雷鸣，给人以威慑四方之感。雍城遗址采集，西安秦砖汉瓦博物馆收藏。

一九七　春秋　变形饕餮纹半瓦当

面径 20 厘米，高 11 厘米，轮宽 1 厘米。当面饰一双目圆睁的变形兽面。饕餮纹，又称兽面纹，是中国传统纹饰，它是通过把现实中的动物进行抽象处理之后所得的纹饰。该纹饰最早见诸良渚文化，流行于商周。令人不可思议的是销声匿迹四五百年后，在战国晚期的皇家宫殿瓦当上又奇迹般地复活了。1973 年凤翔县姚家岗农民在村南取土时发现，凤翔县博物馆收藏。

一九八 春秋 变形饕餮纹半瓦当

面径 19.5 厘米，高 10 厘米。当面半圆，饰变形饕餮，饕餮已几何化，线条劲健，图案威严粗犷。凤翔县高王寺采集。

一九九 春秋 变形饕餮纹半瓦当

面径 24.5 厘米。当面稍残，饰变形饕餮，饕餮已几何化，线条简化，图案威严。凤翔县高王寺采集。

二〇〇　战国　房屋树木纹瓦当

面径 15.5 厘米。这种瓦当最早发现于凤翔雍城遗址，未见前人著录。当面为一房屋建筑纹图案。房屋山墙上饰一树形，树的两侧各饰一弯箭纹，树纹和弯箭纹外一∪形衔接成山字形。山墙下部饰石柱、阙楼、树纹。秦在德公迁雍后，大造宫殿，穆公时雍城建造规模空前，至于台、观、馆、舍等自不必说。秦宫殿之雄伟、富丽使戎王使者由余发出：『使鬼为之，则劳神矣；使人为之，则苦民矣』的感叹。此瓦当正是昔日秦宫盛况的印证。雍城遗址采集，西安秦砖汉瓦博物馆收藏。

二〇一 战国 房屋树木纹瓦当

长 14.5 厘米，当面残缺。瓦色深灰，当背不平整，内有大麻点，泥条盘筑痕迹明显。当面为一木结构建筑图案：人字形两面坡屋顶，品字形正脊，檐前有瓦当，檐下有立柱，柱头有栌头，上承檐檩，檩上承椽，不见檩墙和山墙。屋前放置一壶和一匏壶，周围树木环绕。此当虽已残缺不全，但从所存瓦当画面中不难看出，这是一座高台建筑。1982 年凤翔县石家营乡采集。

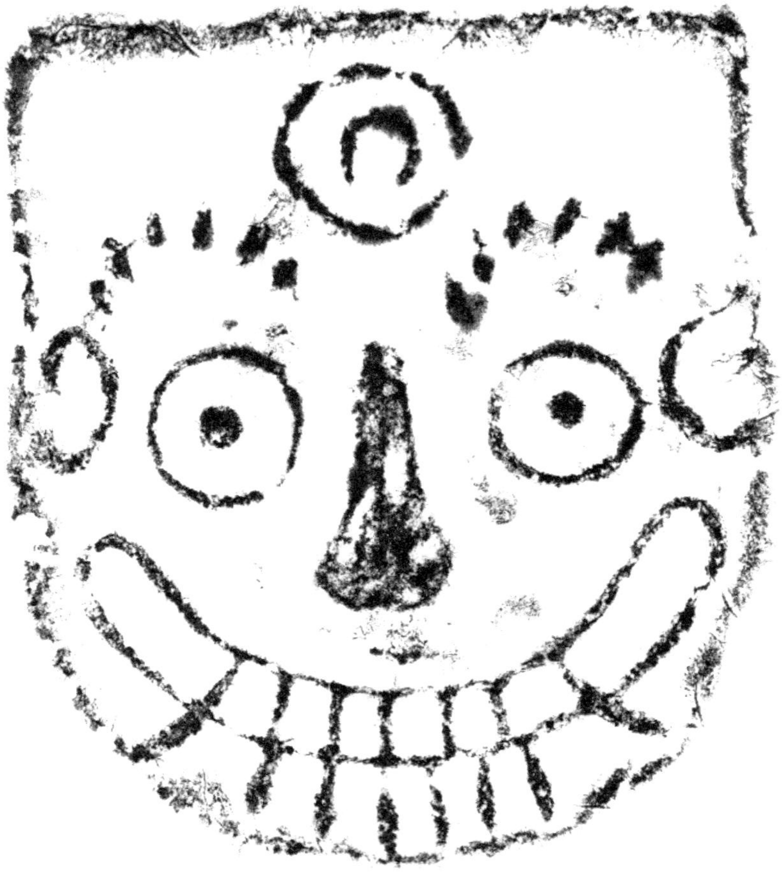

二〇二 战国 人面纹瓦当

当面为不规则方形，约 15 厘米×16.5 厘米。人面额有美人痣，粗弯眉，大圆眼，蒜头鼻，龇牙，有须。人面纹瓦当是比较罕见的瓦当，三国东吴时期曾有流行，雍城发现的应是最早的。有学者认为『人面』可能与某种宗教观念或『神人』有关。雍城遗址出土。

第四部分　眉县出土瓦当

眉县古称『眉坞』，位于陕西省宝鸡市东南，与扶风、岐山、太白、周至四县相邻。西宝高速公路、陇海铁路、西宝高铁穿越县境，交通十分便利。渭河自西而东穿过，分县境为南北两部，北部是渭河谷地，地势平坦，土质肥沃；南部有秦岭山脉东西横亘，闻名于世的『太白山国家森林公园』即在此地。

眉县境内山川纵横，台塬黄土深厚，气候温和，林草丰美，自然条件十分优越。从秦岭脚下向北，为东西向的带状黄土台塬区，塬面平缓，土层深厚。塬与塬间沟壑相隔，河流密布，形成众多的二级台地。这里台塬平阔，土壤肥沃，为理想的农耕、居住地域，境内许多古文化遗址分布在这个地区。早在七八千年前，这里就有人类生息繁衍，西周以降，文物遗迹发现渐多。《诗经》：『申伯信迈，王饯于郿』，是为郿（眉）在史料中的最早记述。西周时期眉县为姜姓申国封地，秦设眉县，城在今常兴。前秦改名眉城，隋大业二年（606）改为眉县。唐武德三年（620）移县治于今址。

眉县历史文化底蕴深厚，是西周文化的发祥地之一。其境内多次出土西周青铜重器，2003 年出土的27件西周青铜重器，被誉为 21 世纪重大考古发现之一。眉县物华天宝，地灵人杰，先秦大将白起、三国蜀汉名臣法正、唐代医学家王焘、宋代理学家张载等一代名流都曾从这里走出，留下赫赫功绩。

1989 年，在眉县城关镇西南西岭村，发现一处秦汉遗址，出土了大量的板瓦、筒瓦以及云纹瓦当。此后，眉县文化馆又在该遗址发现了数枚文字瓦当。20 世纪 90 年代初，槐芽镇赵家庄遗址开始出土大量的

秦汉建筑用板瓦、筒瓦、陶水管道以及各类建筑用砖和瓦当。早在1981年，全国第二次文物普查时，在县城西南7.5公里的第五村，发现较大规模的秦汉遗址。此后不断有秦汉时期的砖瓦建筑材料出土。2000年3月宝鸡市考古工作队与眉县文化馆联合再次对该遗址进行了勘查与试掘，获得一批珍贵资料，对成山宫遗址的文化面貌有了更清楚的认识，特别是『成山』云纹瓦当的发现，为该遗址的断代定性提供了可靠的考古证据。

变形兽纹瓦当

二〇三 战国 夔龙纹瓦当

面径 78.3 厘米，高 53 厘米，轮宽 1.9 厘米，并留有约 10 厘米长的筒瓦，形制巨大，较临潼秦始皇陵采集的所谓『瓦当王』直径还大 17.3 厘米。上部分为一组相对卷尾飞翔之凤，下部分是一组相向夔龙。整体浑厚凝重，图案屈曲秀丽，系平刀直刻高浮雕，纹饰中有凸起头，阴阳分明，质感特强，完全承袭了青铜器纹饰的传统风格。此瓦当曾在秦始皇陵发现，为秦始皇陵园某一建筑所用，被认为有守护陵墓、驱赶恶鬼和盗墓者之意。其图案线条之精美准确，当出于专业艺人之手。眉县第五村成山宫遗址采集，眉县博物馆收藏。

二〇四　秦　变形饕餮纹半瓦当

底径20.4厘米，边轮宽0.8—1.1厘米。饕餮纹，又称兽面纹，它通过把现实中的动物进行抽象、象征处理之后所得。饕餮纹的布局一般为：以鼻梁为中线，两侧作对称排列成兽面形象，大眼、有鼻、双角，通常没有下唇。饕餮纹最早见于良渚文化，从北宋开始，金石学家就用饕餮来命名这种最常见于三代青铜器的怪兽纹样。眉县出土的秦瓦当中的饕餮纹显然是经过简化和抽象化而来，突出了双角和眼睛，其他部分一概省略，线条粗直、布局严整，既简洁大方又神秘莫测。眉县第五村成山宫遗址采集，眉县博物馆收藏。

云纹类瓦当

二〇五 秦 勾纹瓦当

面径 16 厘米，边轮宽 1 厘米。当厚 2.5 厘米。当心圆内被单线十字四分，间饰椭圆纹、V 形纹、乳钉纹。外区被双线十字四分，各饰一组勾纹。这类瓦当色纯灰，残筒瓦为泥条盘筑而成，表饰竖细绳纹，内壁不甚光滑。眉县第五村成山宫遗址出土，眉县博物馆收藏。

二〇六 秦

双线蘑菇形连云纹瓦当

面径 15.5 厘米、边轮宽 1 厘米、当厚 1.8—2.7 厘米。当心为一圆纽，外饰两圈弦纹，被四组连云纹包围。整个当面设计匠心独具，为秦汉瓦当中所罕见。云纹经过几千年的发展演变，得到不断的丰富，每个历史时期的云纹样式都融入了时代因素。云朵形纹饰象征高升和如意之意。眉县第五村成山宫遗址出土，眉县博物馆收藏。

二〇七 秦 双线蘑菇形连云纹瓦当

面径 16.4 厘米，边轮宽 0.8 厘米，当厚 1.9 厘米，残缺。当心纹似旋涡，被连云纹包围。构图匠心独具。眉县第五村成山宫遗址出土，眉县博物馆收藏。

二〇八 秦 单线蘑菇形连云纹瓦当

面径 15.6 厘米，边轮宽 1.1 厘米，当厚2—2.5 厘米，残缺。当心一个较大的乳钉被六个小乳钉围绕，外饰两圈弦纹。外区被双线十字四分，各饰一组连云纹。眉县第五村成山宫遗址出土，眉县博物馆收藏。

二〇九　秦　网格卷云纹瓦当

面径 16.4 厘米，边轮宽 0.8 厘米、当厚 1.9 厘米。当心圆较大，圆内饰菱形网格纹。外区被双线十字四分，十字出头分别与四组连云纹相接。从眉县成山宫遗址考古发掘看，此类瓦当出土最多，形式稍有变化。眉县博物馆收藏。

二一〇 秦 网格卷云纹瓦当

面径 16.8 厘米，边轮宽 1 厘米，当厚 2.6 厘米。当心圆内为菱形网格纹，外区饰连云纹。眉县第五村成山宫遗址出土，眉县博物馆收藏。

二一一 秦 网格羊角云纹瓦当

面径 16.7 厘米，边轮宽 1.1 厘米，当厚 3—3.5 厘米。当心圆内为网格纹，外区被双线十字四分，十字出头各饰一组羊角云纹。眉县第五村成山宫遗址出土，眉县博物馆收藏。

二一二 秦 网格羊角云纹瓦当

面径16厘米，边轮宽1厘米，当厚2.5厘米。稍残。当心圆内为网格纹，外区被双线十字四分，十字出头各饰一组羊角云纹。眉县第五村成山宫遗址出土，眉县博物馆收藏。

二一三 秦 网格羊角云纹瓦当

面径16.7厘米，边轮宽1.1厘米，当厚3—3.5厘米。残缺。当心圆内为网格纹，外区被双线十字四分，十字出头各饰一组羊角云纹。眉县第五村成山宫遗址出土，眉县博物馆收藏。

二一四 秦 V字蘑菇云纹瓦当

面径16.4厘米，边轮宽0.8厘米，当厚1.9厘米。当心圆被单线十字四分，各饰V字及小乳钉。外区被双线十字四分，各饰一组连云纹，两两相连，恰似一朵蘑菇云，极富动感。眉县第五村成山宫遗址出土，眉县博物馆收藏。

二一五　汉　曲尺云纹瓦当

面径 15 厘米，边轮宽 0.8 厘米。双线十字穿过当心，当心圆内各饰单线曲尺纹，外区各饰一组连云纹。图案极具对称性，简洁大气。眉县第五村采集，眉县博物馆收藏。

二一六　汉　双云纹瓦当

面径 15.5 厘米，边轮宽 0.8 厘米。残缺。当心圆内饰单线十字，十字左右两端各饰小连云纹。外区饰四组羊角形云纹。眉县第五村采集，眉县博物馆收藏。

二一七　秦　网格云纹瓦当

面径 15 厘米，边轮宽 1 厘米。当心圆线条较粗，内饰网格纹。外区饰四组卷云纹，两两相连，小乳钉点缀其间。眉县第五村采集，眉县博物馆收藏。

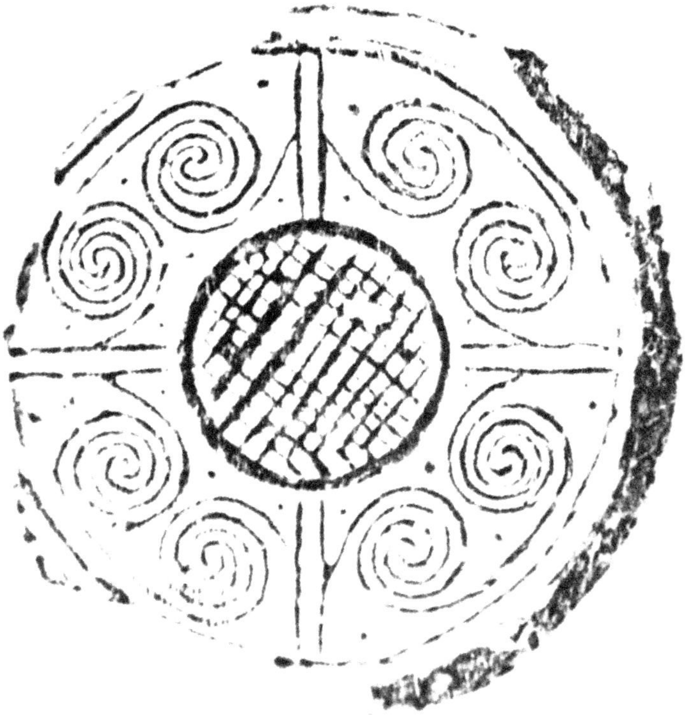

二一八　秦　网格云纹瓦当

面径 13 厘米。中心圆为阴线网格纹，外区为四组阴线卷云纹。缺外轮，应属早期制法，最后连接筒瓦时再捏外轮。眉县第五村采集，眉县博物馆收藏。

二一九　汉　四乳钉云纹瓦当

面径 15.5 厘米，边轮宽 1 厘米。双线十字穿过当心，将当面四分。当心圆内饰四个小乳钉。外区各饰一短直线，与连云纹相接。眉县第五村采集，眉县博物馆收藏。

二二〇　秦　乳钉云纹瓦当

面径 16 厘米，边轮宽 0.8 厘米。残缺。当心圆内饰多个小乳钉。外区饰四组两两相连的卷云纹。眉县第五村采集，眉县博物馆收藏。

二二二　秦　桃形卷云纹瓦当

面径 16.8 厘米，边轮宽 0.8 厘米，当厚 2 厘米。当心为网格纹，外区被双线十字四分，各饰一连云纹和桃形纹饰，简洁明快。眉县城关镇西岭遗址采集，眉县博物馆收藏。

文字类瓦当

二三三　汉　郿邑瓦当

面径 16.5 厘米，边轮宽 1.2 厘米，当厚 2—2.5 厘米，边轮残。当心圆内阳文篆书『郿邑』二字。外区被双线十字四分，各饰一双直线与连云纹相接。当面构图新颖，极富美感。《诗经》：『申伯信迈，王饯于郿』，是为『郿』（眉）在史料中最早的记述。眉县最早为西周部落发祥地之一，公元前 794 年秦庄公在此筑邑，因地形似眉而取名『郿邑』。东汉末年权臣董卓在境内筑郿坞城堡，故又称郿坞。眉县城关镇西岭遗址采集，眉县博物馆收藏。

二二三 汉 眉邑瓦当

面径 15 厘米，边轮宽 0.9 厘米，当厚 2.2 厘米。当面阳文篆书『眉邑』二字，充盈整个当面。转折均为方笔，笔意刚健有力。眉县槐芽镇赵家庄遗址采集，眉县博物馆收藏。

二二四 汉 眉邑瓦当

面径 15.3 厘米。陈直先生考此瓦当，疑为汉时眉县建筑用瓦。『眉邑』二字作篆书。《秦汉瓦当》一书注此当出自宝鸡市，西北大学收藏。最新考古资料表明，应为眉县出土。

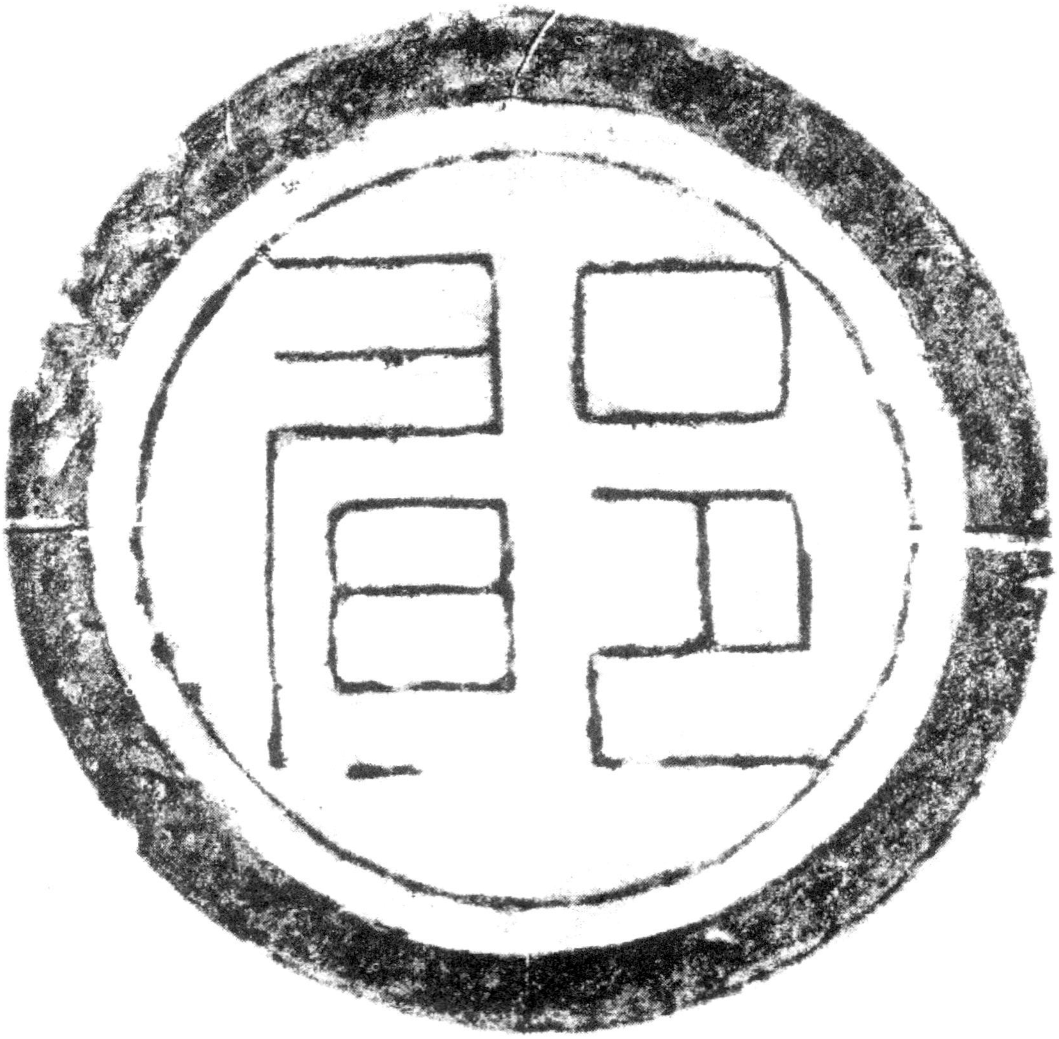

二二五 汉 眉邑瓦当

面径 15 厘米，宽轮。当面品相完整。『眉邑』二字作篆书，字体端正，简洁明快，为汉瓦之精品。瓦当边轮厚重，当面饰有内弦纹。眉县出土，王莹旧藏拓片。

二二六 汉 眉邑瓦当

残甚。边轮宽1厘米，当厚1.6厘米。当面阳文篆书两字，从当面残存部分及遗址出土的同类当看，左侧为『眉』字，中间以点、线相间，右为『邑』字。眉县城关镇西岭遗址采集，眉县博物馆收藏。

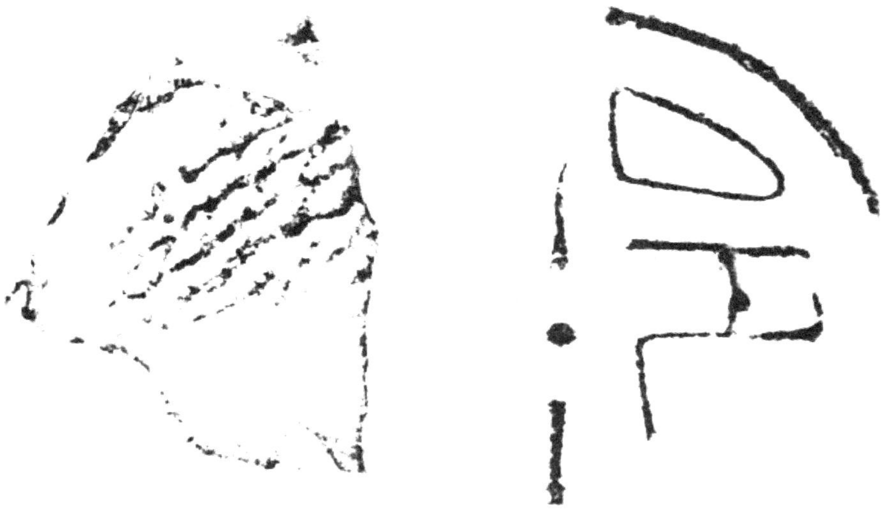

二二七 汉 眉邑瓦当

残甚。当厚1.5厘米。当面右侧为『邑』字，中间以点、线分割。左图是当背拓片，饰有较粗的绳纹。眉县城关镇西岭遗址采集，眉县博物馆收藏。

二三八 汉 眉字瓦当

面径 15.2 厘米，宽轮。细双弦纹内饰一『眉』字，瓦文纤细，笔画简练、匀称，当面品相完整。构图新颖。此瓦疑为眉县官署用瓦，为文字瓦当中不可多得之精品。眉县出土，胡智生藏瓦拓。

二二九 汉 成山乳钉纹瓦当

面径 15.4 厘米，边轮宽 1.1 厘米，当厚 2.8 厘米。当面纹饰系模压而成。当心圆内有阳文小篆『成山』二字，『成』与『山』各占二分之一，具有汉印或泥封之趣，特别是『山』字中间一画，不做一竖，而书作一小山丘，浑然一体；『成』字中间一画直压在『山』字中间一画小山丘上。『山』字整体以泰然之势稳重地承托住如天而坠的『成』字，设计可谓颇具匠心。外区被双线十字四分，各饰一组连云纹，一组单线卷云纹，云纹两侧饰乳钉纹。眉县第五村成山宫遗址出土，眉县博物馆收藏。

二三〇　汉　成山卷云纹瓦当

面径 15 厘米，边轮宽 1 厘米，当厚 2 厘米。当心圆内有阳文小篆『成山』二字，特别是『山』字书作山形。外区被双线十字四分，各饰一组连云纹。成山瓦当的出土，对探讨眉县第五村秦汉建筑遗址的性质无疑提供了重要线索。在过去的金石著作中，已见有『陈仓共（宫）金匜』『成山』瓦当。近年来又发现了『陈仓成山共（宫）鼎』『成山宫行灯』等，所有遗物皆属汉代遗物，均直书『成山宫』名，且在『陈仓』。陈仓，秦置县，县治故城在今宝鸡市代家湾一带。因此，『成山』瓦当与汉成山宫有直接关系无疑，眉县第五村秦汉建筑遗址就是汉代的成山宫。眉县采集。

二三一 **汉 成山卷云纹瓦当**

面径 15.4 厘米，边轮宽 1.2 厘米，当厚 2.7 厘米。当心圆内有阳文小篆『成山』二字，『成』字约占空间的三分之二，『山』字约占三分之一，比例协调，疏密得当，具有汉印或泥封之趣。尤其是『山』字很有特点，中间之峰呈一厚实长方台，台上凸出短竖，整体以宽平之势稳重地承托住从天而降的『成』，从视觉效果看却不觉其小，设计可谓颇具匠心。眉县第五村成山宫遗址出土，眉县博物馆收藏。

二三二　**汉　成山卷云纹瓦当**

面径15.6厘米。当心圆内饰阳文小篆『成山』二字，『成』字约占空间的三分之二，『山』字约占三分之一，疏密得当，具有汉印之趣。尤其是『山』字很有特点，多出两竖，整体以宽平之势稳重地承托住『成』字。眉县采集，西安秦砖汉瓦博物馆收藏。

二三三　**汉　成山瓦当**

面径15.6厘米。宫殿用瓦。边轮略残。单直线将当面二分，字分列上下，篆书，『成』字方正，『山』字结体独特优美。眉县采集，西安秦砖汉瓦博物馆收藏。

二三四 汉 万岁瓦当

面径 15.3 厘米，边轮宽0.8 厘
米，当厚 2.5 厘米。已残。结合同
遗址出土其他残碎瓦当文字推测，当
右所残应是『万』字，当左为『岁』
字。文字瓦当鼎盛于西汉中晚期，至
今可以见到的三百多种文字瓦当中，
吉祥语瓦当占到一大半。这些瓦当大
部分为西汉中晚期之物，少数为新莽
（9—23）和东汉（25—220）时期。
眉县常兴镇尧上遗址采集，眉县博物
馆收藏。

二三五 汉 与天无极瓦当

面径 13.5 厘米。单线十字将当面四分，阳文篆书『与天无极』分置其间，『极』字系省笔。文字瓦当出现最晚，但人们对它的兴趣却发生最早，也最执着。宋代是我国传统金石学大兴的时代，作为现代考古学的前身，它偏重于著录和考证古代之文字数据，所以宋人率先注意到文字瓦当。在汉景帝阳陵园曾出土有『千秋万岁』『与天无极』文字瓦当，是目前发现较早的汉代文字瓦当。眉县采集。

二三六 汉 与天无极瓦当

面径 13.5 厘米，边轮宽 0.9 厘米，当厚 1.9 厘米。边沿略残。属与天无极瓦当，字体方正，疏密得当。眉县槐芽镇赵家庄遗址采集，眉县博物馆收藏。

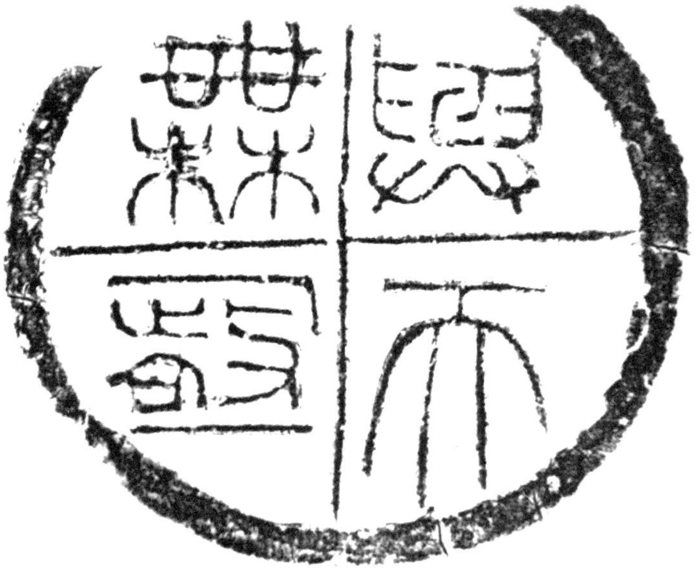

二三七 汉 与天无极瓦当

已残。面径约 13.3 厘米，当厚 1.3 厘米。当面无分割。残存阳文篆书『与无』两字，『极』字残存头部。笔意率真自然。眉县槐芽镇赵家庄遗址采集，眉县博物馆收藏。

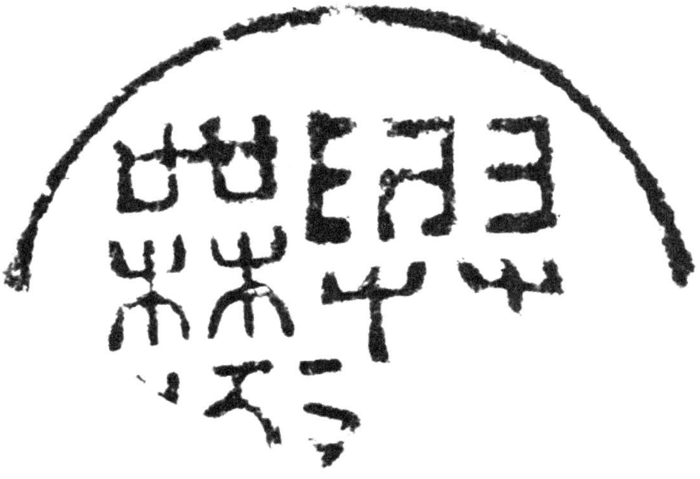

二三八　汉　与天无极瓦当

面径 15.3 厘米。当心为乳钉纹，单线十字穿过当心把当面四等分，阳文篆书『与天无极』分置其间。字体随意，但天趣自然。眉县采集。

二三九　汉　长乐未央瓦当

面径 15.8 厘米，边轮宽 1 厘米，当厚 2 厘米。当心为圆纽，外饰连珠纹、弦纹，四个扇形区间，各有一篆字，先右后左竖读作『长乐未央』。眉县第五村成山宫遗址出土，眉县博物馆收藏。

二四〇 汉 长乐未央瓦当

面径 15.3 厘米。边轮宽 1 厘米，当厚 1.2 厘米。单线十字把当面四等分，阳文篆书『长乐未央』四字分置其间。《金石索·汉长乐宫瓦》载：『「长乐未央」，此长乐宫瓦。』语谓欢乐不尽。汉长安城有长乐宫、未央宫、建章宫，合称『汉三宫』。在汉武帝时代的遗址中，文字瓦当已十分精美。眉县槐芽镇赵家庄遗址采集，眉县博物馆收藏。

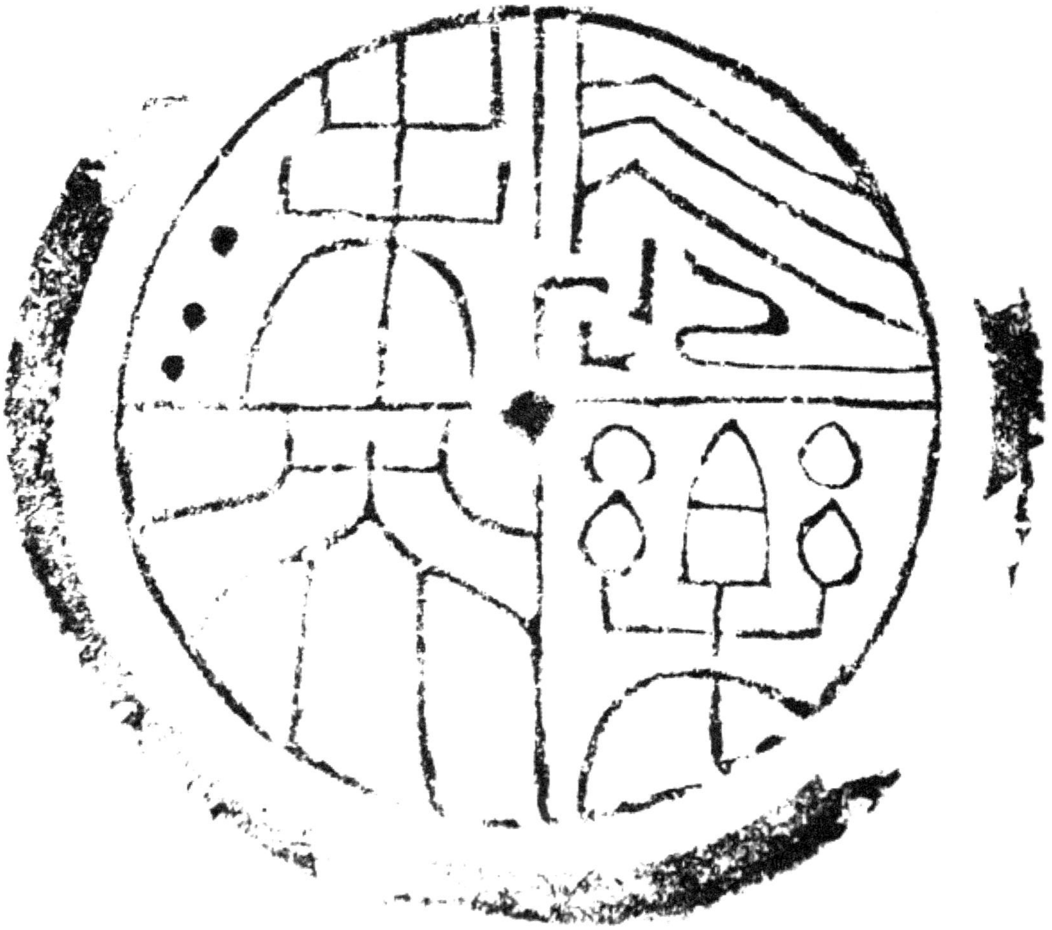

二四一　汉　长乐未央瓦当

面径 15.1 厘米，边轮宽 0.9 厘米，当厚 1.5 厘米。边轮稍残。当心饰乳钉纹，单线十字穿过当心，将当面四等分，阳文篆书『长乐未央』四字分置其间。『长』字三横依区间形作三折，颇具韵味；『未』字左侧有三乳钉纹。『长乐未央』四字与同类文字瓦相比结体别致。眉县槐芽镇赵家庄遗址采集，眉县博物馆收藏。

第五部分　宝鸡市区出土瓦当

宝鸡古称『陈仓』，位于关中平原西部，地处陕、甘、宁、川四省（区）接合部，辖凤翔、岐山、扶风、眉县、千阳、陇县、麟游、太白、凤县九县和陈仓、渭滨、金台三区，这里风光旖旎，山川俊秀，境内名胜众多，古文化遗迹遍布，是中华民族早期文明发达地区之一。

宝鸡市区发现的瓦当主要在渭河与金陵河交汇处，由于城市的发展，这里已被高楼大厦所覆盖，而2000多年前，这里曾是秦汉王朝著名的离宫别馆——羽阳宫所在地。羽阳宫到底是秦武公还是秦武王所建？目前的主流观点认为羽阳宫是秦武王时期所建。《汉书·地理志》即有：『羽阳宫，秦武王起。』宋代《渑水燕谈录》亦记载云：『羽阳宫……其地北负高原，南临渭水，前附群峰，形势雄壮，真胜地也！』说明羽阳宫所在地南临滔滔渭水，北靠苍莽高原，与南山群峰遥遥相望，堪称形胜之地；其在大散关、陈仓关、陇西要道之交汇处，一旦有事，这座宫室便是处置三方危机的枢纽之地。直到宋代，欧阳修的《研谱》还记载有长安百姓献来『羽阳千岁』『万岁』字样瓦当的故事，『其瓦犹今旧瓦，殊不朽腐』。

宫苑类文字瓦当

二四二 汉 羽阳千秋瓦当

面径 16.6 厘米。羽阳宫是秦武王建造的一座行宫。《汉书·地理志》载：『羽阳宫，秦武王起。』陈仓县，秦时始设置，辖今宝鸡市金台区、渭滨区、陈仓区中部及太白县西部，治所设在今宝鸡市代家湾北。自北宋以来，在今宝鸡市旧城东门外老火车站至马道巷一带多次出土过汉羽阳宫的文字瓦当。宝鸡出土。

二四三　汉　羽阳千秋瓦当

面径 18 厘米。文字排满当面，行笔缓急恰到好处，当面气氛祥和。1940 年，宝鸡市东关修铁路时，曾掘出一大批瓦当残片，约有万余片，包括『羽阳千岁』『羽阳千秋』『羽阳万岁』和『羽阳临渭』。其中千岁最多，万岁次之，千秋仅十余片，而临渭最少。宝鸡出土，胡智生藏拓。

二四四　汉　羽阳千秋瓦当

面径 16 厘米。当心为圆纽，外饰弦纹。外区被双线十字四分，刻阳文篆书『羽阳千秋』四字。宝鸡东关出土。

二四五　汉　羽阳千岁瓦当

面径 12.8 厘米，边轮残。当心为圆纽。瓦文上二字疏，下二字密。『阳』『岁』二字呼应，整个当面疏密有致，有稳定感。宝鸡出土，杨宝斋藏拓片。

二四六　汉　羽阳千岁瓦当

面径 17.3 厘米。此瓦当文字排列将字体的中宫处相互连贯，瓦面不受界格限制，亦能环气贯通。宝鸡出土，西北大学藏拓。

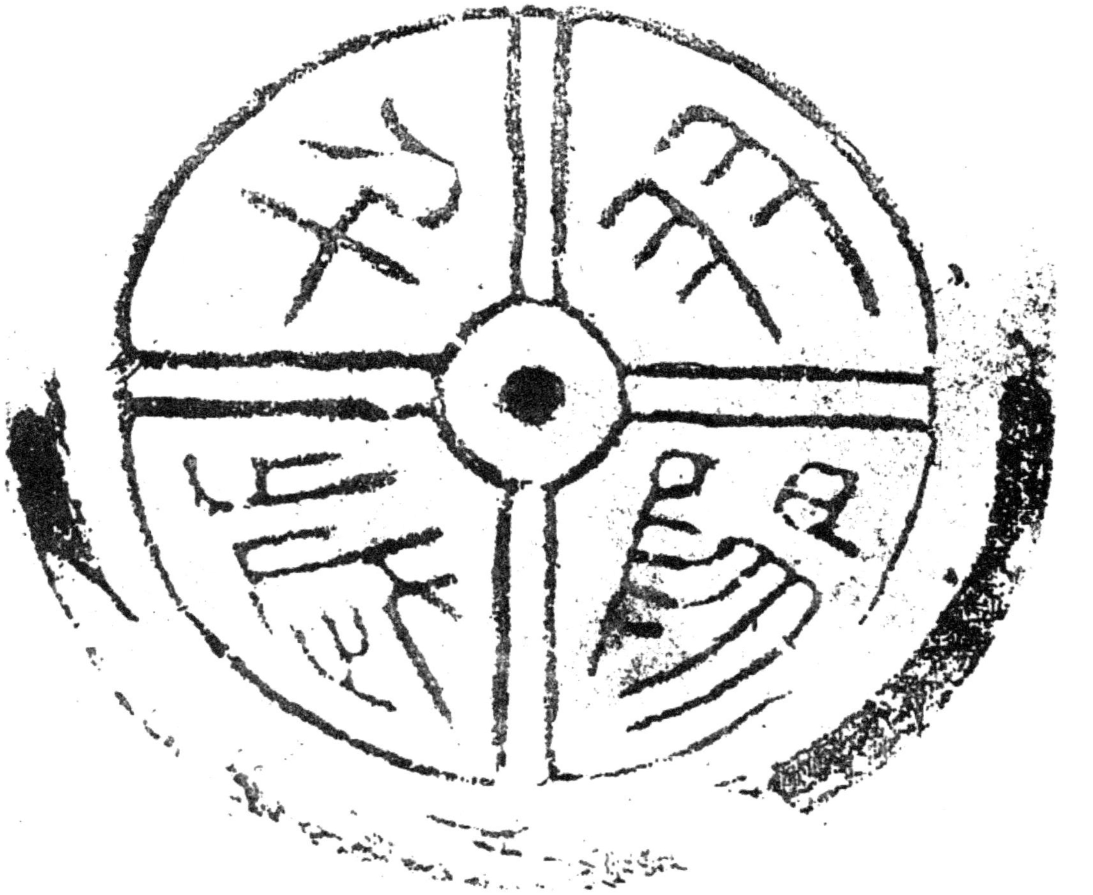

二四七　汉　羽阳千岁瓦当

面径 17 厘米。上部边轮残。当心为小圆纽，外饰弦纹。外区被双线十字四分，饰阳文小篆『羽阳千岁』，用笔浑圆，有轻松灵动之感。宝鸡出土，照宇楼藏拓片。

二四八 汉 羽阳千岁瓦当

面径 16.6 厘米。上部边轮稍残。当心为圆纽，外饰弦纹。外区被双线十字四分，间刻阳文小篆『羽阳千岁』四字，笔画寥寥，有化繁为简之妙。宝鸡出土。

二四九 汉 羽阳千岁瓦当

面径 16.8 厘米。品相完整，当面纹饰有清晰简洁之美。宝鸡出土，晓雷两峰山藏拓片。

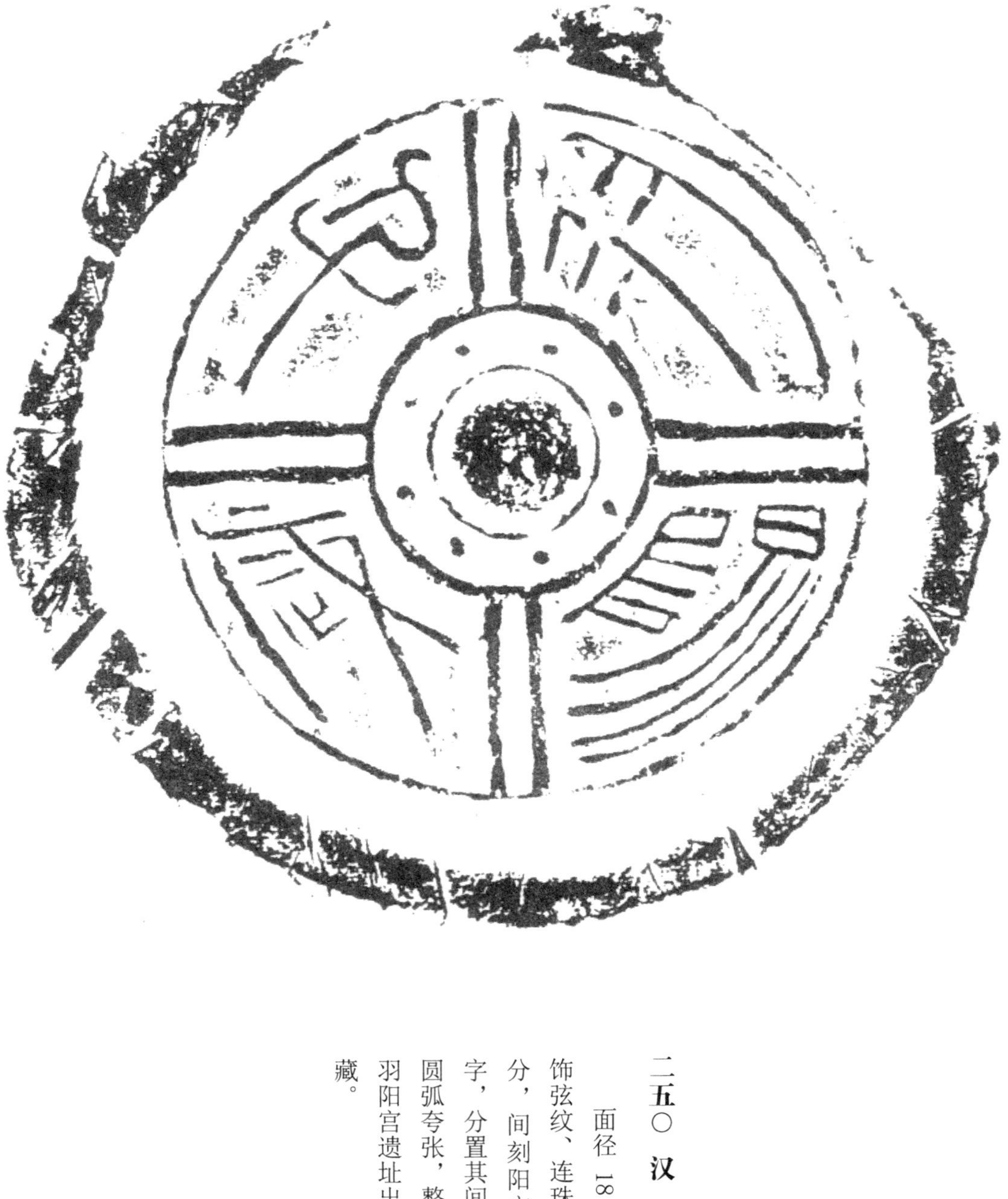

二五〇 汉 羽阳千岁瓦当

面径 18 厘米。当心为圆纽，外饰弦纹、连珠纹。外区被双线十字四分，间刻阳文篆书『羽阳千岁』四字，分置其间，『羽阳』二字笔画随圆弧夸张，整个当面方整严谨。宝鸡羽阳宫遗址出土，陕西历史博物馆收藏。

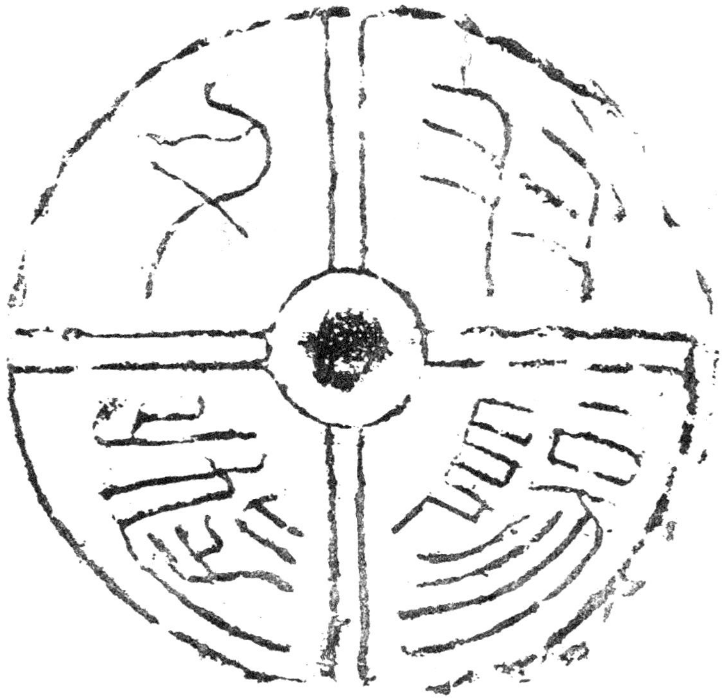

二五一 汉 羽阳千岁瓦当

面径 13.2 厘米，边轮残缺。瓦文篆书精美，笔道逸中蓄拙。结字排法得当，整个当面小中见大。宝鸡出土，赵冬梅藏拓片。

二五二 汉 羽阳千岁瓦当

面径 17 厘米。当心为圆纽，外饰弦纹。外区被双线十字四分，间刻阳文小篆『羽阳千岁』四字，有篆章之美。宝鸡出土。

二五三　汉　羽阳万岁瓦当

面径 15.5 厘米。当面有篆书『羽阳万岁』四字，有说为秦羽阳宫遗物，但据考古资料证之，应为汉代之物。『万岁』『千岁』及『千秋』意同，均为颂祝之意。宝鸡羽阳宫遗址出土，陕西历史博物馆收藏。

二五四 汉 羽阳万岁瓦当

面径16厘米。当面品相完整，布局匀称。瓦文依当面扇格之势排列。『阳』字结构苍朴大气；『岁』字流动秀美。宝鸡出土，夏雨藏拓片。

二五五　汉　羽阳临渭瓦当

面径 16.6 厘米。当心为圆纽，外饰弦纹。外区被双线十字四分，间刻阳文篆书『羽阳临渭』四字。羽阳宫从秦武王创建到西汉宣帝时，先后存在近 300 年。『羽阳临渭』瓦当清楚地表明，羽阳宫建于渭水之滨。宝鸡市东关火车站旧时出土。

二五六 汉 羽阳临渭瓦当

面径 16.6 厘米，边轮稍残缺。此瓦曾见三品，大同小异。『羽阳临渭』四字结体随瓦当形制变化，笔画粗中有细，书法古朴遒劲，为文字瓦当中不可多得者。宝鸡羽阳宫遗址出土，胡智生藏拓片。

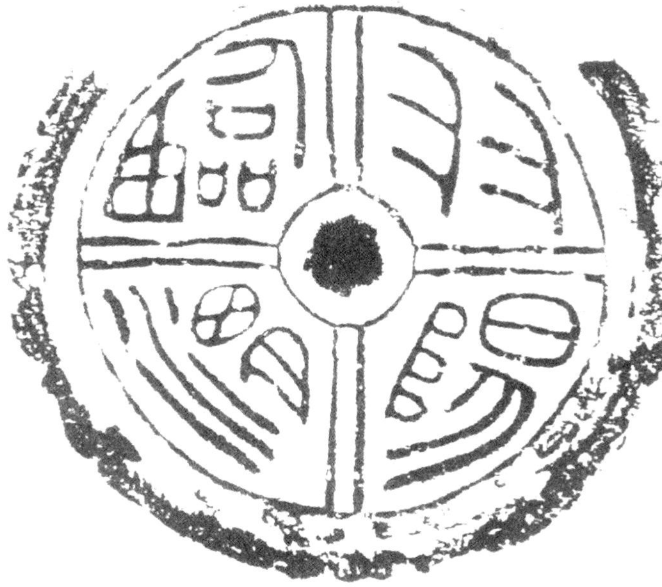

二五七 汉 羽阳临渭瓦当

面径 15 厘米。边轮稍残，与前瓦应为同一模具。宝鸡市东关出土。

官署类文字瓦当

二五八　汉　侍舍宜官瓦当

面径 16 厘米。官署用瓦。双线十字将当面四分，当心圆内分四个 V 形符号，外区间刻篆书『侍舍宜官』四字，并有小乳钉点缀。宝鸡地区采集。

二五九 汉 合水署当瓦当

面径 15.8 厘米。官署用瓦。当心为圆纽，外饰弦纹、连珠纹。外区被双线十字四分，间刻篆书『合水署当』四字。外环两周弦纹内填 x 形纹。唐置合水县。宝鸡地区采集，西安秦砖汉瓦博物馆收藏。

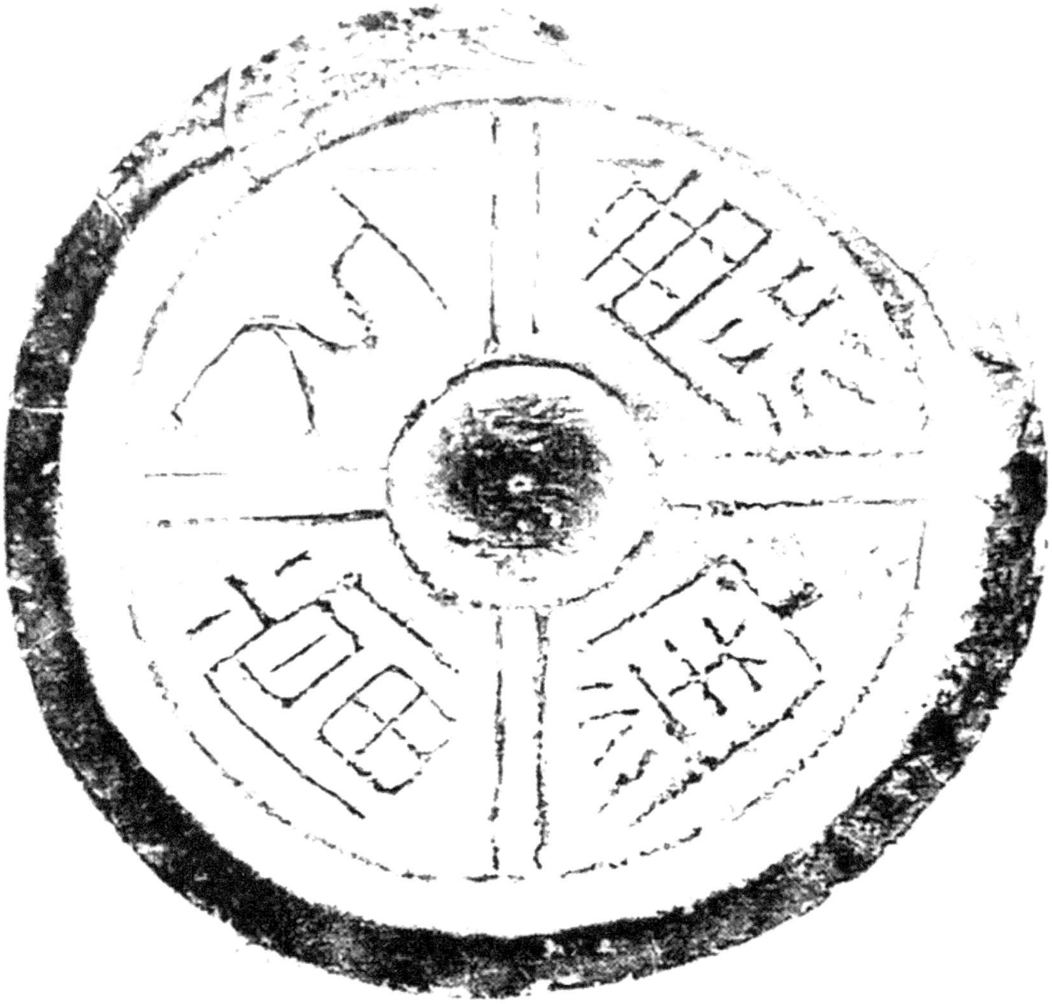

二六〇 汉 鹿窯下当瓦当

面径 15 厘米。官窑用瓦。当心为圆纽，外饰弦纹。外区被双线十字四分，间刻篆书『鹿窯下当』四字。『鹿』，秦邑名；『窯』，烧制砖瓦的灶。此瓦应为鹿邑官窑建筑用瓦，未见史书记载，可补史缺。宝鸡地区采集，西安秦砖汉瓦博物馆收藏。

二六一 汉 郁夷瓦当

面径 15.8 厘米，边轮宽 1.1 厘米，当厚 1.6 厘米。当面有『郁夷』二字。『郁夷』为县治名，《汉书·地理志》记载西汉有郁夷县。多年以来，考古专家都没有找到该县治的确切地址，此瓦当证明西汉郁夷县址就在今天的宝鸡陈仓区阳平。陈仓区宁王遗址出土，西安秦砖汉瓦博物馆收藏。

祠墓类文字瓦当

二六二　汉　长久乐哉冢瓦当

面径 15 厘米。墓冢用瓦。当心圆内篆书一个『冢』字，外区被双线十字四分，先右后左直书『长久乐哉』四字，篆书。整个当面构图别致，为文字瓦当之精品，文字虽诙谐，但寓意深刻，耐人寻味。宝鸡地区采集，西安秦砖汉瓦博物馆收藏。

二六三 汉 大冢常瓦瓦当

面径 16.2 厘米。墓冢用瓦。当心为圆纽，外饰弦纹。外区被双线十字四分，间刻篆书『大冢常瓦』四字。外饰一圈栉齿纹，有朴拙的装饰效果。宝鸡地区采集，西安秦砖汉瓦博物馆收藏。

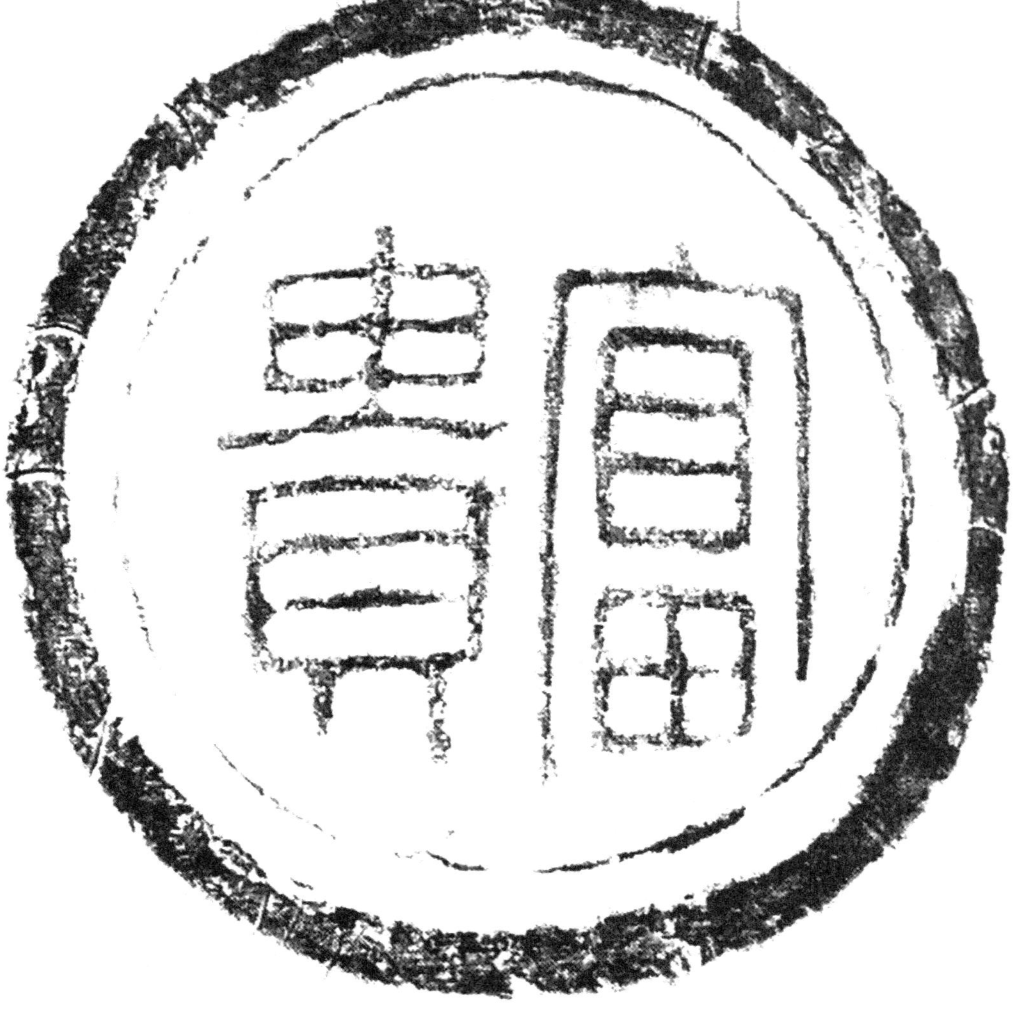

吉语类文字瓦当

二六四　汉　富贵瓦当

面径 15.5 厘米。吉语瓦当。当面无格界，品相完整，当面隶书『富贵』二字，反映了当时人们追求富贵的社会价值观。宝鸡地区采集，西安秦砖汉瓦博物馆收藏。

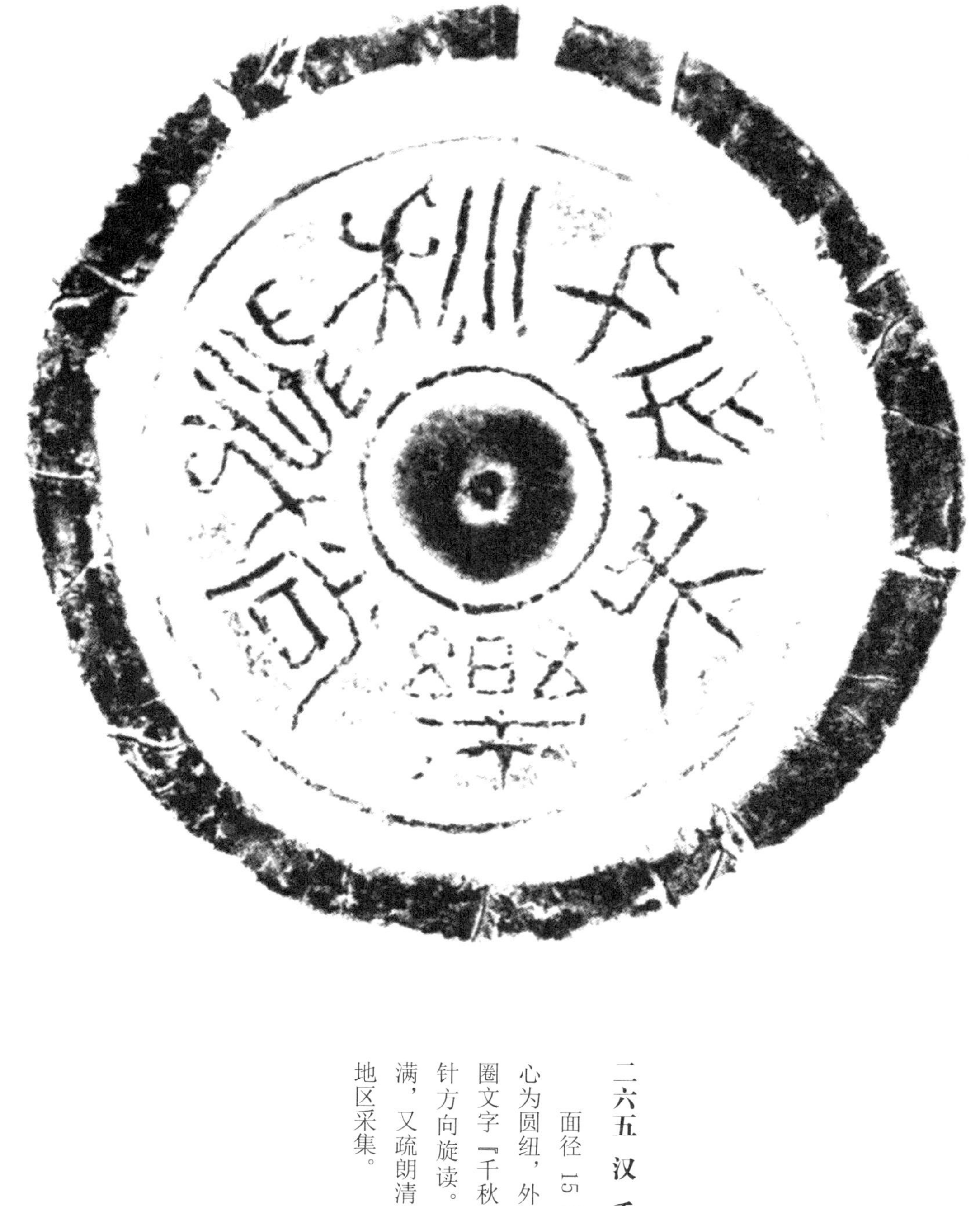

二六五　汉　千秋万尚乐未央瓦当

面径 15 厘米。吉语瓦当。当心为圆纽，外饰弦纹，外区篆书一圈文字『千秋万尚乐未央』，逆时针方向旋读。整个构图既充实饱满，又疏朗清丽，安排巧妙。宝鸡地区采集。

二六六　汉　千岁瓦当

面径 15.3 厘米。边稍残。当面构图独特，文图结合。当心圆内有篆书『千岁』二字，字体秀整，线条流畅。『千岁』为『千秋万岁』之省文。宝鸡出土，西安秦砖汉瓦博物馆收藏。

其他类瓦当

二六七　战国　动物云纹瓦当

面径 15.5 厘米。当心圆内有三横或三竖纹饰。外区饰羊角形云纹、小动物纹、三角形树纹，环绕中心圆旋转排列，每类纹饰以圆心对称分布，线条刚柔兼济，动感十足，颇为少见。宝鸡地区采集，西安秦砖汉瓦博物馆收藏。

二六八 战国 凤鸟纹瓦当

面径 14.5 厘米。当面两只飞翔凤鸟，中心对称，间以羊角纹。此瓦及图案较为罕见。宝鸡地区采集。

第六部分　麟游县出土瓦当

麟游县位于宝鸡市东北部，这里群山锦绣，绿水逶迤，夏无酷暑，冬无严寒，传说是麒麟出没的地方，驰名中外的隋唐帝王避暑离宫——九成宫就坐落在这里。公元6世纪末，隋文帝杨坚亲自选址在这里修建了避暑离宫——仁寿宫。唐太宗更名九成宫，唐高宗继而更名万年宫。从公元593年离宫建成到公元836年被洪水毁掉，前后存在了二百多年时间。据文献记载，九成宫周垣1800米，并置禁苑、武库及宫寺、府邸，规模宏伟，环山绕水，风景秀丽，为避暑胜地。唐魏徵撰『九成宫醴泉铭』，对该宫有详细描绘。隋仁寿宫、唐九成宫遗址考古始于20世纪70年代后半叶，该项考古工作的开展，使这样一处十分重要的历史文化遗产被世人所了解，并公布为全国重点文物保护单位，从而使隋仁寿宫·唐九成宫遗址得到最大限度的保护与延续。

麟游县城原在山上，20世纪70年代迁至山下，新城址恰在九成宫遗址内，近年来该县在基本建设工程中屡有重要发现。1979年以来中国社会科学院考古研究所西安研究室在配合工程中，发现不少砖、瓦等建筑材料。瓦当有莲花纹、麻点纹和佛龛纹三种。轮内均饰连珠纹，连珠内饰单瓣或双瓣莲花纹。花瓣有长短肥瘦之别。佛龛纹瓦当连珠内饰一双膝盘坐于莲座上的佛像，此种纹样仅见于慈善寺。

莲花纹图形瓦当

二六九　唐　单瓣莲花纹瓦当

面径 11.5 厘米。轮内为一圈连珠纹，连珠纹内饰单瓣莲花纹，花瓣瘦而长，五角星花蕊。莲花是最常用来作为宗教和哲学象征的植物，曾代表过神圣及女性的美丽纯洁。佛教中有莲花座、莲花台等。慈善寺建筑遗物，慈善寺位于麟游县城东南三公里漆水河南岸，是隋唐时为皇帝到麟游避暑做佛事而建。麟游县慈善寺出土，麟游县博物馆收藏。

二七〇 唐 复瓣莲花纹瓦当

面径 12.8 厘米，轮宽 1.1 厘米。单线中心圆内饰七个小乳钉纹，似花蕊。中心圆外饰复瓣莲花纹，花瓣短而肥。外饰一圈连珠纹。麟游县九成宫遗址采集，宋志贤收藏。

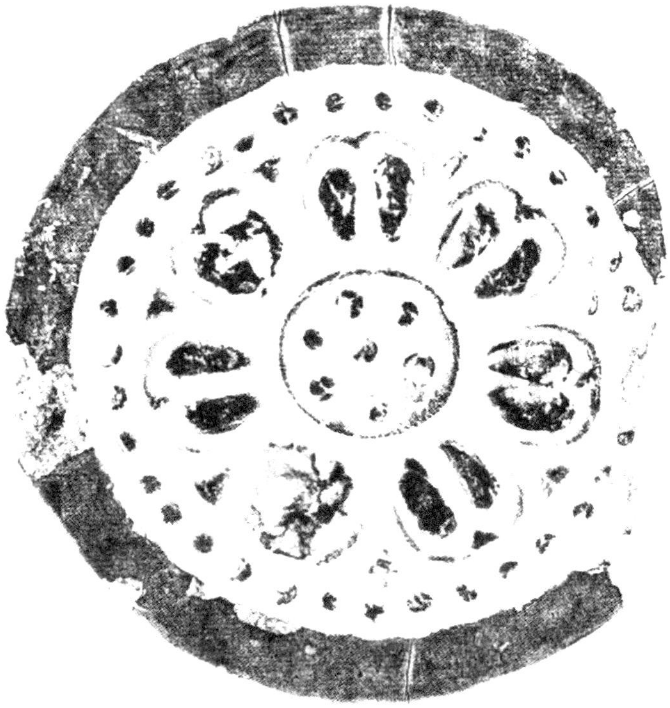

二七一 唐 复瓣莲花纹瓦当

当径 13 厘米，轮宽 2 厘米。相对于汉代瓦当来说，唐瓦当外轮显得较宽。该瓦当轮内为一圈连珠纹，连珠纹内饰复瓣莲花纹，花瓣短而肥，莲蓬式花蕊。麟游县九成宫遗址出土，麟游县博物馆收藏。

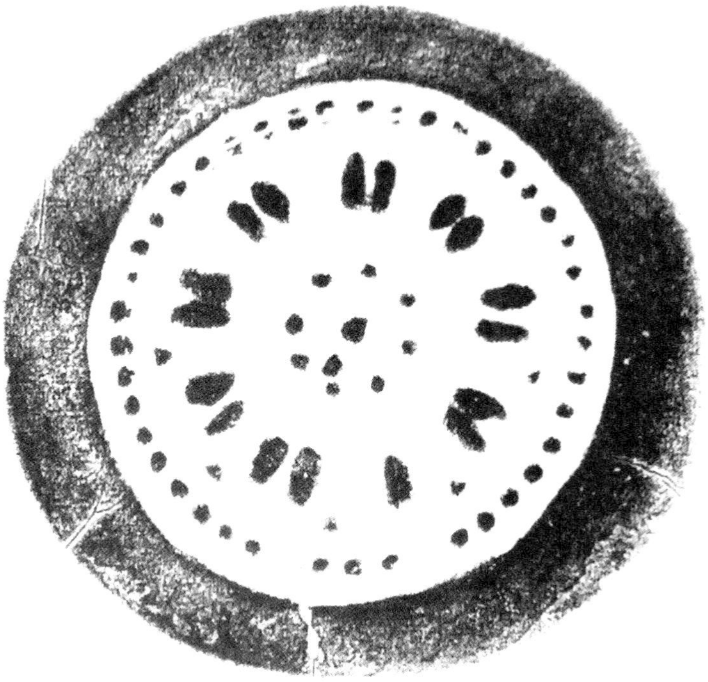

二七二 唐 复瓣莲花纹瓦当

当径 12.8 厘米。外轮肥宽。轮内为一圈连珠纹，连珠纹内饰复瓣莲花纹，花瓣肥短，中心有莲蓬式花蕊。麟游县九成宫遗址出土，麟游县博物馆收藏。

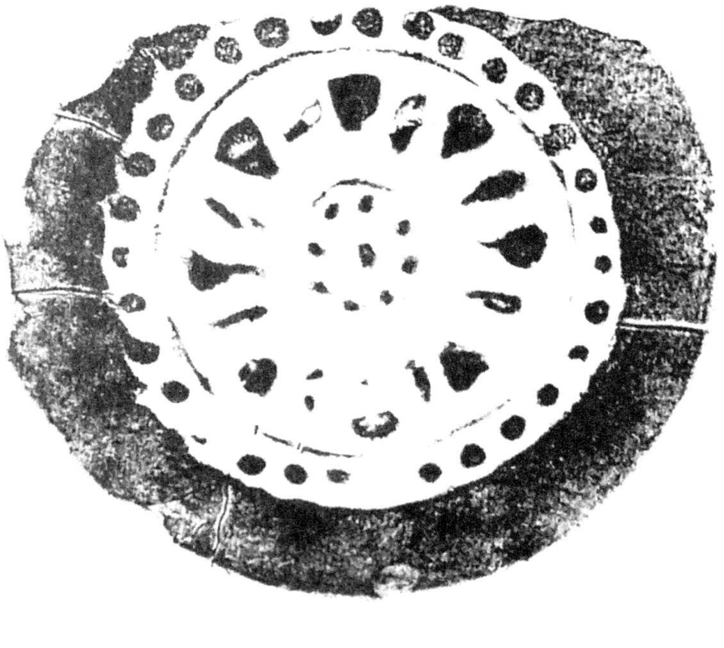

二七三 唐 复瓣莲花纹瓦当

面径 13 厘米。上边轮略残。外轮肥宽，内饰连珠纹并莲瓣花纹。麟游县九成宫遗址出土，麟游县博物馆收藏。

二七四　唐　复瓣莲花纹瓦当

当心圆内饰以梅花点，中区饰七组复瓣莲花纹，莲瓣饱满规整，外区饰一周连珠纹。当背中心有长方形戳印『洛州李清』四字，阳文，楷书，字体不甚规整。麟游县官坪村采集。唐代修建九成宫曾征调全国各地能工巧匠，瓦当背面戳印应为制作瓦的工匠籍贯及姓名，透露了当时可能实行责任追究制。唐初将河南郡改名为洛州，其治所在今洛阳市东北，金石斋收藏。

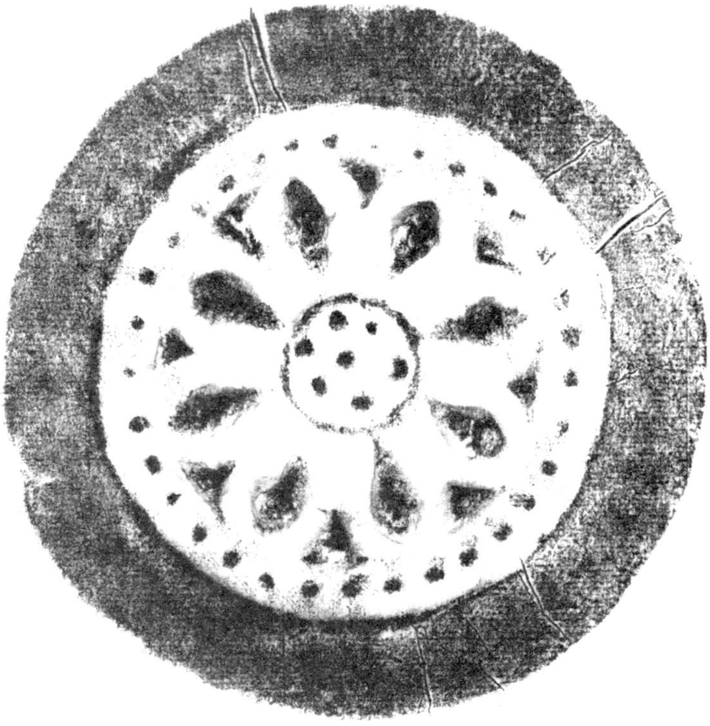

二七五　唐　复瓣莲花纹瓦当

当径 14 厘米，边轮 2 厘米。外轮肥宽，轮内为一圈连珠纹，连珠纹内饰复瓣莲花纹，花瓣肥短，中心有莲蓬式花蕊。麟游县九成宫遗址出土，麟游县博物馆收藏。

佛像类图形瓦当

二七六　唐　佛龛纹瓦当

面径 11.5 厘米。轮内饰单层佛龛形连珠纹。龛内饰一双膝盘坐于莲花上的佛像，身后有背光。麟游县慈善寺出土。

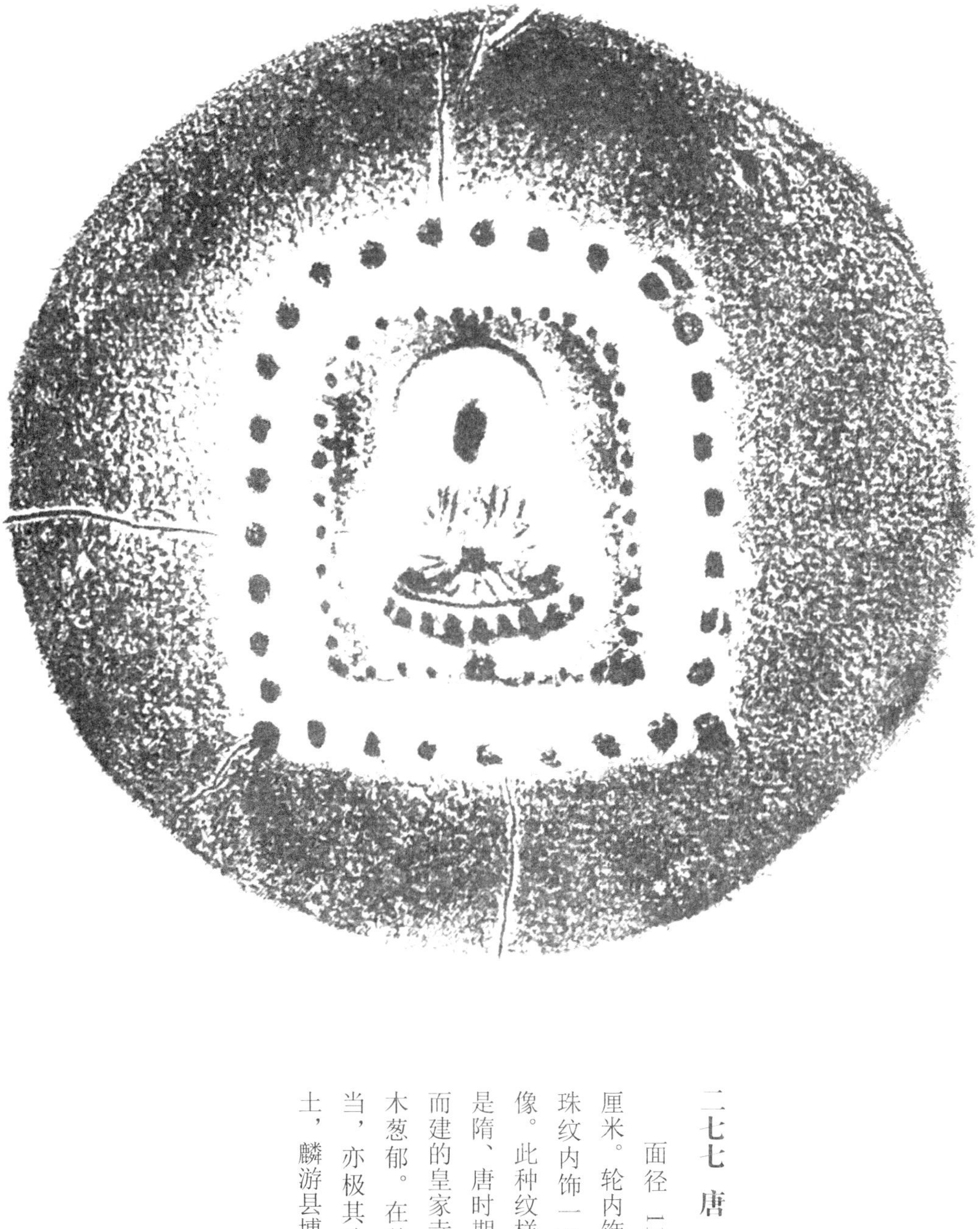

二七七 唐 佛龛纹瓦当

面径 11.5 厘米，边轮宽 2.5 厘米。轮内饰双层佛龛形连珠纹。连珠纹内饰一双膝盘坐于莲花上的佛像。此种纹样仅见于慈善寺。慈善寺是隋、唐时期皇帝来九成宫避暑礼佛而建的皇家寺院。其地山环水绕，林木葱郁。在慈善寺出土的佛造像瓦当，亦极其珍贵。麟游县慈善寺出土，麟游县博物馆收藏。

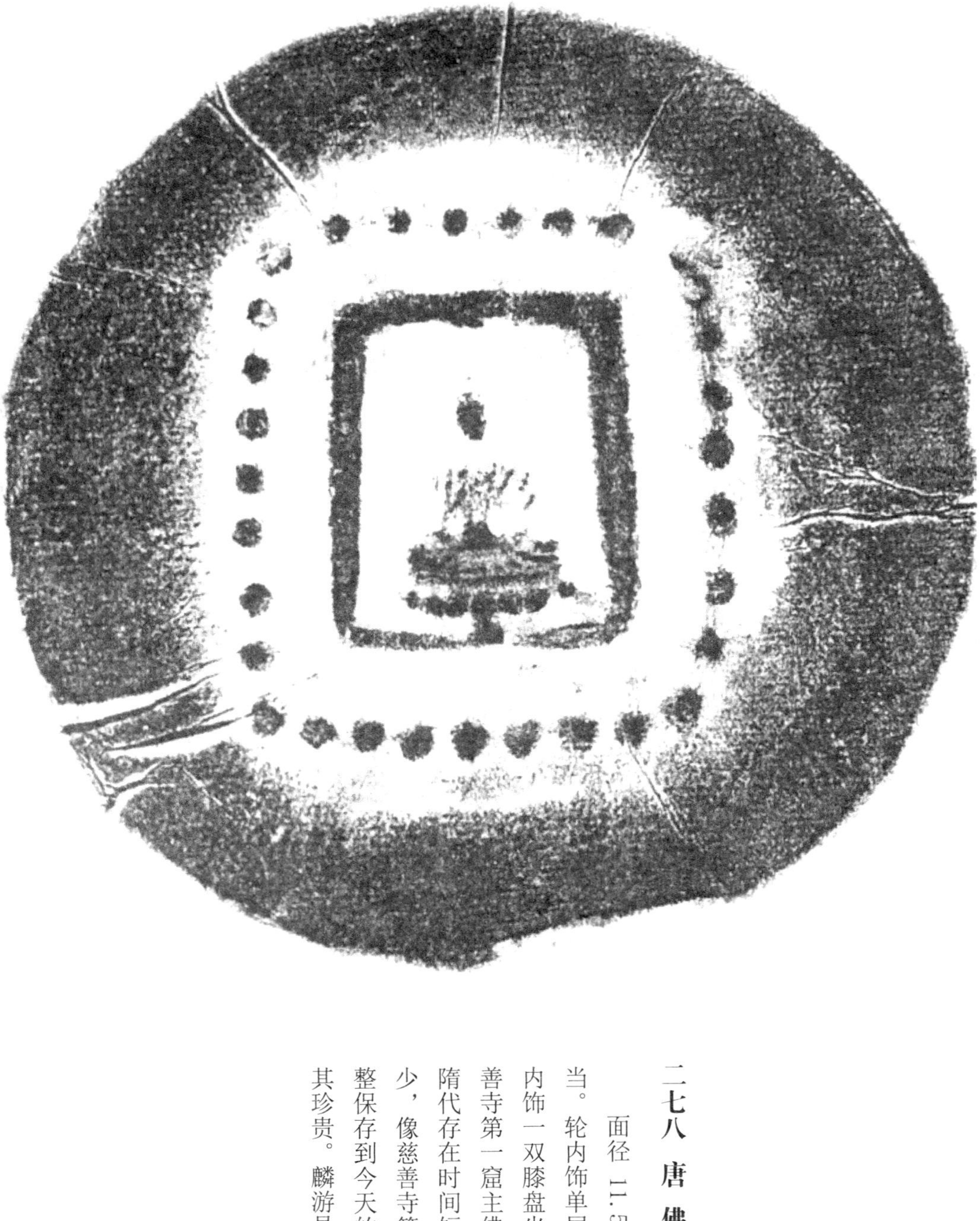

二七八 唐 佛龛纹瓦当

面径 11.5 厘米，系佛寺建筑用当。轮内饰单层佛龛形连珠纹。方框内饰一双膝盘坐于莲花上的佛像。慈善寺第一窟主佛即为隋代开凿镌造。隋代存在时间短促，所遗佛教文物较少，像慈善寺第一窟主佛这样高大完整保存到今天的隋皇宫石窟造像，极其珍贵。麟游县慈善寺出土。

文字类瓦当

二七九 汉 杜阳校官瓦当

面径 15.6 厘米。上边轮残缺。官署用瓦。当心为圆纽，外饰弦纹、连珠纹。外区被双线十字四分，间刻篆书『杜阳校官』四字。西汉置杜阳，属右扶风。治所即今陕西麟游县西北招贤镇。西晋废。麟游县采集，西安秦砖汉瓦博物馆收藏。

其他类瓦当

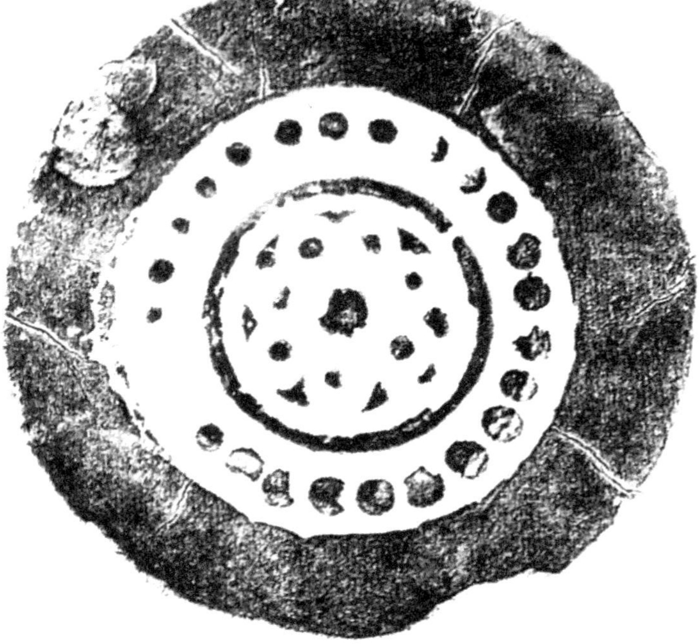

二八〇 唐 麻点纹瓦当

面径 13 厘米，边轮宽 2.2 厘米。轮内饰连珠纹，粗线中心圆内有乳钉当心，绕乳钉饰圆形、三角形等不规则麻点纹。麟游县慈善寺出土，麟游县博物馆收藏。

二八一 唐 金刚力士纹瓦当

面径 14 厘米。瓦当上部残缺。系寺庙用瓦。金刚力士是守护佛法之大力士。此当面为一金刚力士，金刚做半蹲状，赤裸上身，肌肉发达，威武有力。力士两臂上披缠彩带。麟游县慈善寺出土，广海藏拓片。

第七部分　陇县出土瓦当

陇县，古称陇州，因地处陇山东阪而得名。位于宝鸡市西北，其东临千阳，南接陈仓区，西北部与甘肃清水、张家川、华亭、崇信、灵台五县毗邻。陇县地貌类型多样，山岭重叠，沟壑纵横，梁峁谷坡此起彼伏。陇县境内交通便利，宝汉高速、212省道公路和宝中铁路贯穿全境，为陕、甘、宁『三省通衢』和边贸重镇。

陇县历史悠久，远在新石器时期，先民就在千河谷地繁衍生息。夏、商为雍州之域，秦孝公十二年（前350）推行县制，改汧邑为汧县，为秦人重要发祥地。驰名中外的『丝绸之路』经陇关而通西域。北魏太延二年（436），在汧县置东秦州，领陇东等三郡。后又改名为汧阴、汧源。西魏废帝二年（553）改为陇州，领陇东等二郡，陇州之名此始，历经五代、宋、元、明、清。辛亥革命后（1913）改州为县，始称陇县。

2009年10月，在第三次全国文物普查中，宝鸡市文物普查队在牙科乡磨儿塬村西约10米的千河西岸、川口河北岸的台塬上发现一座汉代城址。在城址区内外采集有仰韶文化的陶缸、陶钵，战国时期的素面半瓦当、板瓦、筒瓦，汉代的板瓦等残片。纹饰有云纹、绳纹、布纹等。初步判定为汉代城址，对研究汉代城址的布局、规模和建筑特征等具有重要意义。

云纹瓦当

二八二　汉　网格乳钉云纹瓦当

面径 16.3 厘米，边轮宽 0.8 厘米。当心圆内饰网格纹。外区饰四组羊角形云纹，云纹间饰大小乳钉各一个。线条粗犷，布局疏朗。陇县城南郑家沟古城遗址采集，陕西历史博物馆收藏。

图案瓦当

二八三　宋辽　龙纹瓦当

面径 11.5 厘米，边轮宽 1.5 厘米。外轮饰连珠环带纹。当面饰三条腾空蛟龙。1982 年陇县城南梁家村遗址采集，陇县博物馆收藏。

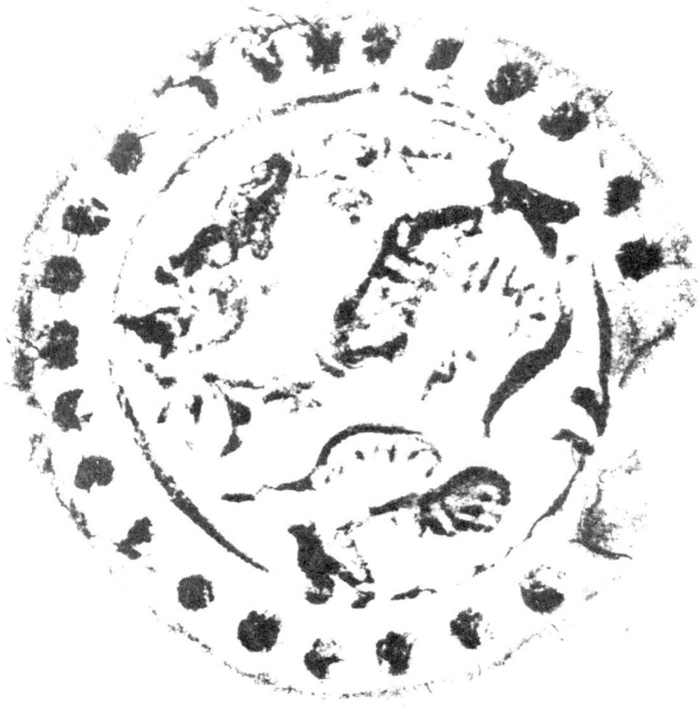

文字类瓦当

二八四　汉　大万乐当瓦当

面径 15 厘米。边轮规整。当心为圆纽，外饰弦纹。外区被双线十字四分，间刻阳文小篆『大万乐当』四字，从左至右横读。笔意率真拙朴。此文字瓦当罕见。陇县出土。

二八五　汉　长乐未央瓦当

面径16厘米，边轮宽0.8厘米。『长乐未央』四字按顺时针环读，较为罕见。长乐未央系古人泛用吉语，不是专指长乐、未央两宫而言。『长乐』原是君王祝福自己的统治连绵不绝，『未央』就是没有终止的意思。1984年陇县城南郑家沟古城遗址出土，陇县博物馆收藏。

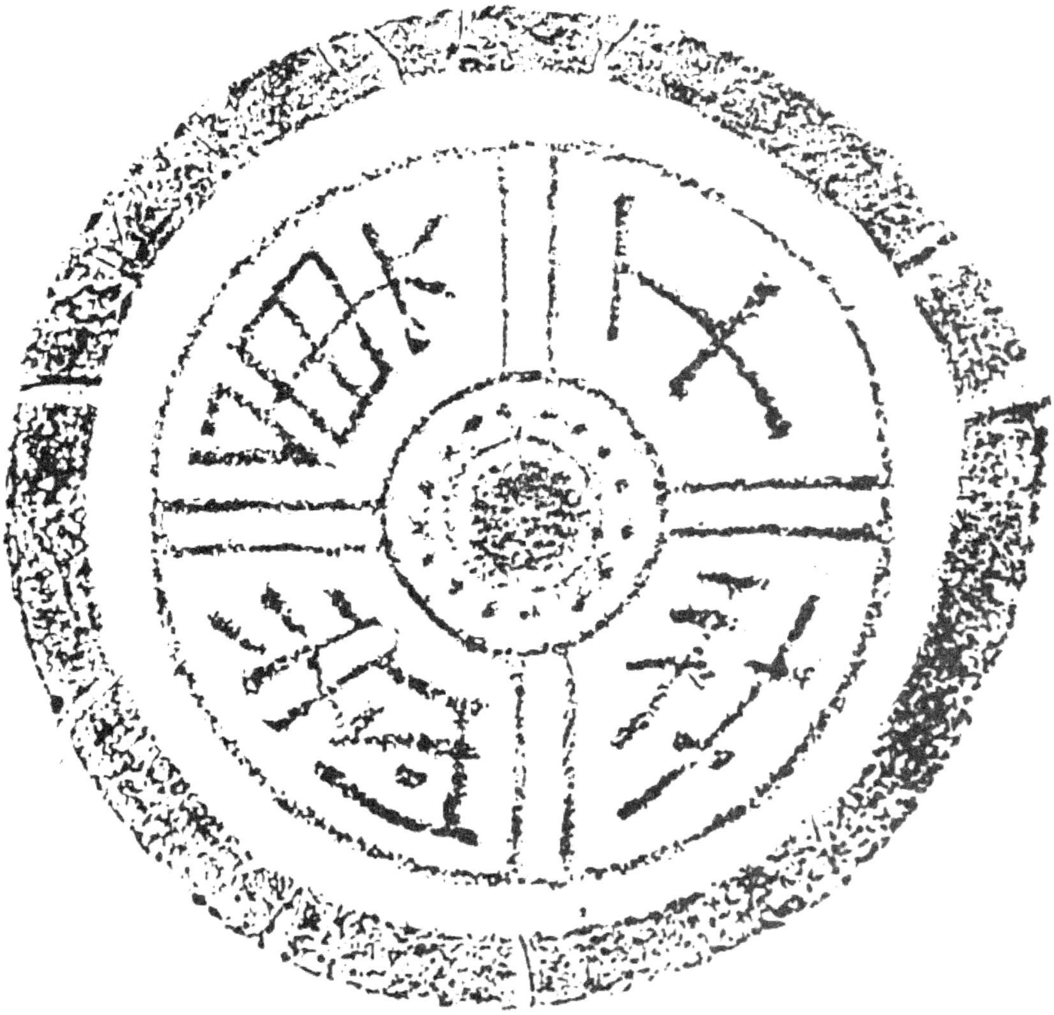

二八六 汉 千秋万岁瓦当

面径 16 厘米。边轮规整。当心为圆纽，外饰弦纹、连珠纹。外区被双线十字四分，间刻隶书『千秋万岁』四字，『秋』字简化。用笔方折硬朗，字体庄重。陇县出土，残瓦楼收藏。

二八七　南北朝　千秋万岁瓦当

面径 15 厘米，边轮宽 1.5 厘米。轮内有一圈锯齿形纹。当心为圆纽，外区被双线十字四分，间刻阳文隶书『千秋万岁』四字。此瓦文字较小，近魏体，或为南北朝遗物，较为少见。陇县城南郑家沟古城遗址出土，陇县博物馆收藏。

冯长哲　上官存德　李昌峰　编著

宝鸡瓦当

下卷　宝鸡民间藏瓦

陕西新华出版传媒集团
陕西人民美术出版社

下卷目录

第一部分 图像类瓦当

动物图像瓦当

植物图像瓦当

其他图像瓦当

第二部分　图案类瓦当

旋曲纹类瓦当

葵纹类瓦当

其他图案瓦当

第三部分 文字类瓦当

宫苑类文字瓦当

纪事类文字瓦当

吉语类文字瓦当

其他文字瓦当

第一部分　图像类瓦当

图像纹是反映现实生活或人们思想意识中的神话图像的纹饰，主要有动物纹、植物纹等。这些纹饰运用线与面的有机结合，以写实的手法多方面摹写社会生活和自然景物，捕捉人类瞬息的灵感，大胆地表现现实或幻想中的物象。如动物纹、树木花叶纹等，表现出浓厚的现实生活气息和对自然之美的感受；而饕餮纹、怪兽纹等，则是对自然界飞禽走兽的某些特征加以综合、提炼，通过人类的艺术夸张和想象而创作出来的神话图像，具有更高的艺术境界。

先秦时代的动物纹瓦当大多是描绘现实生活中常见的动物，形象朴实，采用块面浮雕的艺术手法，形成一种雄浑、凝重的时代风格。一般边缘窄细，且不甚规整，当面以单个动物为主，也有少量双鹿、双兽同饰一图的瓦当。战国时期的动物纹瓦当具有浓郁的地方特色，燕国的双龙纹、齐国的树木双兽纹都具有典型的意义，其中以秦都雍城的动物纹瓦当最为突出。

秦人祖先原为游牧民族，他们自然无法割舍对动物天生的兴趣，于是在秦国的宫殿建筑上出现了大量的动物纹瓦当，主要有鹿纹、獾纹、凤鸟纹、蟾蜍纹、鸟纹、鱼纹等。当然，秦国的动物纹瓦当中最有特色且值得称道的还是各种鹿纹瓦当。鹿与人类的生活密切相关。半坡人的彩陶上绘有奔鹿形，商周甲骨文中的鹿字字形做奔鹿状，《诗经·小雅·鹿鸣》中也有『呦呦鹿鸣』之语。

雍城瓦当中有奔鹿、卧鹿、立鹿、子母鹿等十多种鹿纹。制瓦工匠凭着丰富的生活阅历和敏锐的观察

力，数笔就描绘出鹿的温驯、机警和善奔善跃等特征，或静或动，千姿百态。早期秦人生活以游牧狩猎为主，鹿是他们狩猎的主要对象。瓦当上鹿的形象，表现了鹿与人类的生活有着密不可分的联系。大鹿、小鹿同饰一图则表达了人们祈愿繁殖、丰收的愿望。

植物纹瓦当无论从数量还是种类上都较动物纹瓦当逊色，其起源最早可上溯到战国时期，略晚于动物纹瓦当。其手法写实，以自然界中常见的树木、花、草、叶为描绘对象。其中以战国齐之树木纹与秦之莲花纹、花蕾纹、叶纹较为典型。秦汉以后，植物纹瓦当的种类更为稀少。但从魏晋南北朝直至唐宋，莲花纹瓦当成为植物纹瓦当的主流。另外，凤翔雍城遗址出土了一块残瓦，画面饰屋之侧形，旁饰树木，另有一人，这种描绘大场面的装饰图案，在瓦当中较为罕见。

秦的植物纹以花朵和四叶纹为主，大约出现在战国早期稍晚，或战国中期稍早，在今凤翔雍城、咸阳秦都、西安洪庆堡、临潼芷阳等地均有发现。在关中地区，秦的植物纹瓦当远远不及动物纹瓦当和图案瓦当普遍，品种单一，主要为花朵纹，以写实手法表现日常多见的莲花、菊花、蔓草、树叶等，多采用中心对称的布局方式。对称均衡、和谐统一，体现出一种静态的美，与渲染动态美的动物纹瓦当形成鲜明的对照。

较早的瓦当当面花朵没有区间。芷阳城址出土的战国中晚期植物纹瓦当当面出现了四区界格布局，由多瓣花朵发展为四个花蕾或四叶纹。有学者研究认为，这是战国晚期和秦汉瓦当当心四叶纹饰的先声。

动物图像瓦当

二八八　战国燕　独兽纹半瓦当

面径 16.5 厘米，边轮宽 1.2 厘米。一兽纹占据整个当面。张嘴，直角，长颈弯曲，首下垂，细长尾曲回至近颈部，矫健有力。此种瓦当目前发现极少。

二八九　战国燕　双兽纹半瓦当

面径 12 厘米。当面两兽相向而视，其一竖耳，张嘴，翘尾，似做攻击状；另一头微低，垂尾，做防守状。画面稚气十足。

二九〇 战国燕 双兽纹半瓦当

面径 12 厘米。当面两兽相向对咬，扬耳，张嘴，场面紧张，憨态可掬。

二九一 战国燕 双兽纹半瓦当

面径 18.5 厘米，边轮宽 1.5 厘米。双兽长颈，曲身，卷尾，圆目，卷唇，张口相向，前爪高扬，后腿饰旋涡纹，体躯雄壮有力，做对峙搏斗状。

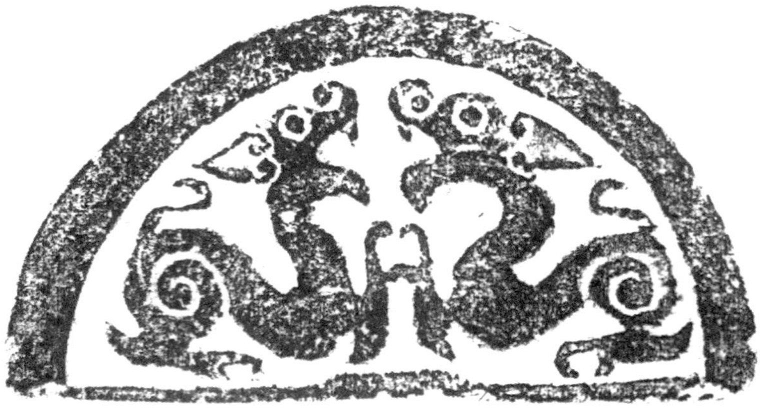

二九二　战国燕　双兽纹半瓦当

面径 18 厘米，边轮宽 1.5 厘米。边轮稍残。双兽曲颈垂首，以角对抗，角上端中央有勾云纹，前腿屈起，尾部翘扬，兽身缀有斑纹。形象传神，极富动感。

二九三　战国秦　四兽纹半瓦当

面径 15.5 厘米，边轮宽 1 厘米。当面上部为一对惊慌失措回首鹿，花角高耸，体态肥硕；下部为两个奔跑回首兽，圆目，张嘴，竖耳，似做追逐状，形象传神。整个画面惊心动魄，极富动感。

二九四 秦 雄鸡纹瓦当

面径 14 厘米，边轮宽 0.6—1 厘米。一雄鸡顾首，卷长尾，振翅，似做散步回首照应状。

二九五 战国齐 树木双马纹半瓦当

面径 14 厘米。稍残。当面中部立一树，枝条左右对称，树下两侧各有一马同向做奔驰状，马鬃夸张。

二九六　战国齐　树木双马双鸟纹半瓦当

面径 20 厘米。以树纹为中轴，树干笔直，直枝条，树下有双马相向而行，上部饰以展翅翱翔的相向双鸟。

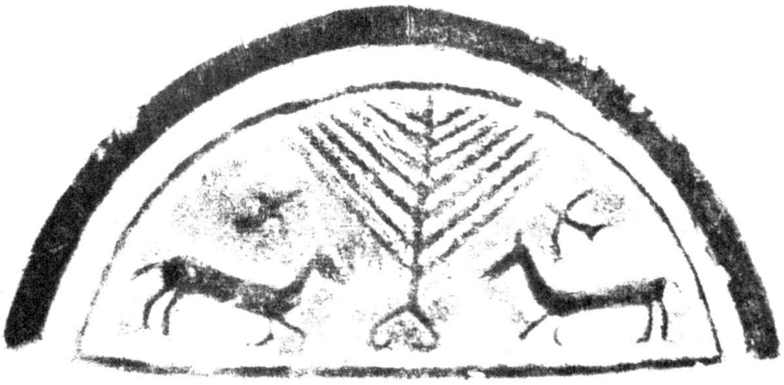

二九七　战国齐　树木兽纹半瓦当

面径 17.5 厘米，边轮宽 1 厘米。当面正中为树木纹，直枝条。在树木的左下方饰以兽纹，右下方似一弯腰两叶小草，较为少见。

二九八 汉 青龙纹瓦当

面径 19.5 厘米，边轮宽 2 厘米。青龙（又名苍龙），四神之一。当面为青龙形象，中心为一凸起的乳钉。龙头有双角，颌下有髯，细颈短足，满身鳞甲，长尾翘起，矫健如飞。《史记·高祖本纪》载：『萧丞相营作未央宫，立东阙、北阙……』注引《关中记》曰：『东有苍龙阙，北有玄武阙……』或谓『瓦图龙纹，当是苍龙阙瓦』。此种瓦应为汉宫内东向殿阁所用。

二九九 汉 青龙纹瓦当

面径 20 厘米，边轮宽 2 厘米。当面为一龙，躯体盘曲呈反弓状，伸爪，昂首，腾云飞翔。龙鳞刻画细致，形象生动威猛，无中心圆突。此种瓦较少见。

三〇〇 汉 白虎纹瓦当

面径 20 厘米，边轮宽 2 厘米。此瓦当无中心圆突。白虎的头部刻画细致，圆睛、鬃毛、利爪等都很逼真，神形兼备，再现了虎的雄姿。此类白虎纹较少见。

三〇一　汉　白虎纹瓦当

面径19厘米，边轮宽2.2厘米。边轮稍残。四神瓦当之一。当面为一虎纹，虎体态雄健，巨口大张，引颈翘尾，做奔跑状。《淮南子》云：『西方金也……其兽白虎……』此种瓦应为汉宫内西向殿阁所用。

三〇二　汉　朱雀纹瓦当

面径21.8厘米，边轮宽1.5厘米。无中心圆突，朱雀体态较轻盈，嘴中含丹，尾部分三叉高扬，装饰性羽毛卷曲夸张。西安市北郊坑底寨村曾出土类似瓦当，较为罕见。

三〇三　汉　朱雀纹瓦当

面径 19 厘米，边轮宽 2 厘米。四神瓦当之三。当面为一鸟形动物，其状为凤头、鹰喙、鸾颈，头上有冠，羽毛散张，振翅欲飞，习称为『朱雀』。此种瓦应为汉宫内南向宫殿所用。

三〇四　汉　朱雀纹瓦当

面径 15 厘米，边轮宽 1.5 厘米。朱雀双翅振羽，尾翘起，冠飘逸，双足抓地，做疾驰状，周围填以小圈纹。两弦纹间饰一圈小三角纹。很多人将其认作凤凰，但实际上朱雀与凤凰存在极大的不同，且作为天之四灵与四方星宿之一的朱雀比《礼记》中描述的『四灵』之一的凤凰更加尊贵。

三〇五 汉 **朱雀纹瓦当**

面径 16.5 厘米，边轮宽 1 厘米。此瓦当雕刻精细，朱雀双翅阔展，长尾飘逸，延伸到胸前。有冠，瞪目含丹，神态逼真，立体感颇强。

三〇六 汉 **朱雀纹瓦当**

面径 16.5 厘米，边轮宽 0.8 厘米。朱雀双翅阔展，长尾分叉，弯曲延伸到头后和胸前。有冠，含丹，神态逼真，栩栩如生。朱雀是传统文化中的『四象』之一，《礼记》所谓的『天之四灵』之一。从先秦开始它就是代表炎帝与南方七宿的神兽，而到了汉代，五行学说开始兴起，它又被当作夏季的象征。

三〇七 汉 玄武纹瓦当

面径 19 厘米，边轮宽 2 厘米。四神瓦当之四。正中为一龟一蛇，龟匍匐爬行，蛇蜷曲盘绕于龟体之上。亦有纹饰作一龟二蛇的。《史记·高祖本纪》载：『萧丞相营作未央宫，立东阙、北阙……』。故有人认为『瓦图龟蛇纹，当是未央宫北阙之瓦』。此种瓦应为汉宫内北向宫殿所用。

三〇八 汉 玄武纹瓦当

面径 19.5 厘米，边轮宽 2 厘米。边轮略残。当面上的龟蛇均为正面，龟卧中央，两条蛇环绕龟身，与龟相峙，龟蛇张口啮齿搏斗。构思奇特，造型别致，较为罕见。

三〇九 战国秦 夔凤纹半瓦当

面径 21 厘米，无边轮。当面一夔凤，顶部有折冠，长颈，颈部有三道斑纹。圆目，大喙微张，尾部高翘分叉，双爪用力，似做攻击状。

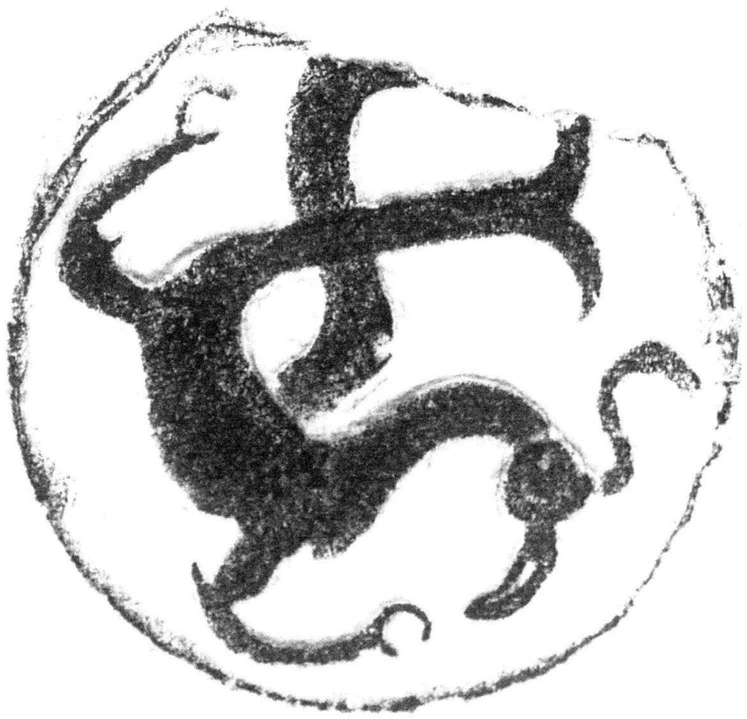

三一〇　战国秦　夔凤纹瓦当

面径12厘米，无边轮。稍残。当面一夔凤，做展翅飞翔状，体态稍显臃肿。头顶部有飘逸长冠，巨喙，长尾高翘分叉，前爪前伸，后爪翘起。

三一一　战国秦　夔凤纹瓦当

似为半瓦当，残缺。当面一夔凤，顶部有折冠，长颈，大喙下垂，尾部高翘分叉，双爪用力，似做攻击状。凤翔县雍城遗址曾出土类似瓦当。

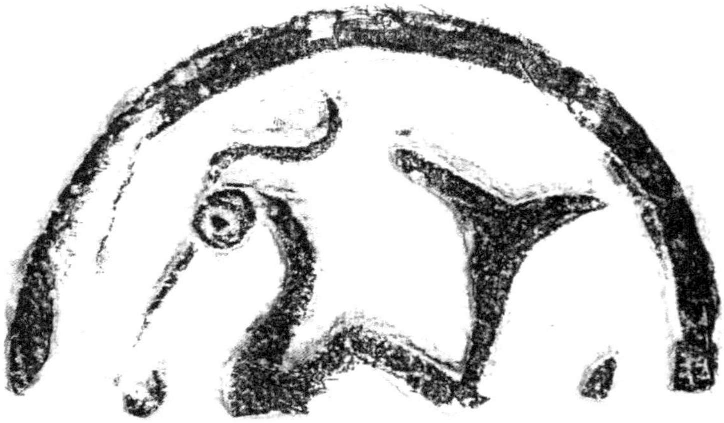

三一二 **战国秦 夔凤纹瓦当**

边轮宽1厘米。下半部分残缺。当面一夔凤，体态轻盈，头顶部有冠，尖长喙，圆目，颈部细长前屈，身体部分残缺，似做快步疾走、寻觅追逐状。凤翔县雍城遗址曾出土类似瓦当。

三一三 **战国秦 夔凤纹瓦当**

面径15.5厘米，边轮宽0.5厘米。当面一夔凤，全身有条形斑纹，体态肥硕。头顶部有飘逸长冠，目光注视前方，长尾开叉，上下分卷，前爪前伸，后爪着地，似做迅速奔跑状。

三一四　战国秦　三雁纹瓦当

面径 18.5 厘米，边轮宽 0.8 厘米。轮内饰单线弦纹，当中心饰突起大乳钉。当心与单线弦纹间逆时针饰首尾相接的三只引吭飞雁，大雁一足分别抓住当心，构图巧妙。大雁又称野鹅，大型候鸟，在长途迁徙中，队形整齐，常常排成人字形或一字形，一边飞着，一边还不断发出『嘎、嘎』的叫声。在中国古代文化中大雁是传书的使者。西安汉长安城遗址曾出土类似瓦当。

三一五　战国秦　双凤朝阳纹瓦当

面径 13 厘米，边轮宽 0.8 厘米。当面饰四凤，中间以单线界格分为上下两组，两凤之间各有一涡纹，似为双凤朝阳之意。刘向《列仙传・卷上・萧史》记载，传说秦国有一个名叫萧史的书生，善吹箫，箫声能招引来白鹤、孔雀翔集中庭。秦穆公有女名叫弄玉，喜欢听萧史吹箫，不久二人相爱成了亲。后萧史教弄玉吹箫，箫声美如凤凰鸣叫一般，竟招引来满院凤凰。

三一六 战国秦 站鹿纹瓦当

面径 16 厘米，边轮宽 1.5 厘米。当面上是一只昂首花角站鹿，为粗轮廓的单耳双腿侧面像，栩栩如生。凤翔雍城遗址多出此类瓦当。鹿跑动迅速，其生动灵活的形象为人们所喜爱。据《汉书》记载：『秦失其鹿，天下共逐之。』因『鹿』与『禄』相通，人们往往取其『利禄』之意。

三一七 战国秦 鹿纹瓦当

面径 13.5 厘米，边轮宽 1 厘米。边轮残缺。当面上是一只机敏灵巧的奔鹿，鹿角高扬，昂首尖嘴，小翘尾，躯体舒展，为粗轮廓的单耳双腿侧面形象。

三一八 战国秦 鹿纹瓦当

面径 17 厘米，边轮宽 1 厘米。当面为一张嘴鸣叫、徐徐前行的幼鹿，身饰菱形花纹，小尾上翘，憨态可掬。

三一九 战国秦 子母鹿纹瓦当

面径14.5厘米，边轮宽0.8厘米。动物瓦当是秦人当时游牧生活的反映，而鹿纹是秦动物瓦当中最具特色的一种。母鹿大而长的双角，圆而壮的身体，健壮有力的腿，极为传神逼真。小鹿紧紧依偎在大鹿胸前，表现了母子之间的亲昵关系。

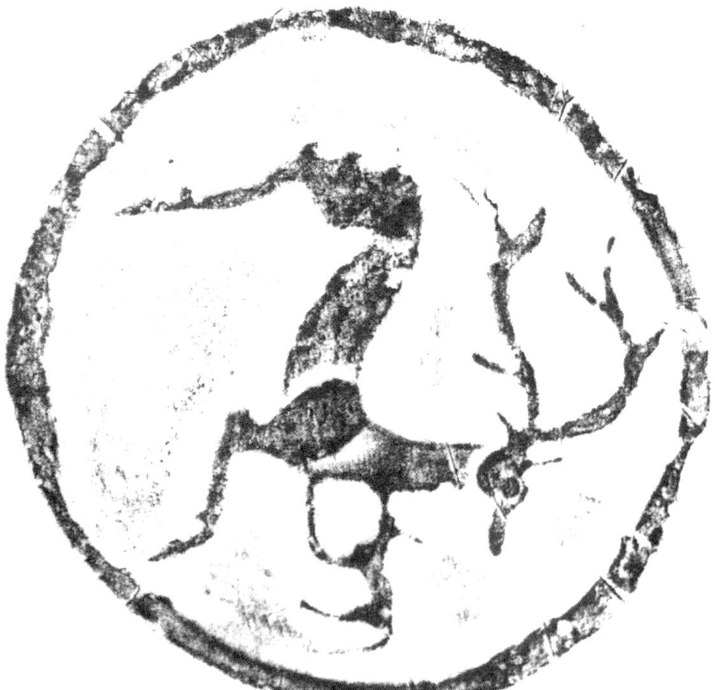

三二〇 战国秦 鹿衔蛇纹瓦当范

面径13.5厘米，无边轮。当面上，花角站鹿嘴衔一条巨蛇，蛇做挣扎状。较为小见。

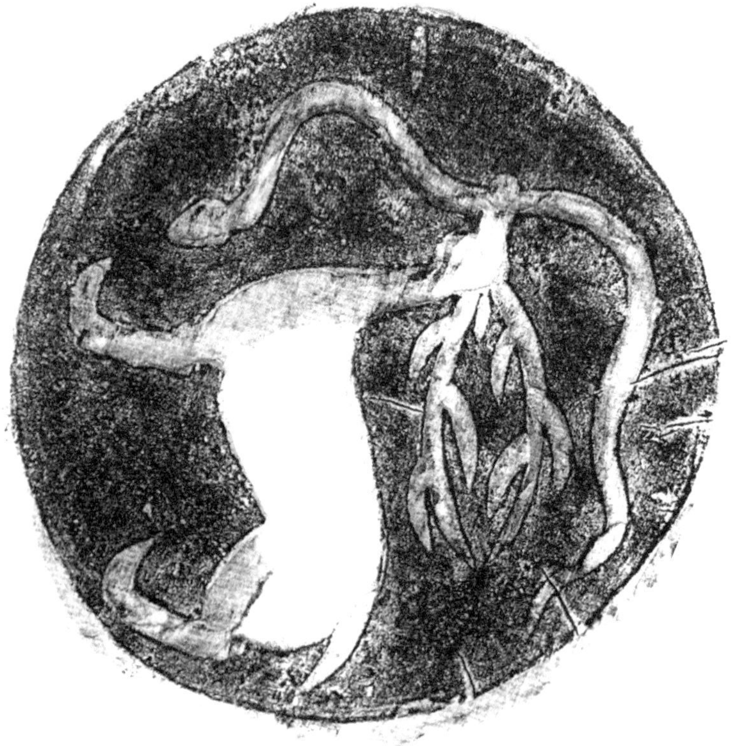

三二一 战国秦 豹纹瓦当

面径 14 厘米，边轮宽 0.8 厘米。当面为一奔跑的回首豹子，圆目，张嘴，吐舌，卷尾，做咆哮状。豹纹同虎纹一样，能给人以力量之感，有威慑之意。西安市北郊徐家湾村曾采集到此类瓦当。

三二二 战国秦 回首兽纹瓦当

面径 15.5 厘米，边轮宽 1 厘米。当面为一信步回首兽，圆目，张嘴，长细尾，做咆哮状。

三二三　战国秦　单虎纹瓦当

面径 14 厘米，边轮宽 0.8 厘米。图案造型为一回首卷尾、圆目突出、獠牙显露的大头虎纹。虎为十二生肖之一，称寅虎，为百兽之王。自古以来，虎一直为人们所崇拜，将其作为正义、勇猛、威严之象征。

三二四　战国秦　豪猪纹瓦当

面径 15 厘米，边轮宽 0.5—1 厘米。边轮内有一弦纹，弦纹内为一行走觅食的豪猪，背上针刺明显。豪猪又叫箭猪，意即满身针刺的猪。其实它根本不像猪，因为它从背部到尾部，均披着猪所没有的，像箭镞一样的棘刺。豪猪除有棘刺外，还有肥壮的体躯、锐利的牙齿、鼠一般的嘴脸，因此属于啮齿目动物。

三二五 战国秦 双獾纹瓦当

面径 13 厘米，边轮宽 1.2 厘米。当面为卷尾利爪、张口嘶叫、交颈而立，做惊恐状的双獾侧面像。

三二六 战国秦 双兽纹瓦当

面径 15 厘米，边轮宽 1 厘米。当心为一圆纽，两侧各有一立兽张开大嘴，前足做搏斗状。

三二七　战国秦　双兽纹瓦当

面径 14 厘米，边轮宽 1 厘米。当面为两只兽，似犬类，一大一小。大的顾首卷尾，做吠叫状；小的躲藏在大的身下，似母子情深。

三二八　秦　蟠螭纹瓦当

面径 13 厘米，边轮宽 0.5—1 厘米。当面为两条相互缠绕的蟠龙，弯曲游动，动感十足。西安市西南郊曾出土此类瓦当。

三二九 战国秦 犬逐鹿纹半瓦当

面径 28 厘米，无边轮。当面饰两只动物，一前一后做追逐状，前为一逃命花角鹿，后随张口奔犬，似咬住鹿的臀部。整个画面惊心动魄。

三三〇 战国秦 虎雁纹瓦当

面径 15 厘米，边轮宽 0.8 厘米。一虎一雁相逐，用善飞的雁来衬托奔虎之快。虎怒目圆睁，獠牙外露，做迅跑回首扑雁状。虎后大雁振翅挣扎，惊恐万分。虎那直中带卷的尾巴，钩状的利爪，以及发达的腿部肌肉，都恰到好处地表现了虎在扑食瞬间的勇猛之状。秦国鏖战群雄，横扫六合，实现霸业，威震四方。以虎的凶猛形象反映出秦人勇猛顽强、不屈不挠、积极进取的『虎狼之秦』精神。

三三一　战国秦　鹿犬纹瓦当

面径13.5厘米，边轮宽0.8厘米。当面上的鹿形惊恐奔跃，一猎犬疾扑袭咬鹿之颈部，生动地再现了惊心动魄的狩猎场面。

三三二　战国秦　豹鹿鱼纹瓦当

面径12厘米，边轮宽0.8厘米。当面浮雕三兽一鱼。大兽似豹，占当面约三分之二，回首反咬小兽；下一小兽做奔驰逃跑状。大兽与小兽间有一游鱼。整个画面颇具匠心，场面惊心动魄。鱼纹是中国古代传统纹饰之一，多见于陶器、青铜器、玉器、瓷器上，而瓦当上少见。一般认为鱼纹出现在器物上有祈求人丁兴旺的用意。

三三三　战国秦　豹鹿鱼纹瓦当

面径 14.5 厘米，边轮宽 0.8 厘米。当面饰三兽一鱼。大兽似豹，占当面约三分之二，回首反咬小兽；下一小兽朝反向做奔驰逃跑状。大兽与小兽间有一游鱼。场面惊心动魄。

三三四　战国秦　鹿犬雁纹瓦当

面径 17 厘米，边轮宽 1—1.2 厘米。当面主体为一雄壮的奔鹿，巨大的花角高耸，短尾，抬头目视前方。下为一飞奔的猎犬，上为一悠闲的大雁，做凫水状。各具情态。

三三五　战国秦　鹿雁犬蟾纹瓦当

面径 14 厘米，边轮宽 0.6—0.8 厘米。当面中心为一壮实、高傲的雄鹿，大而长的双角，健壮有力的腿。当面空隙处填以蟾蜍、犬、飞雁等小型动物作为衬托，使得鹿纹更加突出。

三三六　战国秦　三兽纹瓦当

面径 13.5 厘米，边轮宽 0.6—1.2 厘米。当面三分之一残缺。当面有三只兽，其中两只相峙，一只独自奔跑。

三三七　战国秦　鼠蛇纹瓦当

面径 15 厘米，边轮宽 1 厘米。当面上部残缺。当面为一只硕鼠与一条巨蛇相峙。鼠一后足抓住蛇身，巨蛇回首。

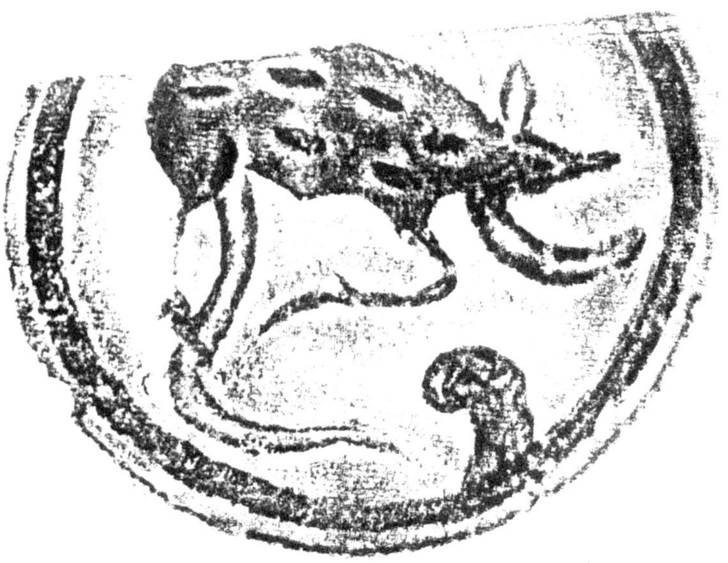

三三八　战国秦　花卉蛙纹瓦当

面径 14.5 厘米，边轮宽 0.8 厘米。整个当面主体为一四瓣花，一小四瓣花作花蕊，大四瓣花间各饰一蛙纹，构图极具匠心。蛙具有强大的繁育能力，对于渴望获得更多劳动力的古人来说，必然引发他们生殖崇拜的观念。

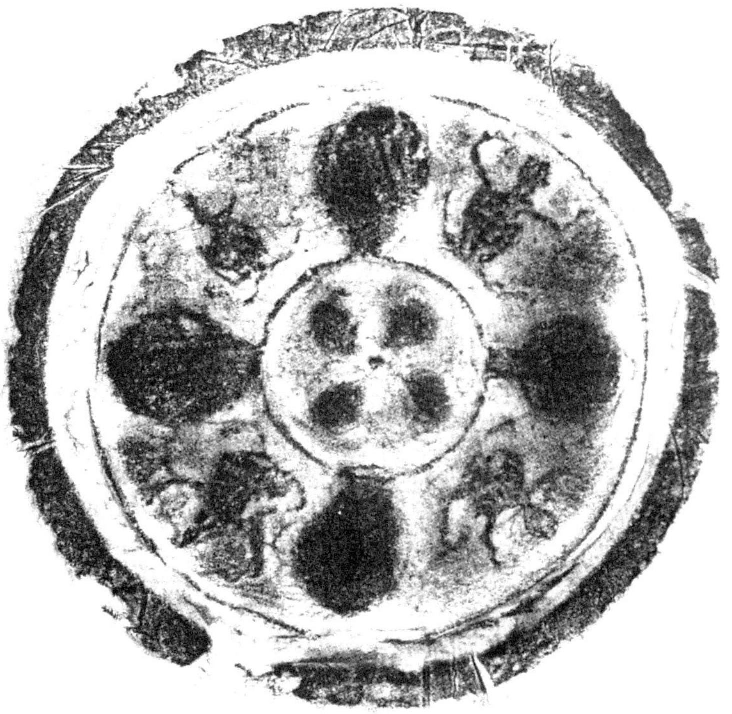

二三九　汉　四神纹瓦当

面径14厘米，边轮宽1厘米。当心似莲蓬，十字双线把当面四分，各饰表示方位的朱雀、玄武、青龙、白虎四神。外饰一圈菱形纹。这种同饰四神的瓦当较为罕见。

二四〇　汉　四兽纹瓦当

面径14厘米，边轮宽0.8厘米。当心似为一花朵，十字双线把当面四分，各饰简化的动物，似为憨态可掬的狗熊，首尾相随。

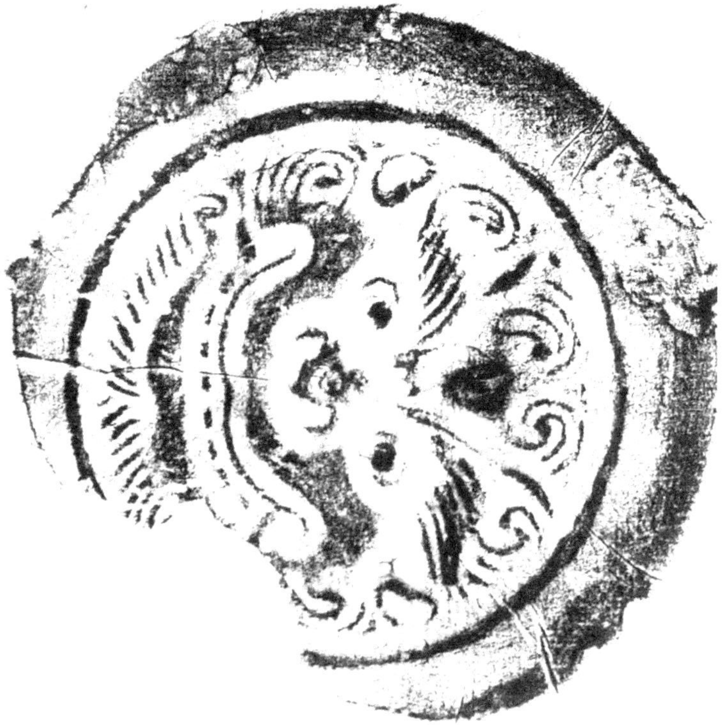

三四一 元 饕餮纹瓦当

面径14厘米，边轮宽1厘米。稍残。此饕餮构图对称、均衡，用笔一丝不苟。圆目、龇牙、毛发卷曲，眉毛、胡须飘逸。造型与虎面极似，王者之象，淋漓尽致。

三四二 元 饕餮纹瓦当

面径12.5厘米。边轮内饰一周连珠纹，连珠较大，内饰一圈弦纹，中心为一饕餮，小眼弯眉，山字鼻，阔口大张，两腮凸起。

三四三 元 饕餮纹瓦当

面径 13 厘米，边轮宽 0.8 厘米。边轮残缺。此饕餮桃仁形目，龇牙，毛发飘逸。

三四四 元 饕餮纹瓦当

残缺。饕餮小圆眼，大鼻梁，抿嘴，似猴面。罕见。

三四五 元 饕餮双龙纹瓦当

面径 14 厘米。下部残缺。当面主体似为一饕餮，造型怪异，眼睛两侧各饰一盘曲小龙形象。笔法粗犷。

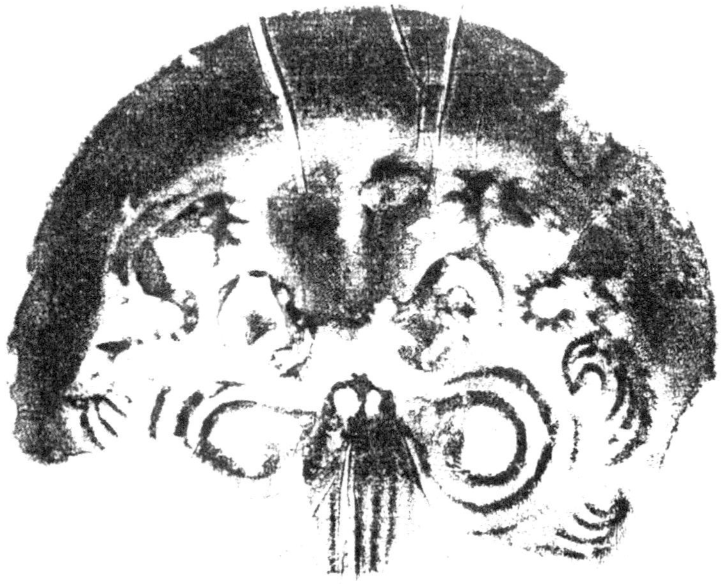

三四六　北魏　兽面纹半瓦当

底边长 22 厘米，高 11.5 厘米。左右对称，弯眉，圆目，方嘴；毛发夸张，作直线形。

三四七　汉　独兽纹半瓦当

面径 17 厘米，边轮宽 1.2 厘米。一兽纹占据当面整个位置。张嘴卷舌，弯角，三根鬃毛粗大，弓腰，细长尾曲回至近颈部，双足抓地，做爬行进攻状，矫健有力，威风凛凛。此种瓦当目前发现极少。山东临淄曾采集有此类瓦当。

三四八 汉 兽云纹瓦当

面径 16.5 厘米，边轮宽 0.8 厘米。当心圆内饰一兽，似狗熊，憨态可掬。双线十字四分当面，末端各饰一连云纹。

三四九 汉 鹤云纹瓦当

面径 16 厘米，边轮宽 1.2 厘米。当心圆内饰两只立鹤，一大一小，鹤形手法写意，然神情俱备。双线十字四分当面，各饰一短直线，末端饰云纹。简洁清朗。

三五〇　汉　水鸟云纹瓦当

面径 16.5 厘米，边轮宽 0.8 厘米。当心圆内饰一水鸟，低头觅食。外区被双线十字四分，各饰一蘑菇状云纹。

三五一　汉　玄武云纹瓦当

面径 15.5 厘米，边轮宽 1 厘米。残缺。双线十字穿过当心圆，把当面四分，外区分三个蘑菇形云纹和一个似玄武纹。

三五二 汉 玄武云纹瓦当

面径 15.5 厘米，边轮宽 1 厘米。当心为一乳钉，双线十字把当面四分，当心圆内饰四个折线纹，外区图案多变，有三个双直线或单直线与云纹相接，一个玄武纹。陕西省周至县长杨宫遗址曾出土类似瓦当。

三五三 汉 飞鸿云纹瓦当

面径 16 厘米，边轮宽 1 厘米。当心圆内饰展翅飞鸿，乳钉补白。双线十字四分当面，每区双直线末端饰云纹。

三五四　汉　鹿云纹瓦当

边轮宽 1.5 厘米。四分之三边轮残缺。当心圆被一横线分为上下两部分，上部饰三条短线，其中一条与另外两条相交；下部饰一动物，写意性较强，似一花角鹿，顾首回望。外区饰四组双直线与云纹相接。

三五五　战国秦　夔凤龙纹瓦当

面径 56 厘米，高 43 厘米，边轮宽 1.5 厘米。夔是传说中的独脚怪兽，声如雷鸣，给人以威慑四方之感。这种动物纹图案在秦的瓦当中突然出现又很快消失。有人认为是对商周青铜器上夔纹的继承。当面上部为一组相对卷尾飞翔之凤，下部是一组相向夔龙。整体浑厚凝重，图案屈曲华丽，系平刀直刻高浮雕，纹饰中有凸起头，阴阳分明，质感特强，完全承袭了青铜器纹饰的传统作风。

三五六 战国秦 变形夔龙纹半瓦当

面径 56.5 厘米，高 33 厘米，边轮宽 1.5 厘米。左上残缺。此种瓦当在临潼秦始皇陵北建筑遗址、眉县和兴平等地的宫殿建筑遗址中均有出土。当面纹饰较为繁复，四周有边轮，底面平整，当面图案由一组造型奇异的夔纹组成，呈左右相向对称状。夔纹姿态矫健，气韵生动，具有很高的装饰艺术价值，被文物考古界誉为『瓦当之王』。

三五七 战国秦 变形夔龙纹半瓦当

面径 51 厘米，边轮宽 1.3 厘米。当面纹饰较为繁复，四周有边轮，底面平整，当面图案由一组造型奇异的夔纹组成，呈左右相向对称状。夔纹姿态矫健，气韵生动，具有很高的装饰艺术价值。

三五八　春秋燕　变形饕餮纹半瓦当

面径 18.5 厘米，边轮宽 0.8 厘米。当面半圆，边饰变形兽面，兽面已几何化，线条劲健，图案威严粗犷。饕餮纹，又称兽面纹，是中国传统文化中的一种纹饰，它是通过把现实中的动物进行抽象、象征处理之后所得。令人不可思议的是，西周晚期已销声匿迹的饕餮纹，四五百年后又在战国晚期的皇家宫殿的瓦当上奇迹般地复活了。

三五九　战国燕　变形饕餮纹半瓦当

底边长 24 厘米，高 11 厘米。长弯眉，圆目，长鼻，方口，回纹补白，用笔简洁。

三六〇　战国燕　饕餮纹半瓦当

面径 19 厘米。当面大致呈多峰山形，饕餮双目近菱形，饰有眼眶，大口阔张，内露獠牙，两腮鼓起。外侧以折线构成山形，其空余之处亦多饰三角形。饕餮以浅浮雕的形式表现，形象恐怖、丑陋。

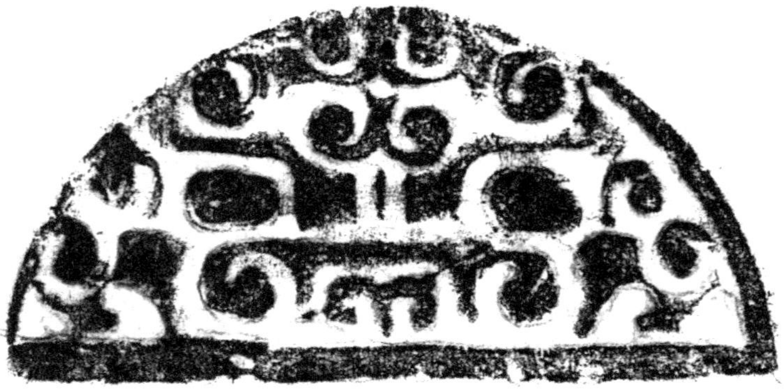

三六一　战国燕　饕餮纹半瓦当

面径 18 厘米。无边轮，有下沿。饕餮双目突出呈椭圆形，长弯眉与额头羽纹相连，口内亦填以羽纹。

三六二　战国燕　饕餮纹半瓦当

面径 33.3 厘米。当面双兽相背盘靠于上部边缘，长颈下垂，做张口吐舌状，形成饕餮纹的额梁；兽尾卷曲，形成饕餮的双眉。巨目突出，宽鼻，卷唇大嘴，嘴角配饰变形云纹，威严十足。

三六三 战国燕 饕餮纹半瓦当

面径 34.5 厘米。双兽相背盘辜于上部边缘，长颈下垂，做张口吐舌状，形成饕餮纹的额梁；兽尾卷曲，形成饕餮的双眉。巨目突出，宽鼻，卷唇大嘴，嘴角配饰变形云纹。以浅浮雕形式表现，工艺极佳。其形象雕刻得十分严谨，各部位布局饱满，轮廓清晰，层次分明。

三六四 战国燕 饕餮纹半瓦当

面径 16.5 厘米，轮宽 1—1.5 厘米。饕餮双目的上方、两侧饰以双龙纹。双角下垂，两首相背向外，做张口状，长颈弯曲，前足回曲，两爪向上扬起，形成饕餮的额梁。饕餮双目呈椭圆形，短眉，宽鼻，阔口，卷唇。

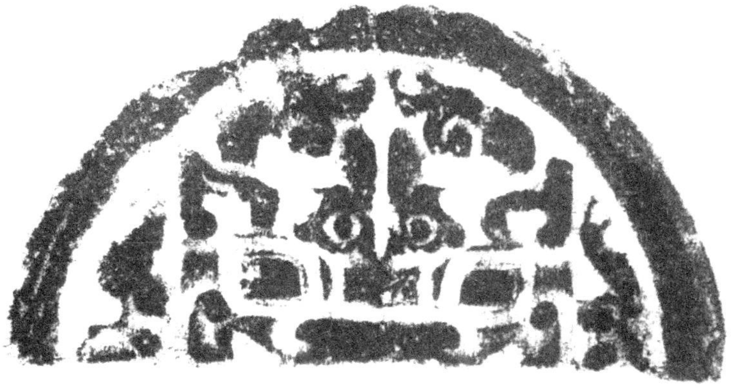

三六五 战国燕 饕餮纹半瓦当

面径 17 厘米，边轮宽 1—1.5 厘米。饕餮双目的上方、两侧饰以双龙纹。双角下垂，两首相背向外，身体呈弓形，前足回曲，两爪向上扬起。饕餮双目呈椭圆形，短眉，宽鼻，阔口，卷唇。

三六六 战国燕 饕餮纹半瓦当

面径 16 厘米，边轮宽 1—1.5 厘米。饕餮双目的上方、两侧饰以双龙纹。两首相背向外，颈弯曲，形成饕餮的额梁。饕餮双目呈椭圆形，短眉，宽鼻，阔口，卷唇。

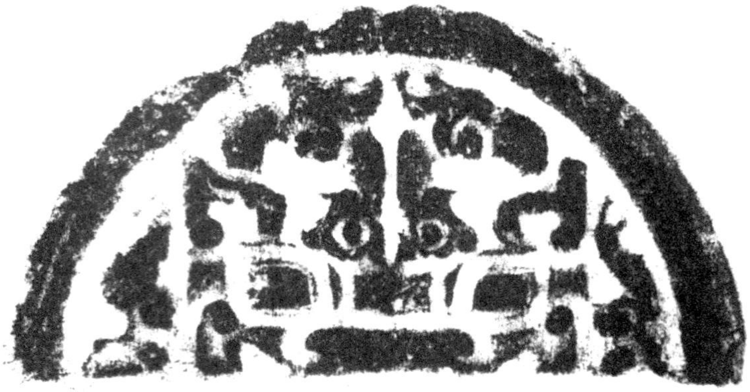

三六七 战国燕 饕餮纹半瓦当

面径 17 厘米，边轮宽 1—1.5 厘米。饕餮双目的上方、两侧饰以双龙纹。两首相背向外，颈弯曲，形成饕餮的额梁。饕餮双目呈椭圆形，短眉，宽鼻。

三六八 战国燕 饕餮纹半瓦当

面径 18 厘米，边轮宽 1.2 厘米。饕餮双目的上方、两侧饰以双龙纹。两首相背向外，颈弯曲，形成兽面的额梁。饕餮双目呈椭圆形，短眉，宽鼻，阔口，卷唇。

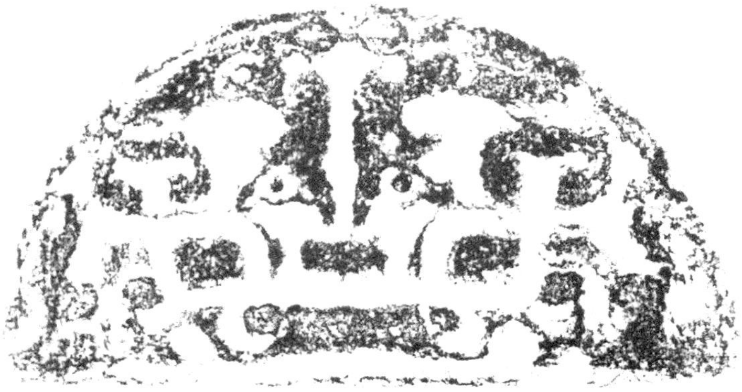

植物图像瓦当

三六九　战国秦　莲花纹瓦当

面径13.5厘米，边轮宽1厘米。边轮稍残。当面中心为五瓣莲花纹，各花瓣间又有一箭头状的花萼（或叶）。凤翔雍城豆腐村遗址曾出土同类瓦当。莲花是最常用来作为宗教和哲学象征的植物，代表神圣、女性的美丽纯洁。佛教中有莲花座、莲花合等。

三七〇　战国秦　莲花纹瓦当

面径13.5厘米，边轮宽0.8厘米。当面中心为七瓣莲花纹。莲花是最常用来作为宗教和哲学象征的植物，代表神圣、女性的美丽纯洁。佛教中有莲花座、莲花合等。

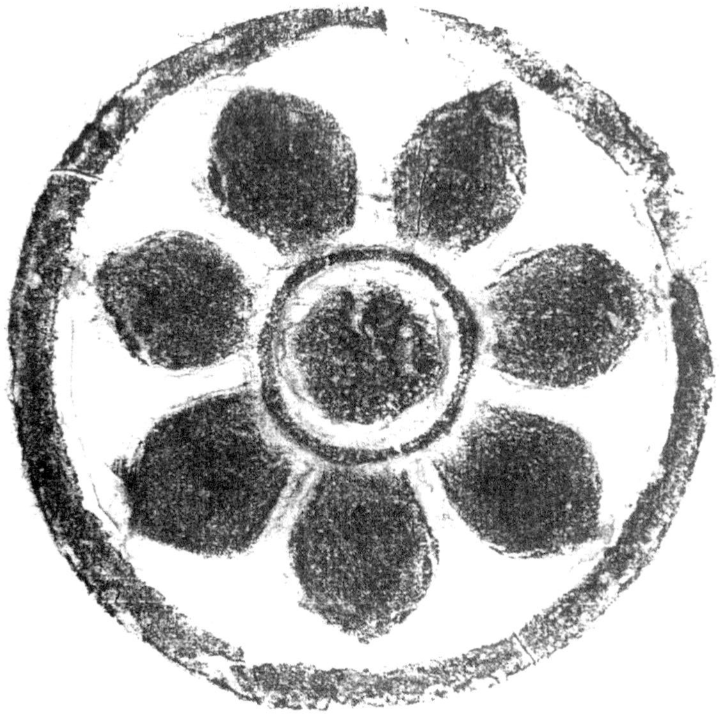

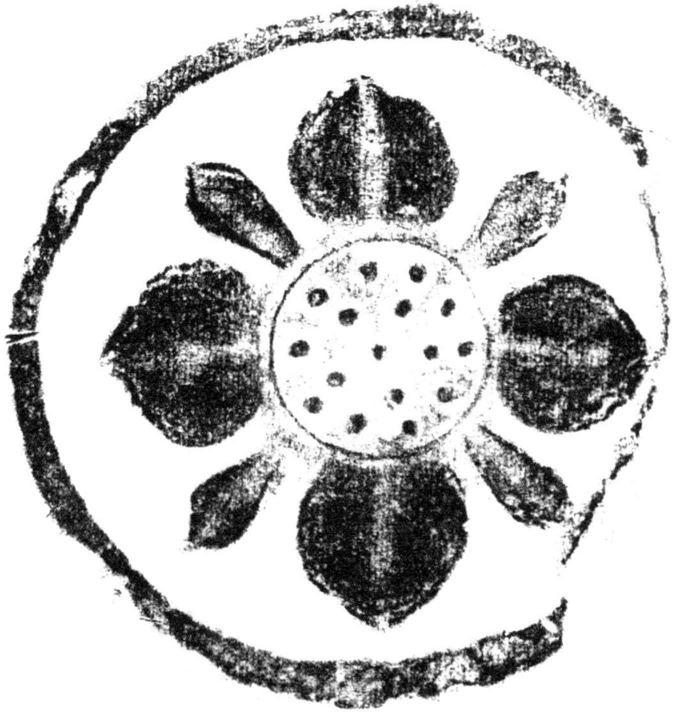

三七一 战国秦 莲花纹瓦当

面径 14.5 厘米，边轮宽 1 厘米。边轮残。四瓣莲花纹围绕莲蓬，花瓣间有四片近似椭圆形的花萼。

三七二 战国秦 莲花纹瓦当

面径 14.5 厘米，边轮宽 0.9 厘米。边轮残。四瓣莲花纹围绕莲蓬，花瓣间有四组近似羊角状的花萼。

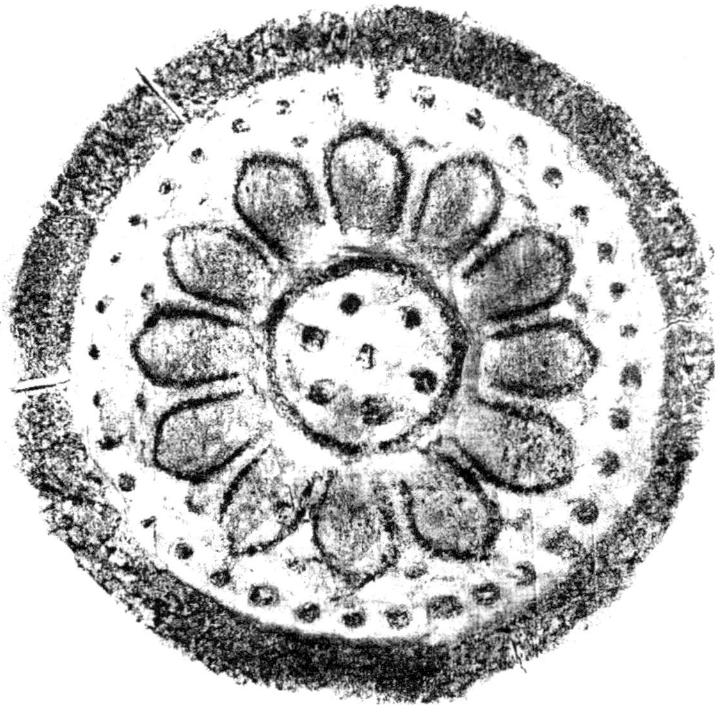

三七三 战国秦 莲花纹瓦当

面径 13 厘米，边轮宽 1 厘米。十二瓣莲花纹围绕莲蓬，外有一圈乳钉纹环绕。

三七四 战国秦 四叶纹瓦当

面径 13 厘米，边轮宽 1 厘米。左边轮残缺。四叶上下左右对称分布，每两叶间有一羊角状云纹图案。

三七五 唐 花草纹瓦当

面径 14 厘米，边轮宽 2 厘米。边轮残缺。当面花形与牡丹颇似，花朵大而丰润，枝稀卷而不枯，高雅富贵。

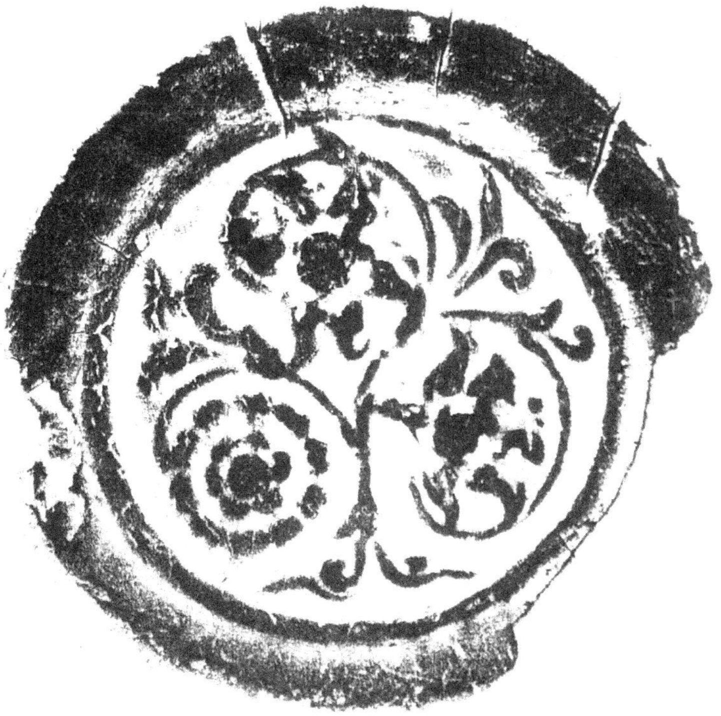

其他图像瓦当

三七六 战国秦 人面纹半瓦当

底边长 19.5 厘米。当面作人面形，细弯眉，大眼睛，眉目清晰，高鼻子，立体感较强。汉长安城遗址曾出土类似瓦当。

三七七 战国秦 人面纹半瓦当

底边长 26 厘米，高 11 厘米。当面作人面形，弯眉，大眼，宽鼻。

三七八 战国秦 人面纹半瓦当

底边残缺，高 10 厘米。当面作人面形，八字眉，瓜子形眼，小鼻子，大圆嘴巴。左右脸颊有两道画痕。

三七九 魏晋 人面纹半瓦当

底边长 20.5 厘米。当面作人面形，细折眉，大眼，三角形鼻，耳朵为 3 字形，张口，有酒窝，憨厚可爱。

三八〇 战国齐 树木方格纹半瓦当

面径 14 厘米。当面中央为伞字形树木，树冠两侧饰饕餮纹，大树下左右对称饰方格纹及乳钉纹。

三八一 **战国齐 树木方格纹半瓦当**

面径 15.5 厘米。当面中立一树，枝叶茂盛，树下左右两侧饰对称方格纹及乳钉纹。

三八二 **战国齐 树木乳钉纹瓦当**

此为齐国图案式生活画瓦当中最为常见的一种。边轮残缺。边轮内饰以一周凸弦纹，双线将当面分为上下两部分，纹饰相同；树木纹居中为轴，左右对称，树枝较短，树木最下面的一对枝条变形成卷云纹，另有两对乳钉纹，使整个画面颇似变形的饕餮纹。

三八三　战国齐　树木乳钉纹半瓦当

面径 14.5 厘米。左右对称，中立一树，树枝呈直线伸展，下方饰勾云纹及乳钉纹。

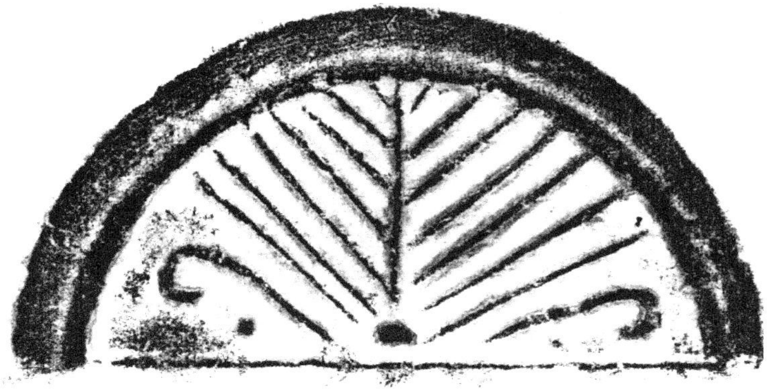

三八四　战国齐　树木云纹半瓦当

面径 18 厘米，边轮宽 3 厘米。左右对称，中立一树，树枝呈直线伸展，下方饰云纹。

三八五　战国齐　树木云纹半瓦当

面径 14 厘米，边轮宽 0.5 厘米。左右对称，中立一树，树枝呈直线伸展，下方饰 S 形云纹。

三八六　战国齐　树木云纹半瓦当

面径 14.5 厘米。左右对称，中立一树，树枝上端下垂，下方饰云纹及乳钉纹。

三八七　**战国齐　树木三角形纹半瓦当**

面径 15 厘米，边轮宽 0.8 厘米。左右对称，中立一树，树枝呈直线伸展，枝叶繁茂，下方饰三角形纹。

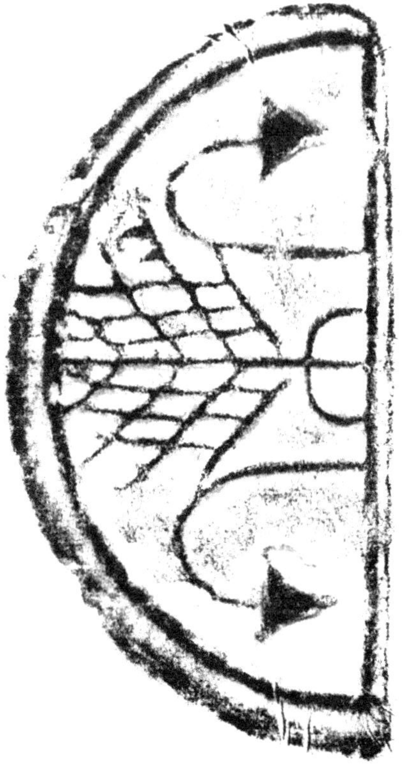

三八八　**战国齐　树木乳钉纹半瓦当**

面径 15 厘米。左右对称，中立一树，树枝呈直线伸展，两侧方框内饰乳钉，树冠下方左右各有一T形饰。

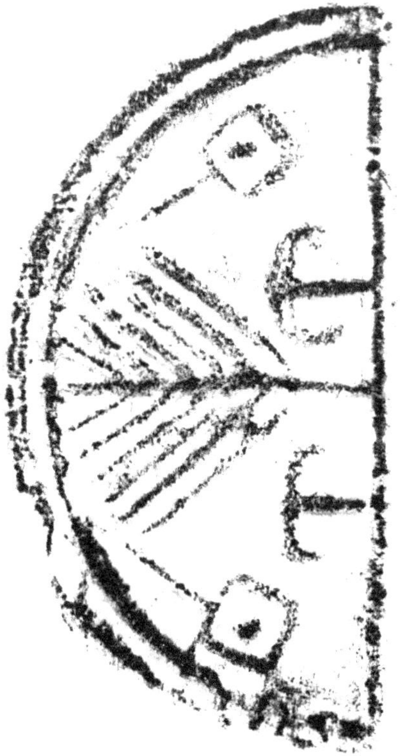

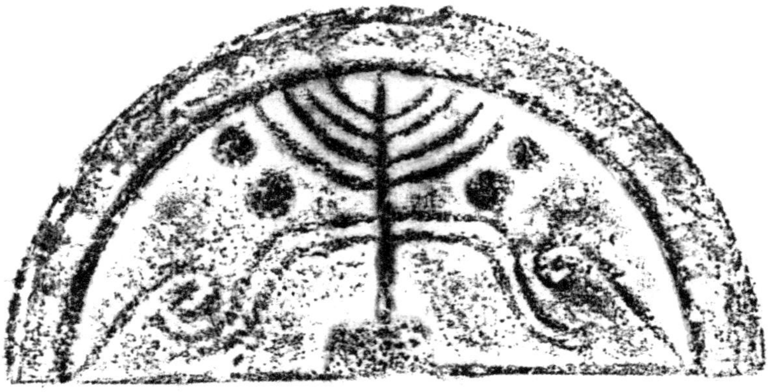

三八九 战国齐 树木乳钉纹半瓦当

面径 15 厘米。左右对称，中立一树，树枝呈弧形上弯，两侧有乳钉纹，树冠下方左右饰云纹。

三九〇 战国齐 树木乳钉纹半瓦当

面径 15 厘米。左右对称，中立一树，树枝单调，两侧有饕餮双眼及 V 形纹。

三九一 战国齐 树木乳钉纹半瓦当

面径 19 厘米。左右对称，中立一树，呈直弧形伸展，两侧饰有乳钉纹及勾云纹。

三九二 战国齐 树木齿纹半瓦当

面径 14 厘米，边轮宽 0.8 厘米。稍残。当面中间有一同心半圆将其分为内、外两区，内区饰树木纹，外区饰两周近似锯齿纹的图案。

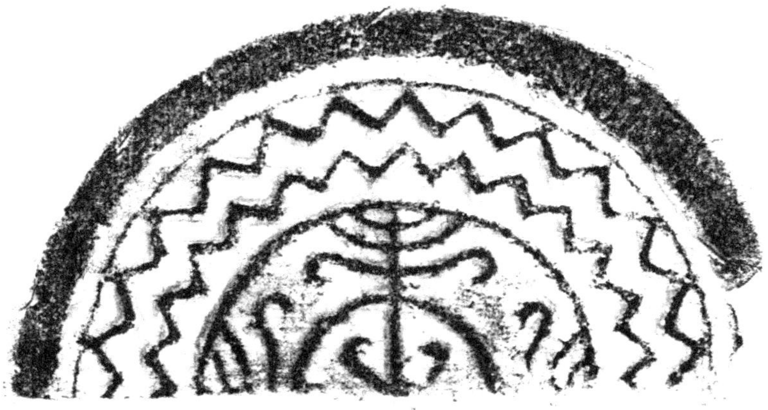

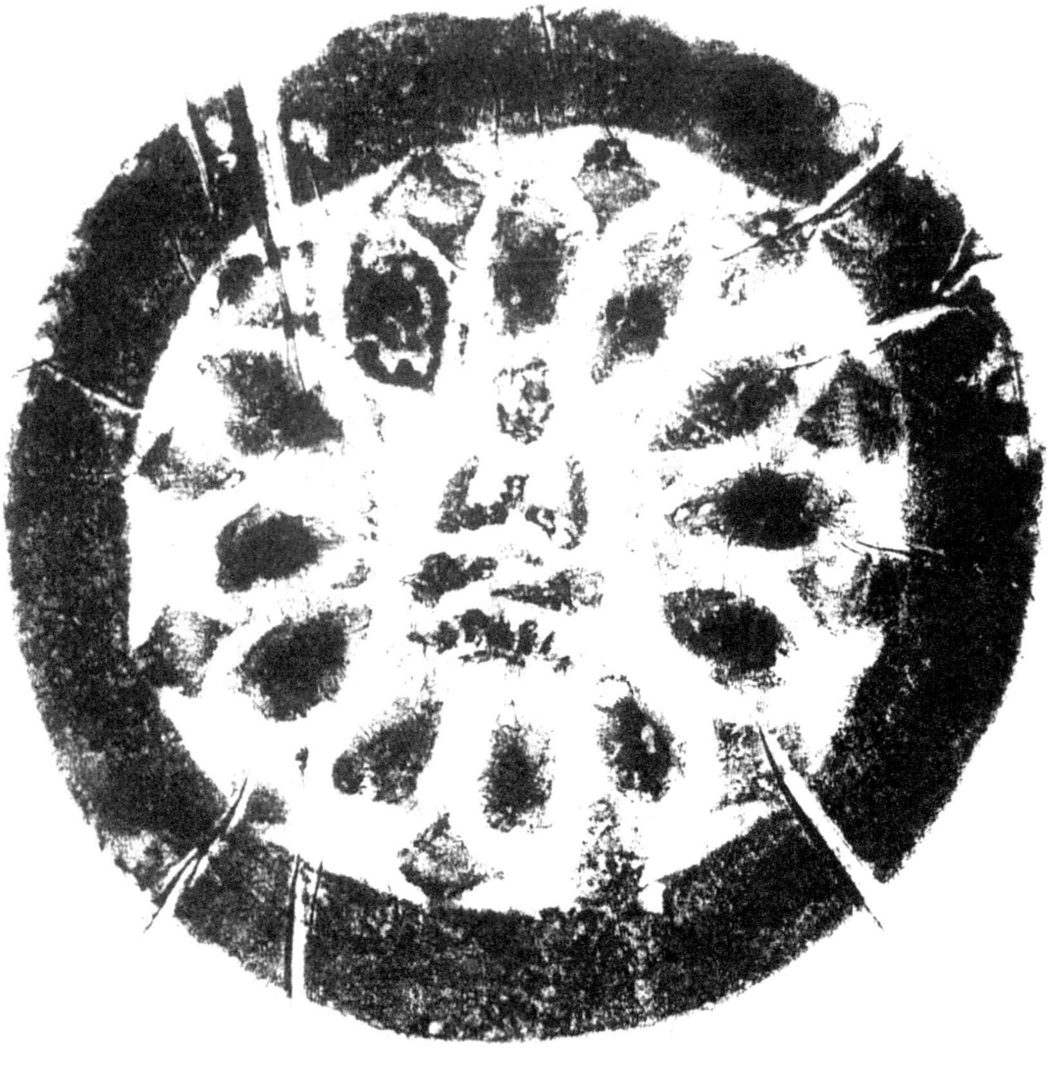

三九三 唐 莲花佛像纹瓦当

面径 17 厘米，边轮宽 2 厘米。当心为一双膝盘坐于莲花座上的佛像，外饰莲花纹，边轮与莲花纹之间饰一圈菱形饰。

三九四 唐 佛像纹瓦当

面径 13.5 厘米。当面弦纹内为佛坐姿造像，两腿盘坐，双手合十。弦纹外为一圈连珠纹。

三九五 唐 羽人瓦当

面径 12.5 厘米，边轮宽 1.5 厘米。弦纹圈内饰一有翼的羽人。羽人上身赤裸，发髻高耸，浓眉慈目，面相丰腴，双手合十。背上的双翼，为汉代以降道教遗物中所常见。1985 年青海省民和县曾出土类似瓦当，但瓦当上的形象显然不是中原人。

第二部分　图案类瓦当

图案瓦当是图像瓦当的发展和变体，图像瓦当可以看作图案瓦当的初级形态。与图像瓦当相比，图案瓦当的形象性不强，它不是对生活的直接模拟，而是一种间接的反映。初看起来，似乎离现实生活较远，但实际上我们能在现实生活中追溯到它的源头，找到它的模拟对象。所以说，图案艺术源于生活，而高于生活。图案瓦当的出现，是当时人们认识自然、改造自然的必然结果。

早期的图案瓦当以秦瓦当最具有代表性。秦图案瓦当主要有葵纹瓦当和云纹瓦当两种。独具一格的秦葵纹瓦当，在秦瓦当中最具地方特色和时代特色。它大约出现在战国之初，到战国中期基本定型，战国晚期和秦是其盛期，直到西汉初仍然在使用。

秦的葵纹瓦当主要出土于秦都雍城、栎阳和咸阳，其他地点出土较少。关于葵纹图案的来源，传统认为的葵纹实际并非源于植物中的葵花，有人从葵纹瓦当纹饰的细节观察，认为是『植物叶尖和动物尾巴的曲卷』。近年，又有学者研究认为，它是从传统所说的辐射纹、旋云纹发展而来，其含义可能是象征运动着的水。秦人以水纹装饰瓦当是与其『水德』密切相关的，这个说法颇有道理。

葵纹瓦当的当心纹饰变化比较复杂。起初，当面多为辐射纹或旋云纹，象征着流动的水，当面中央往往形成一个旋涡点，呈现出乳钉纹饰的特点。这类纹饰瓦当的进一步发展，使当面主体纹饰演变为当心圆中的纹饰，中心圆周边形成像浪花一样的花纹。当心辐射纹和当面浪花纹简化，形成葵瓣纹。葵瓣纹起初由三线

组成，后演化为双线或单线。葵纹瓦当中当心圆葵瓣纹的出现晚于当面。战国晚期前后，秦都咸阳的宫殿建筑遗址中出现的变形葵纹瓦当，其当心饰一海星或水母形状的纹饰，但它们来去匆匆，持续不久。

葵纹瓦当有着自己的演变系列。就雍城所出土的葵纹瓦当来看，还处在这类瓦当的初级阶段，数量和种类都比较少。当面有两重空间，当心为圆饼，外圈饰数对 S 或反 S 形纹样，与规格整齐的葵纹瓦当尚有一定的距离。栎阳城址所出土的葵纹瓦当与雍城所出土的截然两样，不仅数量多，而且已趋向定型。当面为两重空间，葵纹花朵均由双线环绕，左右逆向排列，富有韵律，是葵纹瓦当成熟阶段的作品。

云纹瓦当的产生大约在战国中晚期，到秦代已基本成熟，是秦汉瓦当的大宗。以云纹为主题的瓦当，具有光亮、明快之感，这与秦汉宫殿体现的求仙升天的思想有密切关系，是当时社会人们『祈求太平』『永受嘉福』意识的反映。云纹是如何演变而来的呢？学者们通过对大量考古资料进行分析，从瓦当纹饰的自身变化中发现，云纹是由葵纹演变而来，并随着秦汉统一帝国的建立，很快推广至全国各地。需要强调的是，关中地区秦汉时代发展、流行起来的云纹瓦当，在当时是全国最具代表性的图案瓦当。

旋曲纹类瓦当

三九六　战国秦　旋曲纹瓦当

亦称作太阳纹瓦当、轮纹瓦当或辐射纹瓦当。至目前为止，这种瓦当仅发现于凤翔雍城遗址和秦都咸阳遗址。此类瓦当中心为一圆饼，以圆为中心向四周引出若干条射线，犹如太阳的光芒。面径 14 厘米，边轮宽 1 厘米。当心为圆纽，向外伸出 31 条曲线顺时针旋转，一直延伸到边轮，给人一种流动的感觉。凤翔县雍城南古城村遗址曾有此类瓦当出土。

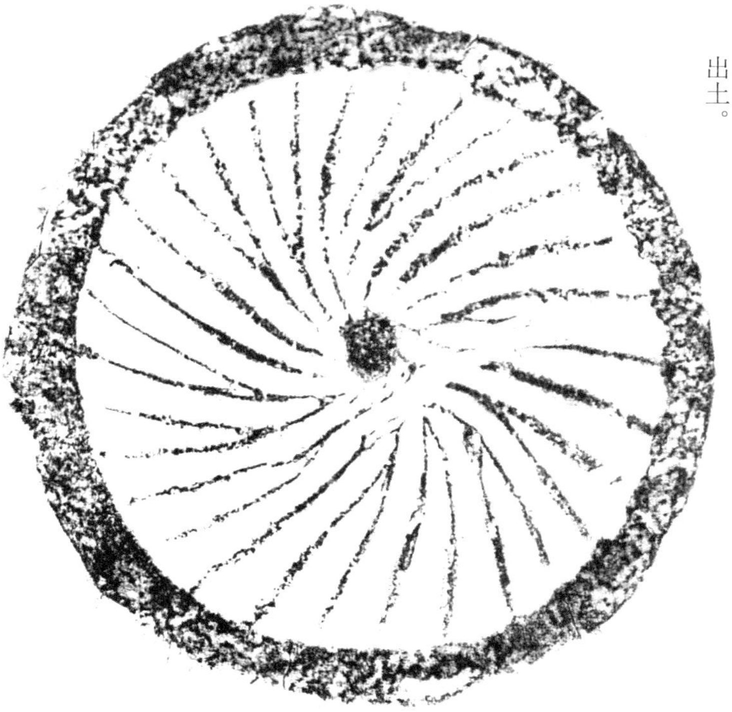

三九七　战国秦　旋曲纹瓦当

面径 15 厘米，边轮宽 1.5 厘米。当心为圆纽，外有三个同心圆，把当面分为三环，每环有若干不等的旋曲纹，均为逆时针方向旋转，似转动的风车，使整个画面充满动感。

三九八　战国秦　旋曲纹瓦当

面径 15.5 厘米，边轮宽 1.2 厘米。当心大圆内饰从当心延伸出的逆时针旋涡纹，外区饰逆时针单线浪花纹。

三九九　战国秦　旋曲纹瓦当

面径 14 厘米，边轮宽 1.2 厘米。当心为圆纽，外饰两圈弦纹，将当面分为内外两区，分别饰逆时针的旋涡纹和顺时针的单线浪花纹。

四〇〇 战国秦 旋曲纹瓦当

面径 15.5 厘米，边轮宽 0.8 厘米。当心为圆纽，外饰一圈弦纹。弦纹内饰从当心延伸出的顺时针旋涡纹，外饰顺时针双线浪花纹。

四〇一 战国秦 旋曲纹瓦当

面径 14 厘米，边轮宽 0.8 厘米。当心为圆纽，延伸出逆时针旋涡纹和两圈弦纹，外饰顺时针双线浪花纹。

四〇二 战国秦 旋曲纹瓦当

面径 12.5 厘米，边轮宽 0.5 厘米。当心延伸出的逆时针旋涡纹，似火焰状；外区饰顺时针单线浪花纹。

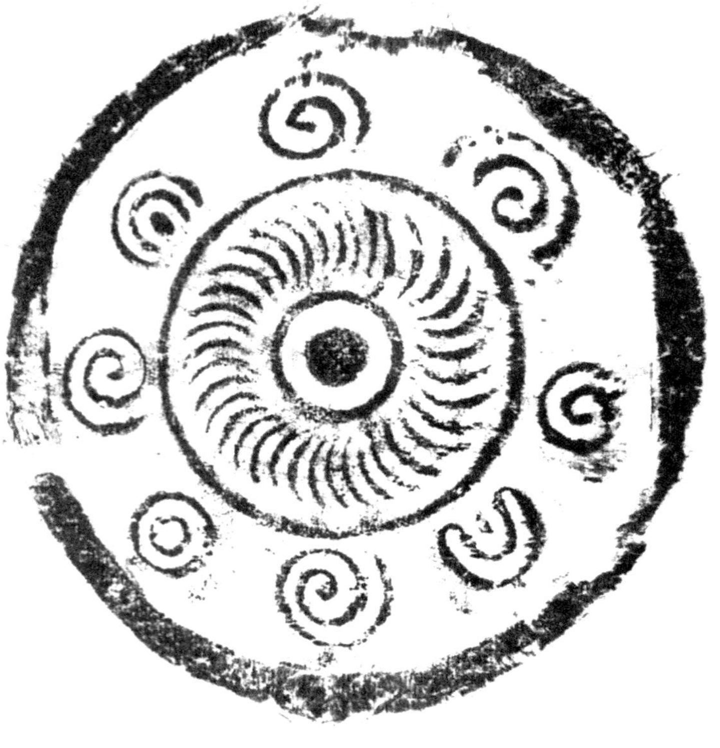

四〇三 战国秦 旋曲纹瓦当

面径 16.5 厘米，边轮宽 1 厘米。当心为圆纽，外饰两圈弦纹，将当面分为内外两区，分别饰逆时针的旋涡纹和逆时针的单线卷云纹。

四〇四 战国秦 旋曲纹瓦当

面径 14.5 厘米，边轮宽 0.8 厘米。从当心延伸出顺时针的旋涡纹，外饰两圈弦纹，弦纹外沿边轮伸出一圈卷云纹。

四〇五 战国秦 旋曲纹瓦当

面径 15 厘米，边轮宽 0.5 厘米。从当心延伸出顺时针的旋涡纹，外饰两圈弦纹，弦纹外沿边轮伸出一圈卷云纹。

四〇六 战国秦 旋曲纹瓦当

面径 15 厘米，边轮宽 1 厘米。从当心延伸出逆时针的旋涡纹，外饰弦纹。沿边轮向内，沿弦纹向外各伸出一圈勾纹。

四〇七 战国秦 旋曲纹瓦当

面径 14 厘米，边轮宽 1 厘米。从当心延伸出顺时针的旋涡纹，外饰两圈双线勾纹。

四〇八　战国秦　旋曲纹瓦当

面径 12 厘米，残缺。从当心延伸出逆时针的旋涡纹，外饰两圈水滴纹。

葵纹类瓦当

四〇九　战国秦　旋曲葵纹瓦当

面径 14.5 厘米，边轮宽 0.8 厘米。从当心延伸出逆时针的旋涡纹，外饰弦纹。沿凸弦纹向外，沿边轮向内各伸出四个瓣形纹。

四一〇 战国秦 旋涡形葵纹瓦当

面径 14 厘米，边轮宽 0.8 厘米。边轮残。当心为一小乳钉，外有一圈绳索纹，沿绳索纹向当心伸出三个瓣形纹，向外伸出顺时针的八个瓣形纹，这是葵纹瓦当的标准形状。咸阳窑店曾采集到一件此类瓦当。

四一一 战国秦 四叶葵纹瓦当

面径 15 厘米，边轮宽 0.8 厘米。边轮残。当心为四瓣花纹，外有一圈绳索纹，沿绳索纹向当心伸出四个瓣形纹，向外伸出逆时针的八个瓣形纹。

四一二 战国秦 简化葵纹瓦当

面径 16 厘米，边轮宽 1.2 厘米。当心为圆纽，外饰一圈绳索纹。四个三线 S 形纹穿过绳索纹，间以三线顺时针钩形纹沿绳索纹向外伸出。

四一三 战国秦 简化葵纹瓦当

面径 14.5 厘米，边轮宽 1 厘米。边轮稍残。当面饰一圈弦纹，弦纹内为三个钩形纹，外区顺时针环绕八个钩形纹。

四一四　战国秦　变形葵纹瓦当

面径15.5厘米，边轮宽0.8厘米。边轮残。此类瓦当将常见的葵纹进一步变形、抽象化、图案化。当面饰一圈弦纹，弦纹内从当心顺时针伸出四枚单线旋齿状纹（似海星或水母形状的纹饰），每两枚旋齿间各夹一小乳钉纹。外区逆时针环绕四枚旋齿，每两枚旋齿间又各夹一卷云纹。秦咸阳宫二号宫殿遗址曾出土类似瓦当。

四一五　战国秦　变形葵纹瓦当

面径15厘米，边轮宽1厘米。此类瓦当将常见的葵纹进一步变形、抽象化、图案化。当心为乳钉纹，顺时针环绕四枚双线旋齿，外饰弦纹。四个S形纹饰穿过当面弦纹，弦纹向外伸出单线顺时针卷云纹。

四一六 战国秦 变形葵纹瓦当

面径 15 厘米，边轮宽 1.5 厘米。边轮残缺较甚。弦纹内从当心伸出四枚单线旋齿，每两枚旋齿间各夹一乳钉纹，外区对称饰草叶纹及卷云纹。

四一七 战国秦 变形葵纹瓦当

面径 13 厘米，边轮宽 1.2 厘米。边轮残。当心为一小乳钉，外饰弦纹，沿弦纹向内伸出四个瓣形纹。两圈弦纹间饰绳索纹，外区环绕一圈不规则菱形纹，菱形内饰小乳钉。当面纹饰复杂，较罕见。

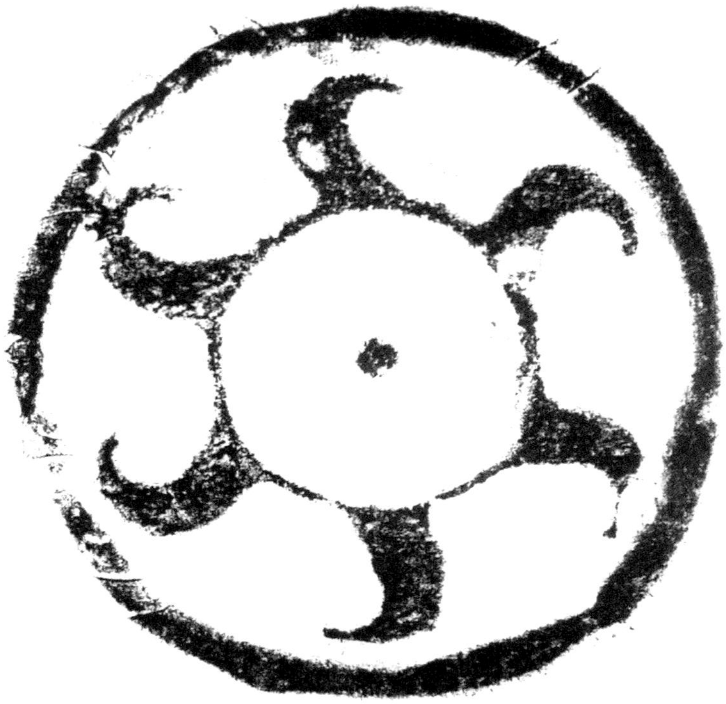

四一八 战国秦 变形葵纹瓦当

面径 15 厘米，边轮宽 0.8 厘米。当心为一小乳钉，外有一圈弦纹，弦纹向外伸出六枚顺时针的平雕旋齿。

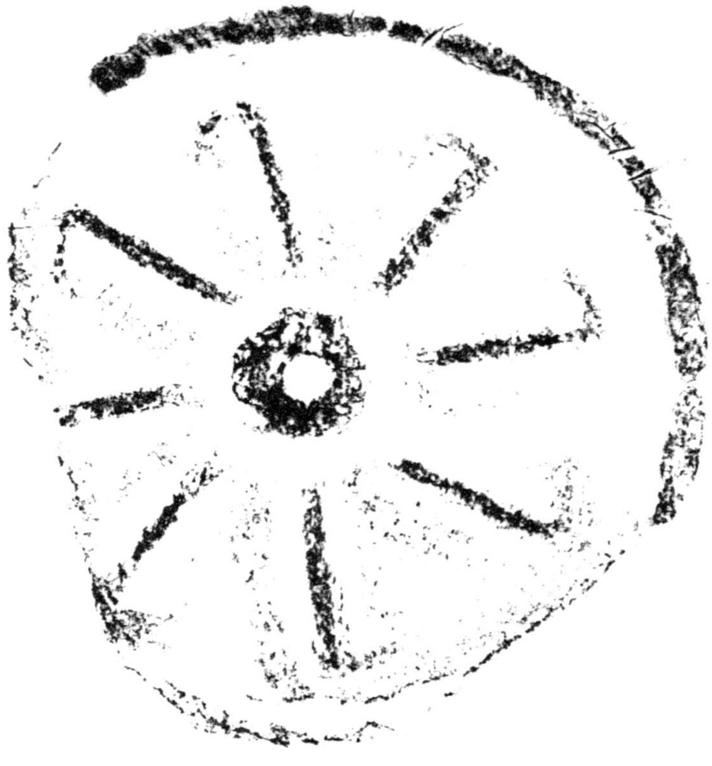

四一九 战国秦 变形葵纹瓦当

面径 14 厘米，边轮宽 0.5 厘米。边轮残缺。当心为圆纽，其外环绕八个单线钩形纹，画面单调。

云纹类瓦当

四二〇 战国秦 四叶旋涡云纹瓦当

面径 16.5 厘米，边轮宽 0.8 — 1.2 厘米。边轮残缺。当心为四瓣花纹，四个旋涡状云纹沿边轮向内顺时针饰，画面灵动十足。

四二一 战国秦 旋涡云纹瓦当

边轮宽 0.8 厘米。近四分之三边轮残缺。当心为一乳钉，围绕乳钉有一圈顺时针旋涡纹，外饰一圈绳索纹。单线十字四分外区，十字末端各饰一连云纹，其间再填以单线卷云纹。

四二二　战国秦　云纹半瓦当

底径 17.7 厘米，高 9.2 厘米。宽边沿。当心为圆纽，外饰一圈弦纹，弦纹外左右两侧各饰一小乳钉，上下各饰一组对称卷云纹及折线纹。

四二三　战国秦　莲花云纹瓦当

面径 16 厘米，边轮宽 0.6 厘米。当心为八瓣莲花纹，外饰弦纹。单线十字四分外区，各饰卷云纹，两两相连。

四二四　秦　羊角云纹瓦当

面径 17 厘米，边轮宽 0.4—1 厘米。当心为圆纽，外饰弦纹。双线十字四分外区，各饰一组羊角形云纹。

四二五　秦　连云纹瓦当

残缺。边轮宽 0.8 厘米。当面中部一周弦纹，当心圆内饰三个 S 形相叠组成的旋涡纹，外区被双线十字四分，饰四组卷云纹，两两相连。云纹内填以乳钉纹。

四二六 秦 连云纹瓦当

残缺。边轮宽 0.5—1 厘米。当面中部一周弦纹，当心圆内饰三个 S 形相叠组成的旋涡纹，外区被双线十字四分，饰四组卷云纹，两两相连。云纹内填以乳钉纹、三角纹，对称地散落当面。

四二七 战国秦 网格云纹瓦当

面径 15 厘米，边轮宽 1 厘米。边轮残缺。当心为网格纹，外饰四组羊角纹，其间有不对称线条相连。构图不甚规则。

四二八 战国秦 网格云纹瓦当

面径 14.5 厘米，边轮宽 0.7 厘米。当心为网格纹，外饰四组羊角纹，其间有不对称线条相连。构图不甚规则。

四二九 战国秦 网格云纹瓦当

面径 15 厘米，边轮宽 0.7—1 厘米。边轮残缺。当心圆内饰网格纹，外区被双线十字四分，十字出头，分别与四组卷云纹相接。

四三〇　战国秦　网格云纹瓦当

面径14.5厘米，边轮宽0.7—1厘米。边轮残缺。当心圆内饰网格纹，外饰弦纹。外区被双线十字四分，十字末端分别与四组连云纹相接。

四三一　战国秦　网格云纹瓦当

面径14.5厘米，边轮宽1厘米。当心饰网格纹，外四角各有一乳钉纹。外区单线十字末端分别与四组连云纹相接。

四三二 战国秦 网格云纹瓦当

面径 16.5 厘米，边轮宽 1 厘米。当心圆内饰网格纹，圆外四组卷云纹两两相连，整个构图浑然一体。

四三三 战国秦 网格云纹瓦当

面径 16 厘米，边轮宽 0.8 厘米。当心圆内饰网格纹，网格纹内饰双方框。外区被双线十字四分，各饰一组两两相连的卷云纹。

四三四　战国秦　网格云纹瓦当

面径 14.5 厘米，边轮宽 0.8 厘米。当心圆内饰网格纹，外区被双线十字四分，各饰一组两两相连的卷云纹。

四三五　战国秦　网格云纹瓦当

面径 16 厘米，边轮宽 0.8 厘米。当心圆内饰网格纹，外区被双线十字四分，各饰一组两两相连的卷云纹。其中两组对称的卷云纹内饰 Y 形饰。

四三六 秦 网格云纹瓦当

面径 14 厘米，边轮宽 1 厘米。当心圆内为网格纹，外区四组羊角形云纹对称分布，其中两组羊角形云纹中间饰一直线。

四三七 战国秦 齿轮云纹瓦当

面径 16 厘米，边轮宽 0.8—1 厘米。当心圆内为齿轮状饰，外区被双线十字四分，各饰一组两两相连的卷云纹。

四三八 战国秦 树木云纹瓦当

面径 15 厘米，边轮宽 1 厘米。当心圆内为一三角形树木纹，双线十字四分外区，各饰一组两两相连的卷云纹。

四三九 战国秦 乳钉云纹瓦当

面径 16 厘米，边轮宽 0.5—0.8 厘米。当心为圆纽，外饰一圈绳索纹。外区饰四组蘑菇状云纹，间饰对称的四个乳钉纹。

四四〇　战国秦　乳钉云纹瓦当

面径 16 厘米，边轮宽 0.8 厘米。边轮残缺。当心为一乳钉纹，外饰四圈弦纹。靠当心两圈间布满小乳钉纹。外区被双线十字四分，各饰一组两两相连的卷云纹。

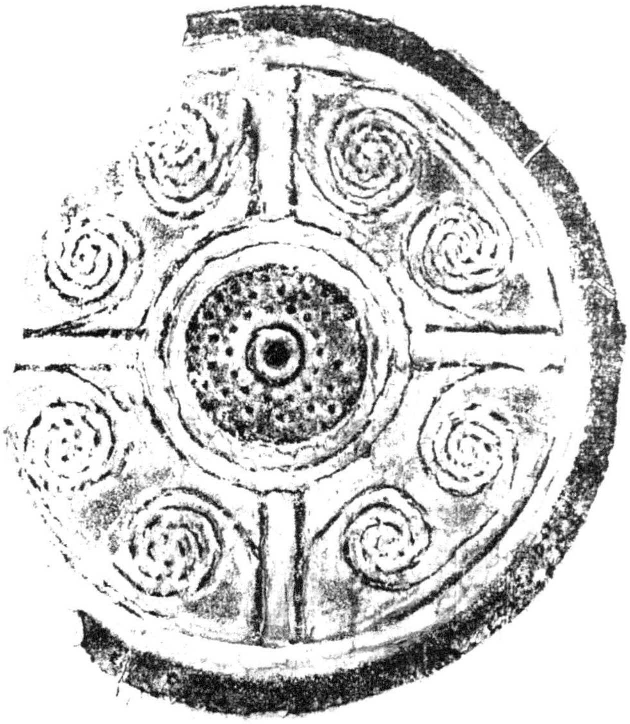

四四一　战国秦　乳钉云纹瓦当

面径 16 厘米，边轮宽 1 厘米。当心圆内布满小乳钉纹。双线十字四分外区，各饰一组连云纹，云纹下饰高足杯状纹饰。

四四二 战国秦 花蕊云纹瓦当

面径16厘米，边轮宽1厘米。当心圆内饰六瓣花蕊纹。外区被单线十字四分，各饰一组卷云纹。

四四三 战国秦 花蕊云纹瓦当

面径16厘米，边轮宽1厘米。当心圆内饰花蕊状饰，双线十字四分外区，各饰一直线，末端接连云纹。

四四四 战国秦 三叶云纹瓦当

面径 15 厘米，边轮宽 1 厘米。围绕当心饰三叶纹，外饰两圈弦纹。外区饰四组羊角形云纹，间饰对称的多直线纹，近山形。

四四五 战国秦 四叶云纹瓦当

面径 14.5 厘米，边轮宽 0.5 厘米。当心圆内饰四叶纹，外有四组反向卷云纹两两相连。

四四六 战国秦 四叶云纹瓦当

面径 16 厘米，边轮宽 1 厘米。边轮残。当心圆内饰四叶状饰，单线十字穿过当心，将外区四分，十字出头分别与四组连云纹相接，间饰卷云纹。

四四七 战国秦 四叶云纹瓦当

面径 15 厘米，边轮宽 1 厘米。当心圆内饰四叶状饰，填以小乳钉纹，似花粉散落。单线十字穿过当心，将外区四分，十字出头分别与四组连云纹相接，间饰卷云纹。

四八 战国秦 四叶云纹瓦当

边轮宽1厘米。残缺。当心圆内饰四叶状饰，单线十字穿过当心圆四分外区，各饰一对卷云纹。

四九 战国秦 卷云纹瓦当

面径16.5厘米，边轮宽1厘米。当心圆内饰四叶状饰，圆外饰两圈弦纹，其间充满逆时针方向旋转的卷云纹，整个画面充满动感。

四五〇　战国秦　卷云纹瓦当

面径 16.5 厘米，边轮宽 1 厘米。当心圆内饰四叶状饰，圆外饰两圈弦纹，其间充满逆时针方向旋转的卷云纹，整个画面充满动感。

四五一　战国秦　云纹瓦当

边轮宽 1.2 厘米。残缺。当心圆内饰非字形饰，外部一圈齿轮状饰。外区被双线十字四分，各饰一短直线连接的连云纹。

四五二 秦 云纹瓦当

面径 16 厘米，边轮宽 0.6 厘米。残缺。当心圆内区饰两个 S 相交组成的旋涡纹，外区被双线十字四分，各饰一连云纹，云纹间有符号饰。

四五三 秦 云纹瓦当

面径 15 厘米，边轮宽 0.6—1 厘米。当心圆内饰四瓣花状饰，外区有四组卷云纹环绕。

四五四　秦　云纹瓦当

面径 16.5 厘米，边轮宽 1 厘米。当心圆内饰单线十字，其中两端接卷云纹。外区被双线十字四分，各饰一对卷云纹。

四五五　秦　云纹瓦当

面径 16.5 厘米，边轮宽 1 厘米。边轮残。当心圆内饰单线十字，四端各接一连云纹。外区被双线十字四分，各饰一对卷云纹。

四五六 秦 云纹瓦当

面径 15.5 厘米，边轮宽 0.5—1 厘米。当心为圆纽，外饰一圈弦纹，弦纹外饰四组云纹，间填以乳钉纹。外环为一圈绳索纹。

四五七 汉 云纹瓦当

面径 16.5 厘米，边轮宽 0.8—1.2 厘米。当心圆内饰四叶纹，圆外一圈 X 形纹。外区被双线十字四分，各饰一组连云纹，间填以乳钉纹。外环为一圈 X 形纹。

四五八 汉 云纹瓦当

面径 16 厘米，边轮宽 1 厘米。当心为圆钮，外饰弦纹、连珠纹。外区被双线十字四分，各饰一组连云纹。外环为一圈 X 形纹。

四五九 汉 云纹瓦当

面径 16 厘米，边轮宽 0.8 厘米。当心为圆纽，外饰弦纹、连珠纹。外区被双线十字四分，各饰一组连云纹，云纹两端饰小乳钉纹。外环为一圈菱形网格纹。

四六〇 汉 云纹瓦当

面径 15.5 厘米，边轮宽 0.8 厘米。边轮残。当心为圆纽，外饰齿轮状饰，齿间填以小乳钉纹。外区被双线十字四分，各饰一组连云纹。外环为一圈 X 形纹。

四六一 汉 云纹瓦当

边轮宽 1.2 厘米。边轮甚残缺。双线十字穿过当心，把当面四分。当心圆内饰四组曲尺纹，每组一大一小，外区各饰一组连云纹。应为当范。

四六二 汉 云纹瓦当

面径14.5厘米，边轮宽1厘米。边轮残缺。当心为圆纽，外饰一圈弦纹。外区饰四组连云纹，连云纹间填以三角纹饰。

四六三 汉 云纹瓦当

面径16.5厘米，边轮宽1厘米。当心为乳钉，外饰弦纹、连珠纹。外区被双线十字四分，各饰一T形饰，其上端各饰一连云纹。外环饰一圈锯齿纹。

四六四 汉 云纹瓦当

面径 17 厘米，边轮宽 1.2 厘米。当心为圆纽，外饰弦纹。外区被双线十字四分，各饰一双直线，顶端饰连云纹，各填以四个小乳钉纹。

四六五 汉 云纹瓦当

面径 15.5 厘米，边轮宽 1.2 厘米。当心为圆纽，外饰弦纹，外区被双线十字四分，十字末端分别与四组连云纹相接，间以糖葫芦形饰。

四六六 汉 云纹瓦当

面径 15.5 厘米，边轮宽 0.8 厘米。当心为圆纽，外区被双线十字四分，各饰一对卷云纹。

四六七 汉 云纹瓦当

面径 16 厘米，边轮宽 1.2 厘米。无点状当心，弦纹外被单线十字四分，各饰一对卷云纹，简洁清朗。

四六八 汉 短线环带云纹瓦当

面径 15 厘米，边轮宽 1 厘米。当心为圆纽，外饰弦纹，外区被双线十字四分，各饰一双直线，顶端饰云纹。外环饰一圈短线环带纹。

四六九 秦 蘑菇云纹瓦当

面径 16 厘米，边轮宽 1 厘米。当心为六瓣花蕊纹，外饰一弦纹。外区被双线十字四分，各饰一蘑菇状云纹。

四七〇　秦　蘑菇云纹瓦当

面径 15 厘米，边轮宽 0.8 厘米。当心为圆纽，外饰两圈弦纹，四组蘑菇状云纹相连，平分当面，乳钉纹填白，构图匠心独运。

四七一　秦　蘑菇云纹瓦当

面径 15.5 厘米，边轮宽 0.5—0.8 厘米。当心为圆纽，外饰两圈弦纹，四组蘑菇状云纹相连，平分当面，乳钉纹填白，构图匠心独运。

四七二 秦 蘑菇云纹瓦当

面径17厘米，边轮宽1厘米。当心圆内有七个乳钉纹，外区被双线十字四分，各饰一蘑菇状云纹。

四七三 汉 蘑菇云纹半瓦当

面径12厘米，边轮宽0.6厘米。当心半圆内被双线平分，各饰一蘑菇状云纹。此当可以看出是圆瓦当的二分之一。

四七四　汉　蘑菇云纹瓦当

面径 16 厘米，边轮宽 0.8 厘米。当心为多重弦纹。外区被双线十字四分，各饰一蘑菇状云纹。

四七五　汉　蘑菇云纹瓦当

面径 16 厘米，边轮宽 1 厘米。边轮残。当心圆内被单线十字四分，各饰一曲尺纹。外区被双线十字四分，各饰一蘑菇状云纹。

四七六　汉　蘑菇云纹瓦当

面径 16 厘米，边轮宽 0.8 厘米。边轮稍残。当心为圆纽，被四组蘑菇状云纹环绕。外区被双线十字四分。

四七七　汉　蘑菇云纹瓦当

面径 17 厘米，边轮宽 1.2 厘米。当心为圆纽，外饰弦纹。外区被双线十字四分，各饰一组蘑菇状云纹，填以小乳钉纹。

四七八 汉 蘑菇云纹瓦当

面径 16 厘米，边轮宽 1 厘米。当心圆内有一方形凸起，四角以直线与圆相连。外区被双线十字四分，各饰一蘑菇状云纹。

四七九 汉 蘑菇云纹瓦当

边轮宽 0.8 厘米。边轮残缺。当心圆内有图形似文字，不识。外区被单线十字四分，各饰一蘑菇状云纹，蘑菇云纹内有不同符号。

四八〇 汉 蘑菇云纹瓦当

面径 15.5 厘米，边轮宽 0.8 厘米。当心为圆纽，外饰两圈弦纹，弦纹间饰一圈网格纹。外区被双线十字四分，各饰一蘑菇状云纹。

四八一 汉 蘑菇云纹瓦当

面径 16.5 厘米，边轮宽 0.7 厘米。边轮残缺。当心为圆纽，外饰一圈绳索纹，四组蘑菇状云纹平分外区。

四八二　汉　勾连云纹瓦当

面径 17 厘米，边轮宽 1 厘米。当心圆内有一乳钉，四角以直线与圆相连。外区被双线十字四分，各饰一组勾连云纹。

四八三　汉　勾连云纹瓦当

面径 16 厘米，边轮宽 1 厘米。当心为圆纽，外饰弦纹。外区被双线十字四分，各饰一组勾连云纹。

四八四 汉 兽首云纹瓦当

边轮宽 1 厘米。残缺。当心为圆纽，外饰一圈弦纹。外区被四个兽首形饰平分，各饰一组连云纹，云纹内饰三角。山西省夏县禹王乡禹王城遗址曾出土同类瓦当。

四八五 汉 兽首云纹瓦当

边轮宽 1 厘米。残缺。当心为圆纽，外饰一圈弦纹，弦纹外饰四个 T 形图案。外区被四个兽首形饰平分，各饰一组连云纹，云纹内饰三角。山西省夏县禹王乡禹王城遗址曾出土同类瓦当。

四八六 汉 兽首云纹瓦当

边轮宽 0.8 厘米。当心为圆纽，外饰一圈弦纹。外区被四个兽首形饰平分，各饰一组连云纹，云纹内饰乳钉。山西省夏县禹王乡禹王城遗址曾出土同类瓦当。

四八七 汉 兽首云纹瓦当

面径 11.5 厘米，边轮宽 1 厘米。当心为圆纽，外饰一方框纹，四角各饰一小兽首。外区被四个兽首形饰平分，各饰一组连云纹。山西省夏县禹王乡禹王城遗址曾出土同类瓦当。

四八八　汉　兽首云纹瓦当

边轮宽 1 厘米。残缺。当心为圆纽，外饰一圈弦纹。外区被四个兽首形饰平分，各饰一组连云纹，云纹内饰三角。山西省夏县禹王乡禹王城遗址曾出土同类瓦当。

四八九　汉　兽首云纹瓦当

面径 12 厘米，边轮宽 0.8 厘米。当心为圆纽，外饰一圈弦纹。外区被四个兽首形饰平分，各饰一对卷云纹，云纹间饰乳钉。山西省夏县禹王乡禹王城遗址曾出土同类瓦当。

四九〇　汉　抽象兽首云纹瓦当

面径 12 厘米，边轮宽 0.8 厘米。当心为圆钮，外饰一圈弦纹，弦纹外饰四个小圆圈。外区被四个抽象兽首形饰平分，各饰一组蘑菇状云纹。山西省夏县禹王乡禹王城遗址曾出土同类瓦当。

四九一　汉　抽象兽首云纹瓦当

面径 12.5 厘米，边轮宽 0.8 厘米。当心为圆钮，外饰两圈弦纹。外区被四个抽象兽首形饰平分，各饰一组蘑菇状云纹，云纹内饰三角。山西省夏县禹王乡禹王城遗址曾出土同类瓦当。

四九二　汉　抽象兽首云纹瓦当

边轮宽 0.5 厘米。残缺。当心为四角星形，四角与一圈弦纹相交。外区被四个抽象兽首形饰平分，各饰一组连云纹，云纹内饰三角。山西省夏县禹王乡禹王城遗址曾出土同类瓦当。

四九三　汉　抽象兽首云纹瓦当

边轮宽 0.8 厘米。残缺。当心为一四叶纹，外饰一圈弦纹，弦纹外饰四个近似山形饰。外区被四个抽象兽首形饰平分，各饰一组连云纹，云纹内饰乳钉。山西省夏县禹王乡禹王城遗址曾出土同类瓦当。

四九四　汉　抽象兽首云纹瓦当

面径12厘米，边轮宽1厘米。当心为圆纽，外饰四个星云纹。外区被四个抽象兽首形饰平分，各饰一组连云纹。山西省夏县禹王乡禹王城遗址曾出土同类瓦当。

四九五　汉　抽象兽首云纹瓦当

面径13厘米，边轮宽0.8厘米。当心为圆纽，外饰一圈弦纹。外区被四个抽象兽首形饰平分，各饰一组连云纹。山西省夏县禹王乡禹王城遗址曾出土同类瓦当。

四九六 汉 抽象兽首云纹瓦当

面径 12.5 厘米，边轮宽 0.6 厘米。边轮残缺。当心为大圆纽，外饰一圈弦纹。外区被四个抽象兽首形饰平分，各饰一组连云纹。山西省夏县禹王乡禹王城遗址曾出土同类瓦当。

四九七 汉 抽象兽首云纹瓦当

面径 12 厘米，边轮宽 1 厘米。当心为圆纽，外饰一圈弦纹。外区被四个抽象兽首形饰平分，各饰一蘑菇状云纹。山西省夏县禹王乡禹王城遗址曾出土同类瓦当。

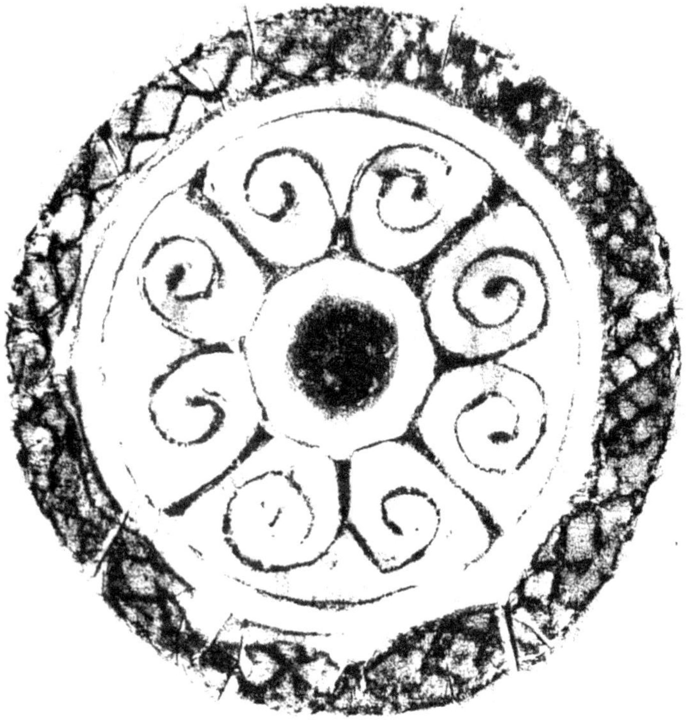

四九八　汉　抽象兽首云纹瓦当

面径 12.5 厘米，边轮宽 1.2 厘米。当心为圆纽，外饰一圈弦纹。外区被四个抽象兽首形饰平分，各饰一组羊角形云纹。边轮饰网格纹，较为罕见。山西省夏县禹王乡禹王城遗址曾出土同类瓦当。

四九九　汉　三角云纹瓦当

面径 12.5 厘米，边轮宽 1 厘米。边轮残缺。当心为大圆纽，外饰一圈弦纹。外区被四个三角形平分，各饰一组连云纹。

五〇〇　汉　齿轮云纹瓦当

面径13.5厘米，边轮宽1厘米。当心为圆纽，外饰弦纹和齿轮状饰。外区被双线十字四分，各饰一对卷云纹。外环为一圈锯齿纹。山西省夏县禹王乡禹王城遗址曾出土同类瓦当。

五〇一　战国秦　山形云纹瓦当

面径17.5厘米，边轮宽1.2厘米。残缺。既轴对称，又中心对称。从当心十字纹伸展出双重山形纹饰，在外层山形中部向外各有一组羊角形云纹。西安三桥曾出土类似半圆瓦当。

五〇二 战国燕 山形云纹半瓦当

面径 16 厘米，边轮宽 1—1.5 厘米。图案轴对称。从底部中心伸展出三重山形纹饰，在山形外部饰有不规则图案，似有小鸟飞翔在大山间。

五〇三 战国燕 山形云纹半瓦当

面径 16.3 厘米。当面饰双重山形纹，两侧有勾纹、羊角形云纹各一。

五〇四 战国燕 山形云纹半瓦当

面径 16.5 厘米，边轮宽 1 厘米。图案轴对称。中间为双重山形纹饰，外层山形中部向外各有一组羊角形云纹。此类瓦当在河北省易县燕下都遗址较为多见。

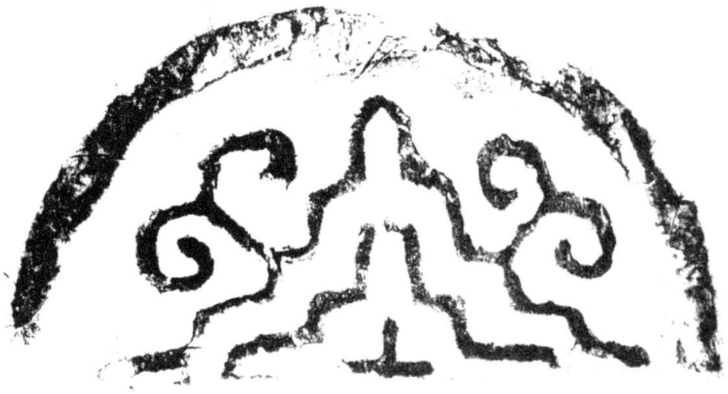

其他图案瓦当

五〇五 春秋秦 绳纹半瓦当

面径 15 厘米。两道阴线弦纹间饰一圈不规则绳纹。当心与外圈均素面。

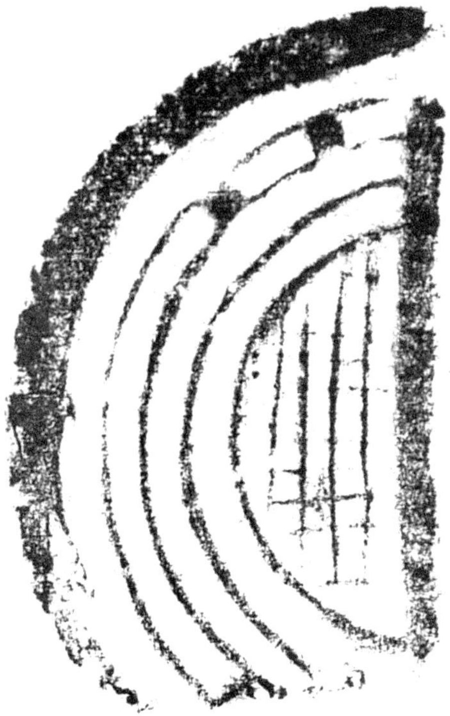

五〇六　春秋秦　弦纹半瓦当

高 6 厘米，边轮宽 0.6 厘米。稍残。当面饰四道弦纹，最里弦纹内饰不规则方格纹。

五〇七　战国秦　火焰纹瓦当

面径 13 厘米，边轮宽 0.5—0.8 厘米。当面有火焰状旋转纹，又似旋转的云团。

五〇八 战国秦 叶纹瓦当

面径 13.5 厘米，边轮宽 0.8 厘米。残缺。当心圆内有横、竖四组直线，从圆上对称伸出树纹、叶纹。

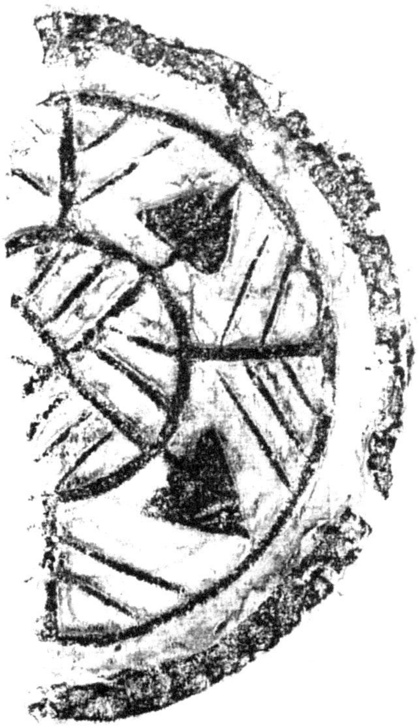

五〇九 战国秦 叶云纹瓦当

面径 14.5 厘米，边轮宽 1 厘米。一粗直线穿过当心圆，直线两端饰三角镞形纹。外区从圆上对称伸出四条变形蛇纹、两组羊角形云纹。

五一〇 战国秦 叶云纹瓦当

面径 14.5 厘米，边轮宽 1 厘米。当心圆不规则，圆内粗十字周围有顺时针的平行直线。外区从圆上对称伸出蛇纹、叶纹及羊角形云纹。

五一一　战国秦　叶云纹瓦当

面径 14.5 厘米，边轮宽 1 厘米。当心圆内有横、竖四组直线，从圆上对称伸出树纹、叶纹及羊角形云纹。陕西省凤翔县史家河遗址采集有同类瓦当。

五一二　战国秦　叶云纹瓦当

面径 15 厘米，边轮宽 1 厘米。当心饰十字形纹，外有两圈弦纹，从外层弦纹上对称伸出变形叶纹、卷云纹及羊角形云纹。

五一三 秦 折线云纹瓦当

面径 16 厘米，边轮宽 1 厘米。当心圆内一半有横、竖两组直线，一半饰小乳钉纹，从圆上伸出折线纹、羊角形云纹及相交勾云纹。

五一四 秦 变形叶纹瓦当

面径 14.5 厘米，边轮宽 0.8—1.5 厘米。当心为圆纽，外饰弦纹，外区被双线十字四分，饰三个变形四重叶纹和一动物纹。

五一五 秦 变形叶纹瓦当

面径 13 厘米，边轮宽 0.8 厘米。当心为圆组，外饰弦纹，外饰对称变形叶纹，外区被单线十字四分，相对饰相同纹饰，随意自然。

五一六 汉 变形叶纹瓦当

面径 16 厘米，边轮宽 1 厘米。边轮残。当心饰十字形纹，整个当面为一变形四叶纹，四叶间各饰一组对称 S 形纹，以三角纹、勾纹填白。

五一七 汉 变形叶纹瓦当

面径 16 厘米，边轮宽 0.8 厘米。边轮残。当心为乳钉，外饰两圈弦纹，弦纹外被六片叶形纹平分，叶形纹间饰变形树叶状纹饰。

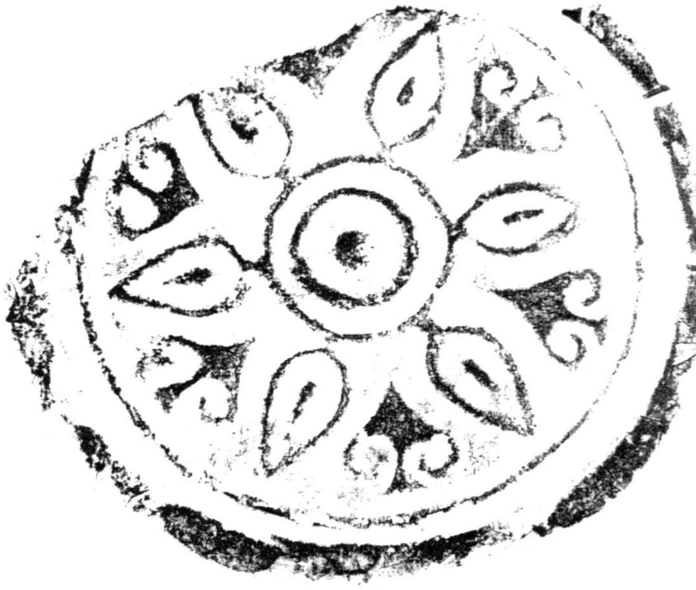

五一八 汉 变形山字纹瓦当

面径 16.5 厘米，边轮宽 0.8 厘米。当心为圆纽，外饰弦纹，外区被四个锥刺状纹四分，各饰变形山字形纹饰。整个当面疏朗清新。少见。

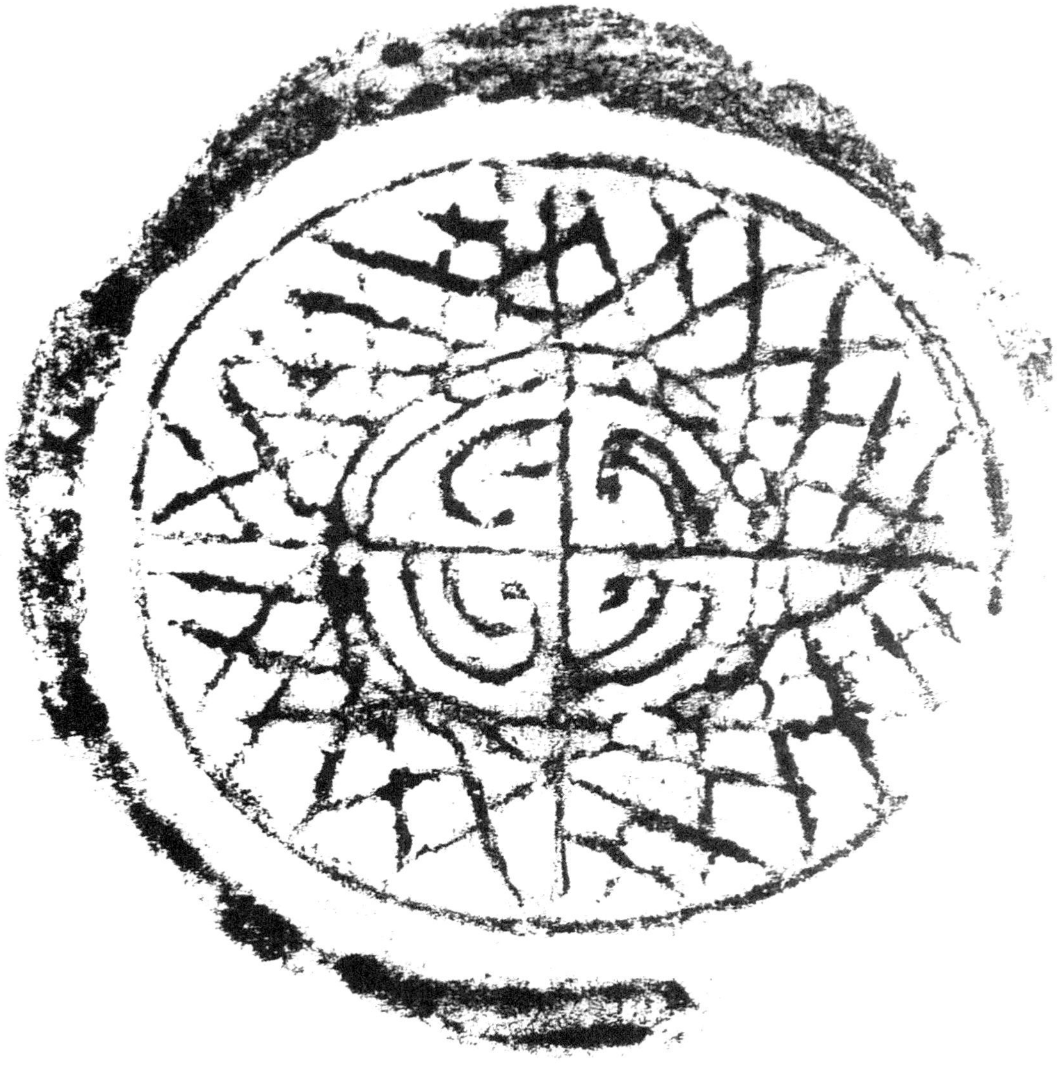

五一九 秦 网格纹瓦当

面径 15.5 厘米，边轮宽 0.5—1.5 厘米。当心饰四个双线勾纹，外饰不规则绳索纹。单线十字穿过当心，将当面四分。外圈饰散乱网格纹，整个当面纹饰显得异常散乱。

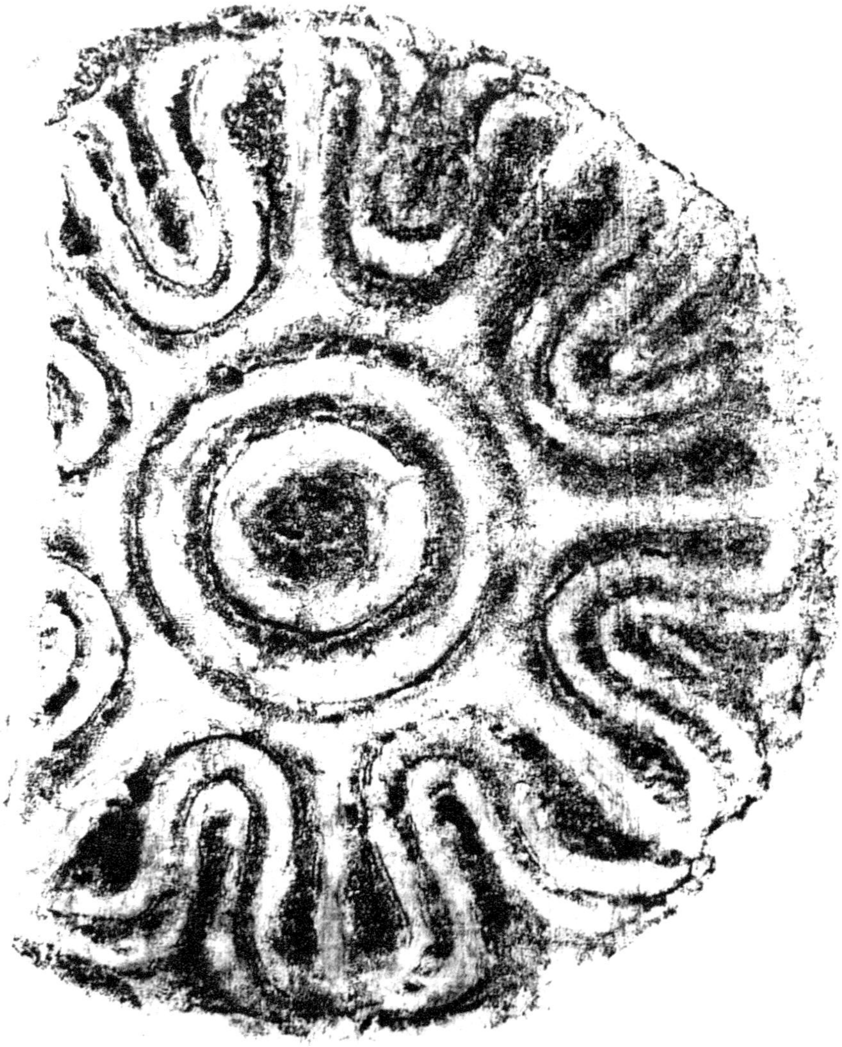

五二〇 汉 环带纹瓦当

面径 13 厘米。残。当心为圆纽，外饰两圈弦纹，整个当面饰一圈波浪起伏环带纹。少见。

第三部分　文字类瓦当

文字瓦当虽在战国时期的秦国就已出现，但在汉代最具时代特色，占有突出的地位，这在汉以前及以后都是绝无仅有的。盛极两汉的文字瓦当内容十分丰富，辞藻极为华丽。内容有吉祥颂祷之辞，有宫苑、陵墓、仓庾、私宅等纪名文字以及纪年、纪事文字等。绝大多数为阳文，字数不等。在文字布置上，有多种组合结构，如一单元、二单元、四单元及无单元等。布局活泼巧妙，疏密错落，随势为之，不取方正，讲究整体效果。更有画文相配，画中有字，字中有画，完美结合，给人一种极强的艺术享受。

在考证秦汉离宫别馆具体地望方面，宫苑类秦汉文字瓦当具有不可替代的作用。如『上林』瓦当。上林苑是秦汉皇家苑囿。《史记·秦始皇本纪》载：『三十五年……乃营作朝宫渭南上林苑中。』汉武帝刘彻于建元三年（前138）在秦代的旧苑址上将其扩建，规模宏伟，宫室众多。上林苑东起灞水，南抵终南山，西至周至，北逶淳化，是中国历史上规模最大的皇家园林。上林苑既有优美的自然景观，又有华美的宫室组群。上林苑亦是汉武帝尚武之地，在此处有他的亲兵羽林军，由后来的大将军卫青统领。

汉代关隘较多，一般认为『关』字瓦当为函谷关遗物，出自河南新安、灵宝一带。汉代人习惯上将函谷关径称为关。罗振玉《秦汉瓦当文字》收录『关』字瓦当七件，云皆出自河南新安。如可靠，则这些『关』字瓦当应是汉武帝元鼎三年（前114）将函谷关迁至新安后的新关所用。

『事死如事生』是中国人的传统观念，对死者葬仪的看重，形成了中国人特有的一套丧葬制度。目前考

古发现，早在商代，从王到一般贵族墓就时常在地面上建有房屋以作祭祀之用。春秋战国，这种墓上建享堂的做法进一步发展。汉代厚葬风弥盛，墓上祭祀用祠堂更为普遍。从景帝阳陵开始，帝后坟丘的四周筑平面方形的夯土墙，各面垣墙中央辟门，门外立双阙。陵园之旁建寝殿和庙，并各有名号。无论是西汉帝王的陵园门阙、寝殿和庙，还是臣下子民的祠堂建筑，都为我们留下了许多明确的、专门的祠墓类瓦当。

汉代纪事类瓦当不多，但却引人注目。秦汉之际，匈奴已建立了一个强大的奴隶制军事政权，拥有铁骑三十万，控制了当时中国北部、东北部和西北部广大地区。西汉初年，中国北方烽烟不绝。公元前 200 年，汉高祖刘邦在平城（今山西大同）被匈奴围困七日，险成阶下之囚。经过高祖的休养生息和文景之治，西汉实力大增。到汉武帝时，遂派卫青、霍去病连续三次大规模北伐匈奴，直追至赵信城（今蒙古杭爱山下）。匈奴大败，汉朝北方最大的威胁解除了。同时汉朝又凿空西域，加强了中原与西域的联系。

在可以见到的内容文辞不相同的近四百种文字瓦当中，吉语瓦当占到一大半。若以文字变化和存世数量论，吉语瓦当更占到各类文字瓦当的绝大多数。文辞大约有：『万岁』『千岁』『千秋』『与天』『无极』『万秋』『延年』『长生无极』『长乐富贵』『与天无极』『高安万世』『永奉无疆』『亿年无疆』『长生无极』『常生无极』『长乐未央』等。『长乐未央』瓦当是西汉文字瓦当中最常见的几种瓦当之一，普遍使用于西汉中晚期的宫殿和帝陵区建筑中。『千秋万岁』瓦当是汉代吉语瓦当中分布地区最广，使用时间较长的瓦当之一，除汉代京畿以外，在辽宁亦有发现。此瓦当样式极多，往往篆法精纯，『千』字在四字中笔画最简，汉代无名工匠往往巧加变化，有的如仙鹤凌空欲飞，姿态十分生动。

宫苑类文字瓦当

五一二 汉 宫字瓦当

宫苑类文字瓦当仅限于带有宫殿或苑囿名称的瓦当，而不包括所有用于宫苑建筑的瓦当。此类瓦当具有较高的学术研究价值，可以考证宫殿别馆、苑囿的位置，补史籍之缺。

该瓦当当面直径 15.5 厘米，边轮宽 1 厘米。当面中部有一『宫』字，字下有一翘足昂首的朱雀形象，似冲天鸣叫，形象简练而生动。『宫』字上饰人字形图案，或为宫殿屋顶形。边轮内饰一圈弦纹，内填以乳钉纹，似星斗。与周至县长杨宫出土的一件瓦当相似。

五二二　汉　宫字瓦当

面径 17 厘米，边轮宽 1.2 厘米。当心圆内有一『宫』字，圆外饰云纹及乳钉纹。当面清新疏朗。

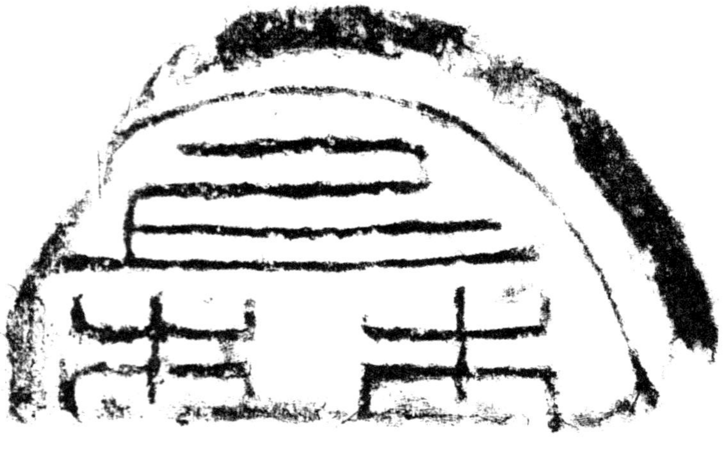

五二三　汉　上林半瓦当

面径 15 厘米，边轮宽 1 厘米。当面仅饰『上林』两字，阳文篆书，行笔转折方正，笔意刚劲挺拔，尤以『上』字竖笔做曲折回环状，匠心独运。二字在半圆当面中呈上下结构布局，结体疏密相宜，落落大方。

五二四 汉 上林半瓦当

面径 15 厘米，边轮宽 0.9 厘米。当面被单线平分，横书篆体『上林』二字，篆法古拙。

五二五 汉 上林半瓦当

面径 14.5 厘米，边轮宽 0.8 厘米。当面被单线平分，横书篆体『上林』二字，『上』字结体舒展，『林』字笔画较多，安排繁密。

五二六　汉　上林半瓦当

面径 18 厘米，边轮宽 1.2 厘米。大边轮与小半圆形成强烈反差。当面被双线平分，横书篆体『上林』二字，秀气雅致。

五二七　汉　上林瓦当

面径 15 厘米，边轮宽 0.8 厘米。整个当面直书篆体『上林』二字，随方就圆，自然清朗。

五二八 汉 上林瓦当

面径 14.5 厘米，边轮宽 1 厘米。上部边沿稍残缺。当面被双线分为上下两部分，直书篆体『上林』二字，其中『上』字最下横画与直线重合。周围有四个日字形饰。

五二九 汉 上林瓦当

面径 17 厘米，边轮宽 1.1 厘米。当面被一横线平分，直书篆体『上林』二字，字体拙朴。

五三〇 汉 甘林瓦当

应为汉甘泉宫遗物。甘泉宫，原名林光宫，为秦二世所建，西汉武帝扩为甘泉苑，故址位于今陕西省淳化县西北铁王乡境内。遗址内出土有『甘林』文字瓦当，『甘林』为甘泉宫、林光宫的缩写。此当直径 14.5 厘米，边轮宽 1 厘米。当面以双线分为上下两部分，直书篆体『甘林』二字。

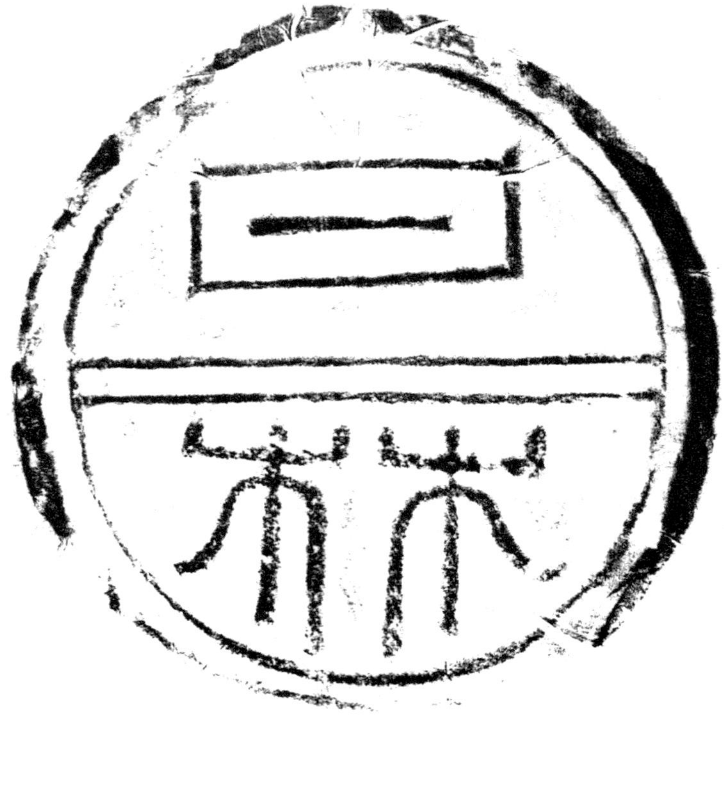

五三一 汉 甘林瓦当

面径 17.5 厘米，边轮宽 0.7 厘米。应为汉甘泉宫遗物。大直径，窄边轮。当面以双线分为上下两部分，直书篆体『甘林』二字，笔画随意、率真。

五三二 汉 甘林瓦当

面径 17 厘米，边轮宽 1.4 厘米。应为汉甘泉宫遗物。大直径，宽边轮。当面以双线分为上下两部分，直书篆体『甘林』二字，笔画纤细、秀气。

五三三 汉 甘林瓦当

面径 17.5 厘米，边轮宽 0.8 厘米。应为汉甘泉宫遗物。大直径，窄边轮。当面以双线分为上下两部分，直书篆体『甘林』二字，笔画秀气，当面布局疏朗、简洁。

五三四 汉 棫阳瓦当

面径 14 厘米，当心为圆纽，外饰弦纹、连珠纹，外区被双线十字四分，各饰一连云纹，外环饰一周网纹，网纹上下有篆书『棫阳』二字。关于棫阳宫的地望，史籍记载说法不一。《三辅黄图》云：『棫阳宫，秦昭王所作，在今岐州扶风县东北。』《汉书·地理志》载曰：『雍县有棫阳宫，秦昭王所起也。』『棫阳』瓦当在凤翔雍城遗址出土，证明《汉书·地理志》记载棫阳宫在雍地是正确的。《汉书·文帝纪》中的『行幸雍棫阳宫』是秦宫在汉代犹存之证据。汉代的棫阳宫可能是在秦棫阳宫废墟上或其附近兴建起来的，沿用了秦宫旧名。此瓦中间云纹很工整，文字在外缘上下，内区有连珠纹，外缘有网纹，皆为汉代瓦当的特征。

五三五 汉 成山瓦当

面径 15.5 厘米，边轮宽 1 厘米。应为汉代成山宫遗物。成山宫位于今眉县第五村。当心圆内印有阳文小篆体的『成山』二字，『成』与『山』各占二分之一，具有汉印或泥封之趣。特别是『山』字中间一画，不作一竖，而书作一小山丘，浑然一体；『成』字中间一画直压在『山』字中间的一画上。『山』字整体以泰然之势稳重地承托住如天而坠的『成』字，设计可谓颇具匠心。外区被双线十字四分，各饰一组连云纹，云纹两侧饰乳钉纹。

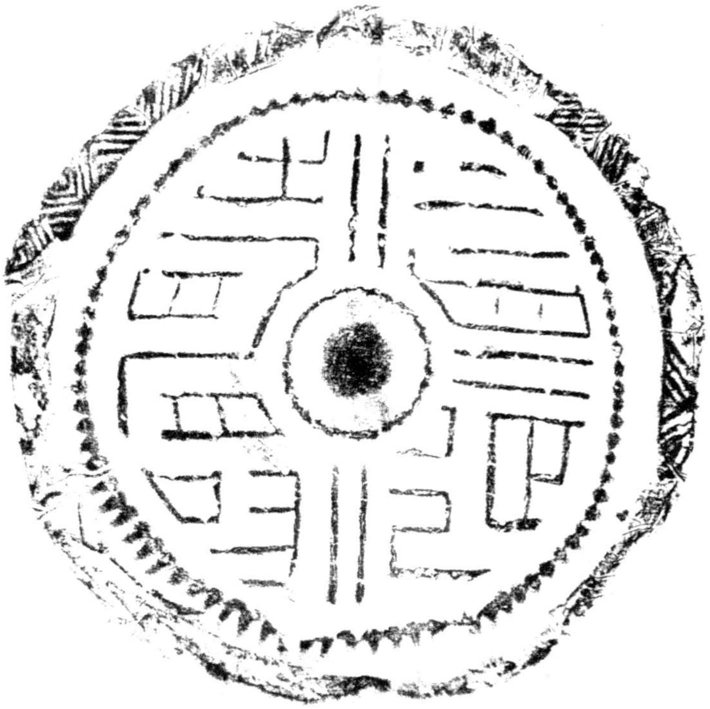

五三六 汉 益延寿瓦当

面径 22 厘米，边轮宽 1.5 厘米。在汉瓦当中罕见。当心为圆纽，外饰弦纹，最外饰一圈连珠纹，边轮饰折线纹，此形制较罕见。『益延』居右，『寿』字独占左侧，笔画随形就势，挪让有致，洒脱率真，实为瓦当之珍品。《史记》记载，益延寿馆是汉武帝为见仙人，听从公孙卿胡言，建二寸泉宫苑中。

五三七 汉 齐一宫当瓦当

面径 16.5 厘米，边轮宽 1.2 厘米。此类瓦当多出土于咸阳长陵附近。与此类似的还有『齐园宫当』和『齐园』瓦当。此类瓦当的性质与时代，据其出自长陵 21 号陪葬墓来看，推测可能是汉武帝之子齐王刘闳墓上建筑用瓦。双线十字四分当面，各饰一字，字体介于隶篆之间。

五三八　汉　羽阳千岁瓦当

面径 16 厘米，边轮宽 1 厘米。边轮稍残缺。当心为圆纽，外饰弦纹。外区被双线十字四分，直书篆体『羽阳千岁』四字，笔画方折遒劲。羽阳宫是秦武王建造的一座行宫。自北宋以来，在今宝鸡市旧城东门外老火车站至马道巷一带多次出土过汉羽阳宫的文字瓦当。

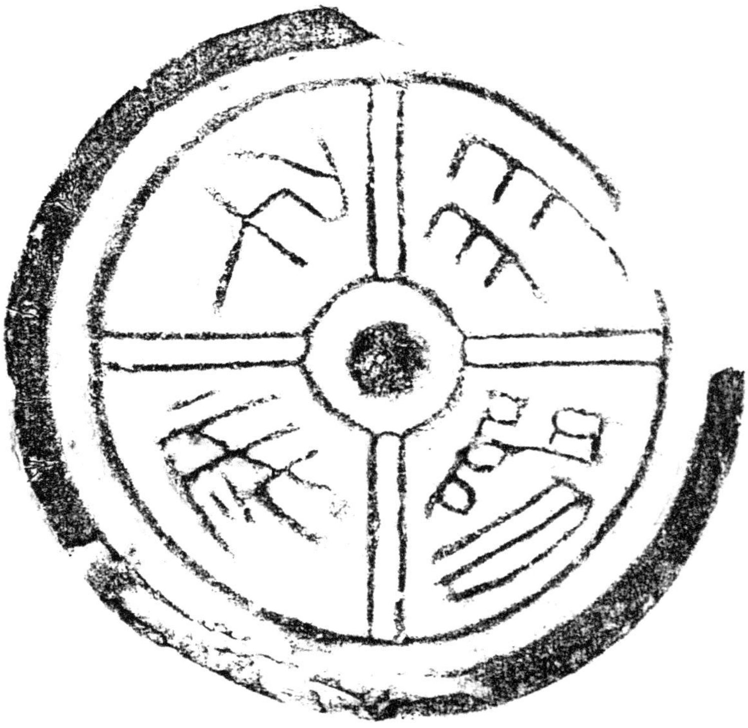

五三九　汉　羽阳万岁瓦当

面径 16 厘米，边轮宽 1.3 厘米。瓦当残缺，『阳』字下部分稍缺，『岁』字残甚。1940 年，宝鸡市东关修铁路时，曾掘出万余片瓦当残片，包括『羽阳千岁』『羽阳千秋』『羽阳万岁』和『羽阳临渭』等。『羽阳临渭』瓦当清楚地表明，羽阳宫处于渭水之滨。羽阳宫从秦武王创建到西汉宣帝时犹存，先后近 300 年。

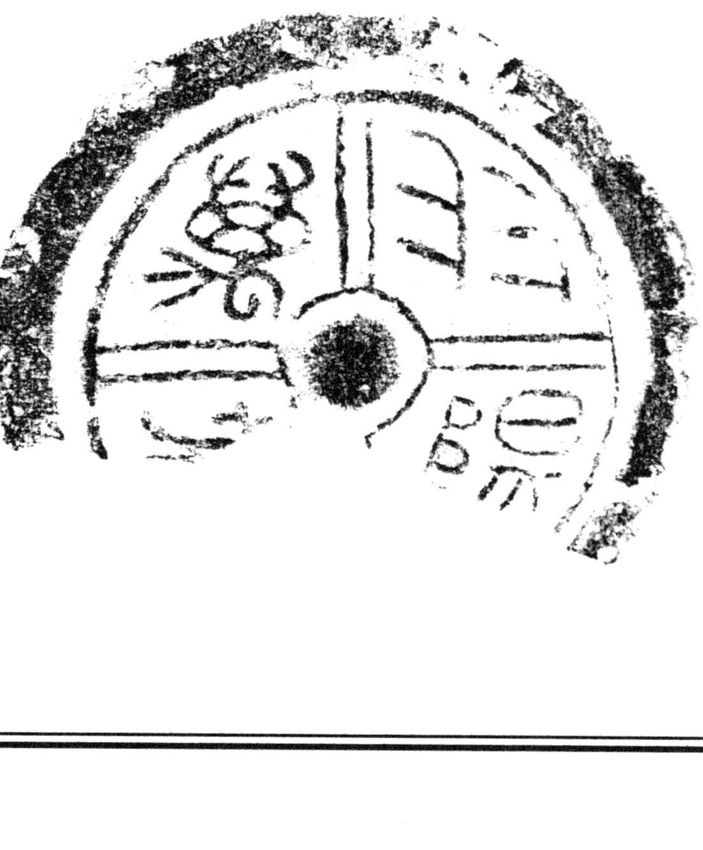

五四〇　汉　平乐宫阿瓦当

面径16厘米，边轮宽0.8厘米。西汉平乐观遗物，文字交叉对读，罕见。平乐宫为上林苑中一处宫殿。『阿』是指宫殿的一隅或回廊的意思。汉赋名家枚皋还曾专门写有《平乐馆赋》。西汉元封三年（前108）、六年（前105），汉武帝曾两次在这里会见沿着丝绸之路踏上中国土地的身怀绝技的西方杂技艺术家。前所未闻的中西合璧杂技大会演，引得方圆三百里的人们蜂拥至此观看，张衡的《西京赋》记其盛况。此当传出土于今咸阳渭河电厂一带。

五四一 汉 狼干万延瓦当

面径 15 厘米，边轮宽 0.7 厘米。当心为圆纽，外饰弦纹。外区被双线十字四分，直书篆体『狼干万延』四字。《长安志》卷四载，上林苑有朗池观。朗、狼二字古时通用，疑此瓦为朗池观所施之物。或谓『狼干』为『狼玕』之假借。『万延』即『万年』。此瓦当为甘泉宫内竹宫之物。

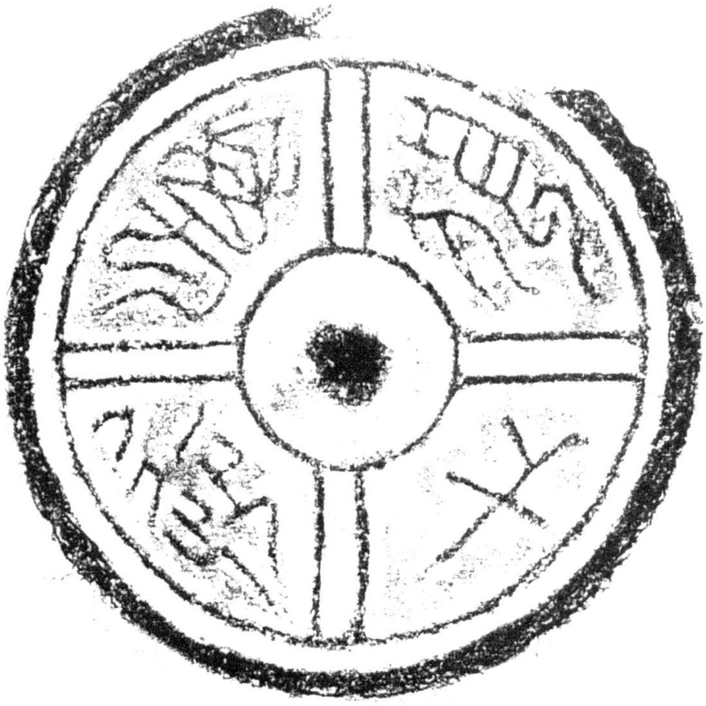

五四二 汉 宫所舍当瓦当

面径 14.5 厘米，边轮宽 1 厘米。当心为圆纽，外饰弦纹。外区被双线十字四分，先右后左直书篆体『宫所舍当』四字，字体介于隶篆之间。整个当面简洁清新。未见著录。

五四三　汉　鼎胡延寿宫瓦当

面径 16.5 厘米，边轮宽 1.2 厘米。当心圆内有一『宫』字，外区被双线十字四分，先右后左直书篆体『鼎胡延寿』四字。『胡』即『湖』之通假。鼎湖宫乃汉代上林苑中宫殿之一，位于今陕西省蓝田县焦岱镇。1988 年陕西省考古研究所曾在此进行过钻探，在遗址中发现多座宫殿基址。

五四四　汉　鼎胡延寿宫瓦当

面径 16 厘米，边轮宽 0.8 厘米。当心圆内有一『宫』字，外区被双线十字四分，先右后左直书篆体『鼎胡延寿』四字。四字依扇形作相应变化，笔画或有增减、盘曲。中锋行笔，结构严谨。

五四五 汉 鼎胡延寿宫瓦当

面径约 15 厘米，边轮宽 1.5 厘米。上部三分之一边轮残缺。边轮较宽，格界粗壮，显得厚重。当心圆内有一『宫』字，外区被双线十字四分，先右后左直书篆体『鼎胡延寿』四字。四字依扇形作相应变化，笔画或有增减、盘曲。书体为阳文篆书，中锋行笔，结体古朴。

五四六 汉 石室朝神宫瓦当

面径约 16 厘米，边轮宽 1.5 厘米。当心圆内有一『宫』字，笔画依圆而就，转折方圆得体。外区被双线十字四分，先右后左直书篆体『石室朝神』四字。石室朝神宫，未见史载，应为汉代祭神之宫。西安汉长安城遗址曾出土此瓦当。

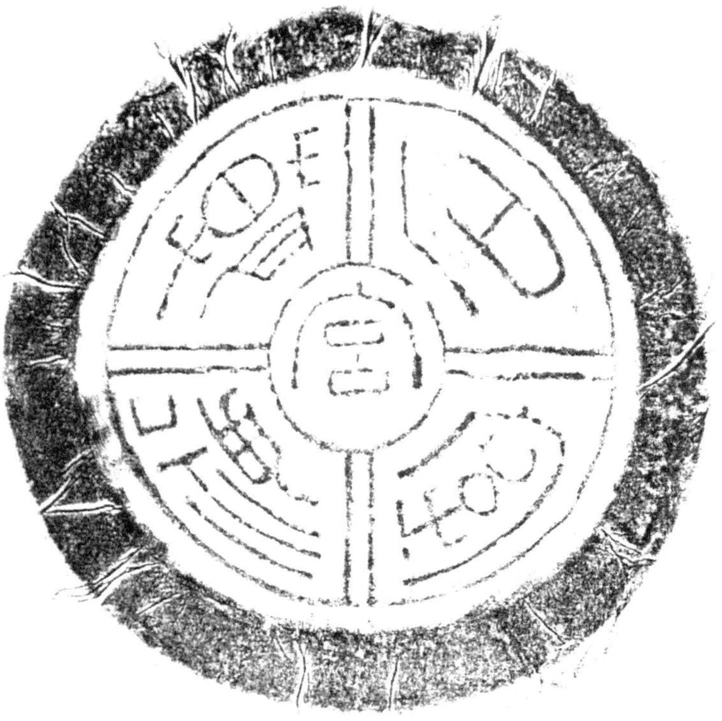

五四七 汉 石室朝神宫瓦当

面径 15.5 厘米，边轮宽 1.6 厘米。边轮稍残。当心圆内有一『宫』字，笔道宽厚平阔。笔画依圆而就，转折方圆得体。外区被双线十字四分，先右后左直书篆体『石室朝神』四字。『石室』可理解为稳固之极。《三国志》中有：『近刘氏据三关之险，守重山之固，可谓金城石室，万世之业……』

五四八　汉　八风寿存当瓦当

面径 15.5 厘米，边轮宽1厘米。当心为圆纽，周围有八个乳钉，外饰弦纹。外区布局较新颖奇巧，因『八』字笔画较少，故与『风』字安排一格，其余三字各占一格，当面饱满均衡，浑然一体。字自右至左直读，均为篆体。汉长安城长乐宫遗址有出土。《汉书·郊祀志》记载：『莽篡位二年，兴神仙事，以方士苏乐言，起八风台于宫中。』此当应该是八风台瓦当。『寿存』，吉语，与『寿成』同义。

官署类文字瓦当

五四九 汉 关字瓦当

面径 16 厘米，边轮宽 1 厘米。汉函谷关遗物。当面为一『关』字，篆书，字体较粗，字两旁饰爪纹。汉武帝元鼎三年（前 114），楼船将军杨仆以自己仍居关外为耻，特经汉武帝同意，以自己家财在新安重筑新塞，使秦函谷关向东移了三百里。新关位于河南省新安县东南东关村东，面临涧河，高山夹峙，亦极险要，至今关城夯土遗迹仍清晰可见。

五五〇 汉 关字瓦当

面径 17 厘米，边轮宽 1 厘米。当面为篆书『关』字，结体雄浑开阔，峻整凝重，利用字体本身的对称结构，使整个画面均衡。『关』字的两侧各伸出一羊角形云纹，增添了装饰性。

五五一 汉 关字瓦当

面径 15.5 厘米，边轮宽 1.2 厘米。为汉函谷关遗物。当面为一『关』字，篆书，字两旁饰爪纹。函谷关为战国秦置，因关在谷中，深险如函而得名。作为中国历史上最著名的关隘之一，它是秦东部的重要门户，号称天险。一夫当关，万夫莫开。汉承秦制，也在函谷关置关都尉镇守。

五五二 汉 卫字瓦当

面径 16 厘米，边轮宽 1 厘米。一『卫』字占满当面，笔道方博，有雄强浑厚之感。此类瓦当传世很多，大都出自汉长安城遗址，也有的采集自陕西省淳化县凉武帝村甘泉宫遗址。从出土地点看应属汉甘泉宫卫尉官署所用之瓦。

五五三 汉 卫字瓦当

面径 15 厘米，边轮宽 1 厘米。当面中央为一『卫』字，结体疏朗，两侧的笔画向上提并内敛，显得隽秀挺拔，线条圆润，较好地表现了篆书的韵致，在『卫』字类瓦当中属上乘之作。外环饰网纹。汉时长安城及周围的主要宫殿均设有卫尉，职掌守护防卫，如长乐卫尉、未央卫尉、建章卫尉。『卫』字表示守卫檄巡之意，此种瓦为汉代卫尉寺、城垣或宫门的卫屯屋庐所通用。

五五四 汉 便字瓦当

面径 15 厘米，边轮宽 1 厘米。边轮三分之二残缺。当面中心为阴文篆书『便』字，方形结体敦厚规整，阴文显得更醒目，颇类汉印风格。阴文在汉文字瓦当中较为罕见。外区对称分布四组云纹。《汉书·武帝纪》载：『（建元）六年……夏四月壬子，高园便殿火。』颜注云：『凡言便殿、便室、便坐者，皆非正大之处，所以就便安也。』此种瓦或为便殿所施之物。又《三辅黄图》云：『便门桥，武帝建元三年初作此桥，在便门外，跨渭水，通茂陵。』或说此种瓦为便门桥所用。

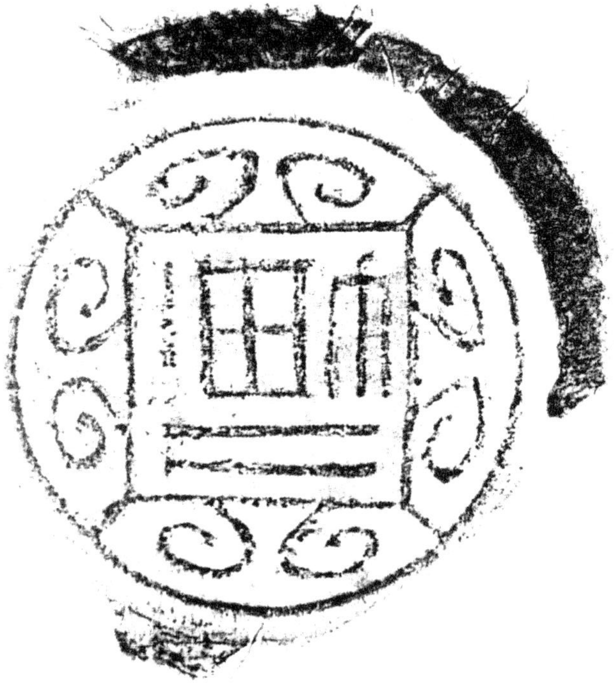

五五五　汉　便字瓦当

面径 15 厘米，边轮宽 1 厘米。边轮三分之二残缺。当面中心为阳文篆书『便』字，文字类汉印。外区对称分布四组羊角形云纹。过去此类瓦出土地不明，或疑为汉帝陵园便殿用瓦。学者根据西安某藏家早年曾在西汉长安城遗址北相小堡村获得一品此瓦，证明此类瓦与便门桥有关。

五五六　汉　右空瓦当

面径 13.5 厘米，边轮不明显。上部残缺。当面中央上下排列『右空』二字，篆书，字两边有两道竖线，竖线外侧有菱形网格纹。字体粗犷沉雄，笔画均衡遒劲。多出土自汉长安城遗址。司空是起源极早的官名，《尚书·周官》记载：『司空掌邦土，居四民，时地利』，是掌管土地、水利和工程建设的官员。《汉书·百官公卿表》有『左右司空令，皆属少府』。此云『右空』，当是『右司空』之省文。该类瓦应为右司空官署所施之物。

五五七　汉　右空瓦当

面径 18 厘米，边轮宽 2 厘米。宽边轮。『右空』两字上下直书于当面中部，篆体，字两边各有一竖线，竖线外有菱形网格纹，字体疏朗飘逸，笔画圆润挺拔。此云『右空』，当是『右司空』之省文。该类瓦应为右司空官署所施之物。

五五八　汉　佐弋瓦当

面径 12.5 厘米，边轮宽 0.8 厘米。当面自右向左横书篆体『佐弋』二字，笔道苍劲雄健，有擒纵之美。为西安汉长安城遗址出土的汉文字瓦中最小的一类。据《汉书·百官公卿表》载，少府属官有佐弋令，掌弋射。

五五九　汉　眉邑瓦当

面径 18 厘米，边轮宽 2 厘米。出自陕西省眉县。阳文篆体『眉邑』二字充盈整个当面。转折均为方笔，笔意刚健有力。《诗经·大雅·崧高》云：『申伯信迈，王饯于郿』，是为『郿』在史料中最早的记述。眉县最早为西周部落发祥地之一，曾与今日邻县扶风共称『邰国』。公元前794年秦庄公在此筑邑，东汉末年权臣董卓在境内筑眉坞城堡，故又称眉坞。

五六〇 汉 郁夷瓦当

面径16厘米，边轮宽1.2厘米。宝鸡市陈仓区宁王遗址有发现。『郁夷』二字上下排列占据当面，篆书。『郁夷』，古地名，属右扶风。《汉书·地理志》中记载的西汉郁夷县，多年以来专家们都没有找到确切地址，此瓦当的发现证明西汉郁夷县址就在宝鸡市陈仓区。据《水经注》记载，西汉郁夷县址就是春秋时秦宪公建都平阳的遗址。

五六一　汉　祋祤瓦当

面径 16 厘米，边轮宽 0.8 厘米。瓦文篆书，装饰性较强。汉景帝二年（前 155）置祋祤县，属左冯翊。魏改为铜关县。故城在今陕西省耀县东。『祋』字从示部，为祭神求福之意。此瓦或与汉祋祤县有关。

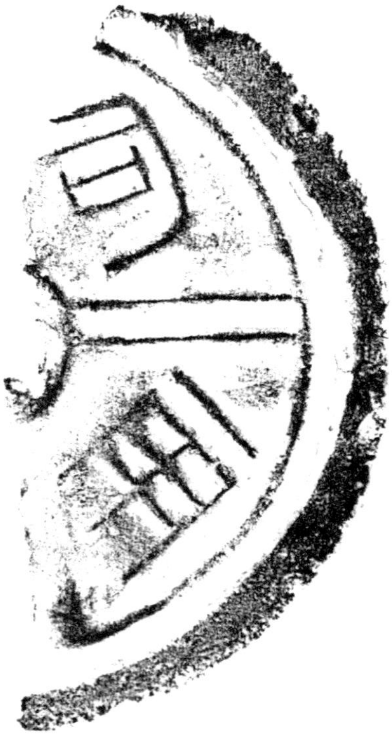

五六二　汉　司雨瓦当

二分之一残缺。当面应被双线十字四分，仅残存右部分，篆书『司雨』二字。推测为汉代掌治祈雨类官署用瓦。

五六三　汉　上林农官瓦当

面径 16.5 厘米，边轮宽 1.2 厘米。边轮三分之一残缺。当心为圆纽，外区被双线十字四分，自右向左直书篆体『上林农官』四字。字体笔画安排得当，『农』字虽较复杂，但仍显疏朗，线条圆润秀逸。此瓦为水衡都尉属官上林农官官署用瓦。上林苑虽为皇家苑囿，但因其范围广大，其中除宫阙湖沼外，并有农田。上林农官主司上林苑中农业。

五六四　汉　上林农官瓦当

面径 16 厘米，边轮宽 1.2 厘米。边轮稍残缺。当心为圆纽，外区被双线十字四分，自右向左直书篆体『上林农官』四字，字体清秀，行笔富墨韵。四区的双线十字中加施短横，此种做法于汉瓦中十分罕见。此为水衡都尉属官上林农官官署用瓦。

五六五　汉　都司空瓦瓦当

面径 18 厘米，边轮宽 1.5 厘米。此瓦章法为田字格，格外饰单线曲尺纹，瓦纹端正方匀。方格内各饰一字，先右后左直书阳文篆书『都司空瓦』四字。应出土于汉长安城武库遗址。都司空，西汉为宗正属官。宗正在秦汉时为九卿之一，主皇家事务。其主要属官有宗正丞、都司空令、内官长及公主家令、门尉等，各有分工。秦汉之时都城周围为皇家苑囿，其中多河湖池沼，其修建开挖，工程浩大，多用刑徒，故都司将水利及刑徒统一管理并不奇怪。

五六六 汉 长水屯瓦瓦当

面径约14.5厘米，边轮宽1.2厘米。上边轮残缺。应为西安南郊出土。此为长水校尉屯兵处所用之瓦。《汉书·百官公卿表》记载：『长水校尉，掌长水宣曲胡骑。』双线十字贯穿当心圆，将当面四分，各饰一字。瓦文上密下疏，随形变化，方圆相参。『长』『屯』『瓦』三字主笔下垂修美，『水』字分解为上部三条圆弧、下部三条略倾而长短不一的直线，均极生动，为汉瓦中之佳作也。

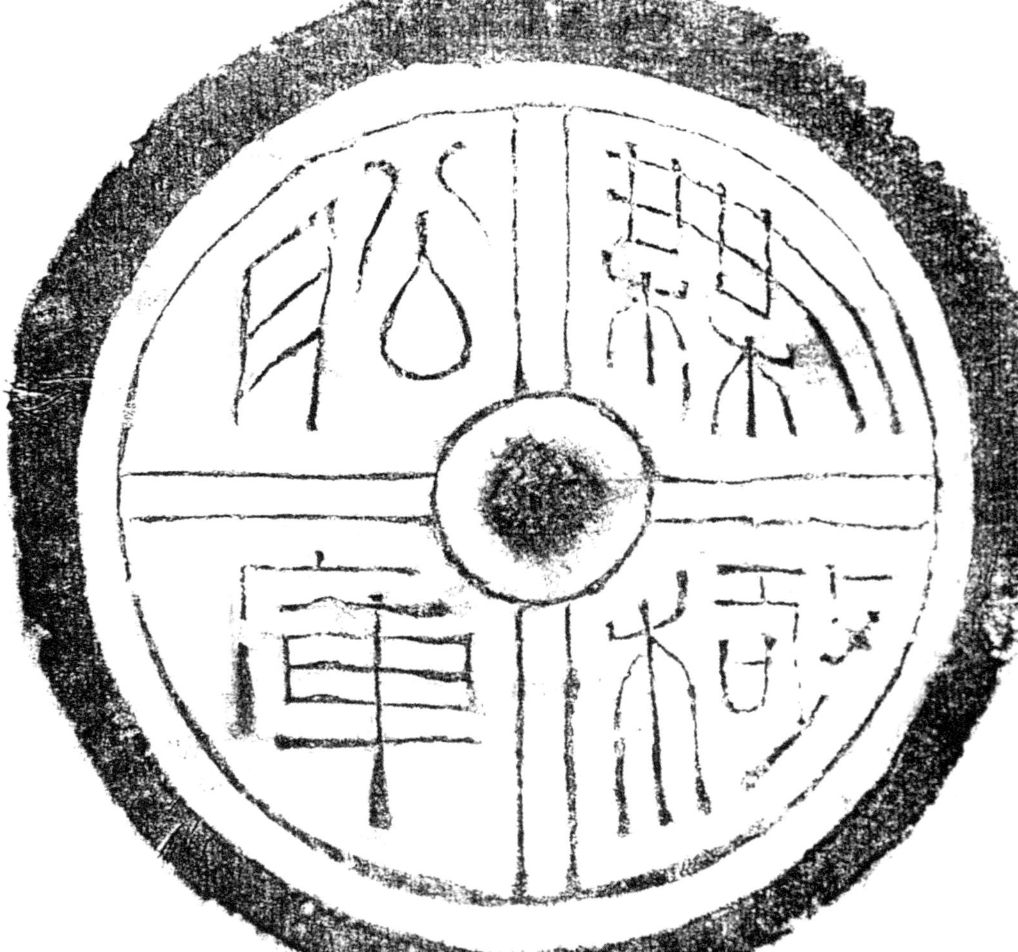

五六七　汉　船库无极瓦当

面径16厘米，边轮宽1.2厘米。当心为圆纽，外区被双线十字四分，自左向右直书篆体『船库无极』四字。另外，陕西省韩城市芝川镇扶荔宫遗址出土有『船室』瓦当，陈直先生在《秦汉瓦当概述》中考证，该瓦为水衡都尉属官辑濯令收藏行船工具之室所用之物。疑『船库无极』瓦当与『船室』瓦当性质相同。

五六八 汉 百万石仓瓦当

面径 16 厘米，边轮宽 1.2 厘米。当心为圆纽，外饰弦纹、连珠纹，外区被双线十字四分，自右向左直书篆体『百万石仓』四字。为西汉著名的细柳仓遗物。细柳仓位于西汉首都长安西南，当年主要供应驻扎细柳营的戍卫师的军队。这支铁军的统帅正是为西汉的建立南征北战的老将周勃之子周亚夫。该瓦篆文圆通典雅，乃汉瓦中的精品。

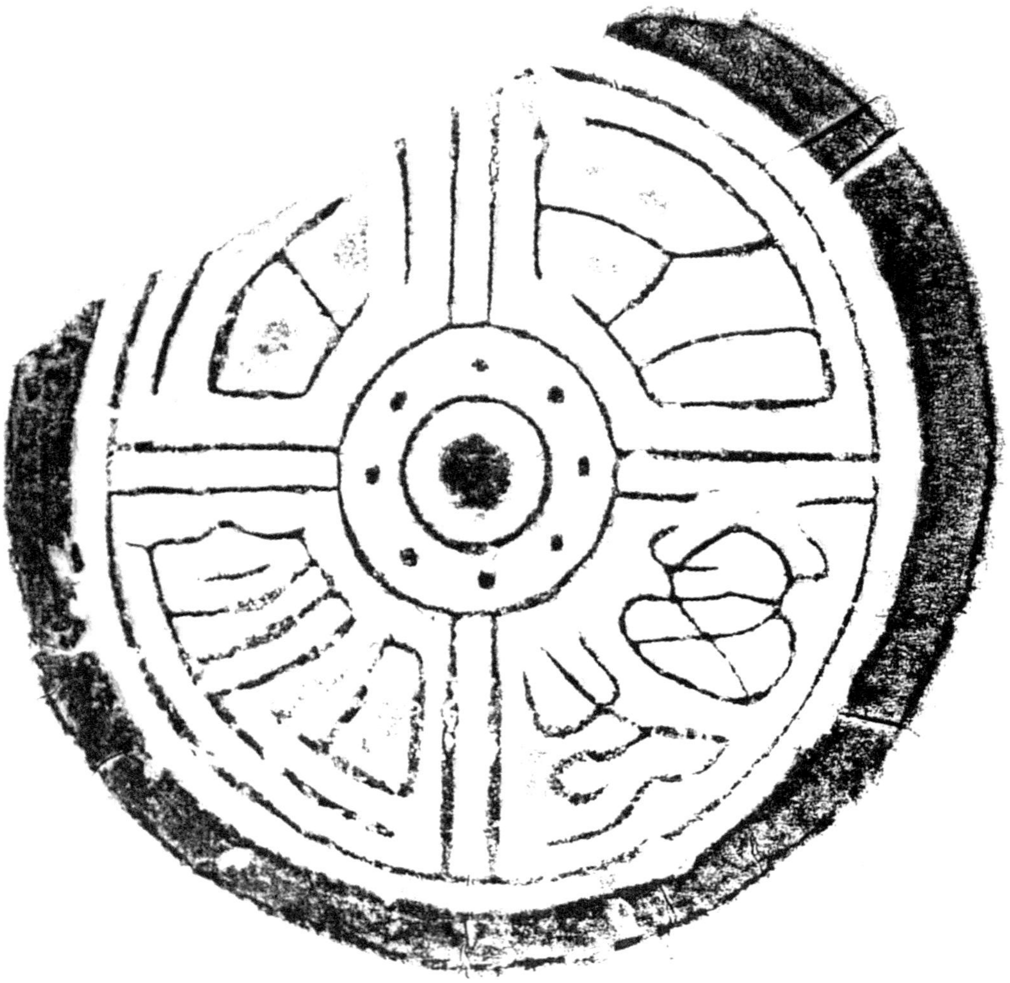

五六九 汉 百万石仓瓦当

面径 16 厘米，边轮宽 1.2 厘米。边轮稍残。当心为圆纽，外饰弦纹、连珠纹，外区被双线十字四分，自右向左直书篆体『百万石仓』四字。西汉细柳仓遗物。细柳营置有三说：一说在咸阳西南，一说在西安南汉昆明池之南，一说在唐长安东北三十里处。咸阳西南两寺渡发现西汉『百万石仓』瓦当，为确认西汉细柳仓及细柳营置提供了最新、最重要的证据。

宅舍类文字瓦当

五七〇　汉　舍字瓦当

面径 12.5 厘米，边轮宽 0.8 厘米。直径较小，边轮较窄。当面篆书『舍』字。可能为私家宅舍用瓦。

五七一　汉　沙字瓦当

面径 15 厘米，边轮宽 0.8 厘米。当心圆内书『沙（？）』字，外区对称分布四组羊角状云纹图案。可能为私家宅舍用瓦。

五七二　汉　大字瓦当

面径 15.5 厘米，边轮宽 1.2 厘米。边轮残缺。当心圆内篆书『大』字，外区被双线十字四分，各饰一组连云纹。可能为私家宅舍用瓦。

五七三　汉　金字瓦当

面径 14.5 厘米，边轮宽 1.2 厘米。当面中央篆书『金』字。金，姓氏，汉代有金日磾。金日磾，字翁叔，匈奴休屠王子，归汉。西汉侍中、驸马都尉、光禄大夫。病故后，『赐葬具冢地，送以轻车介士，军陈至茂陵，谥曰敬侯』。金日磾墓在咸阳茂陵之南。

五七四 汉 黑字瓦当

面径 14.5 厘米，边轮宽 0.8 厘米。当心圆内篆书『黑』字，『黑』字四点水笔画作实心三角形。外区被单线十字四分，顶端饰云纹。陕西省渭南曾出土此瓦。

五七五 汉 黑字瓦当

面径 15 厘米，边轮宽 1 厘米。边轮残缺。当心圆内篆书『黑』字，『黑』字四点水笔画作空心三角形。外区被单线十字四分，顶端饰云纹。

五七六 汉 中侯瓦当

面径 15.5 厘米，边轮宽 1.2 厘米。当面中央直书篆体『中侯』二字，随形就势。可能为私家宅舍用瓦。

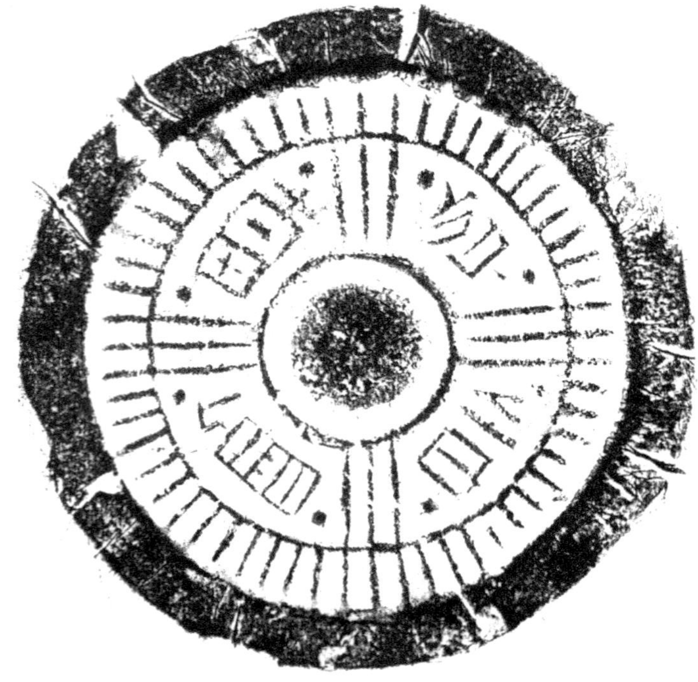

五七七 汉 □□家当瓦当

面径 16 厘米，边轮宽 1.5 厘米。当心为圆纽，外区被三线十字四分，上有隶书『□□家当』四字。外饰一圈射线纹。为私家宅舍用瓦。

五七八　汉　梁氏殿当瓦当

面径 15 厘米，边轮宽 1.2 厘米。边轮稍残。当心为圆纽，外区被双线十字四分，上有逆时针隶书『梁氏殿当』四字。为梁氏宅舍用瓦。

五七九　汉　梁氏殿当瓦当

面径 15.5 厘米，边轮宽 1.5 厘米。当心为圆纽，外区被双线十字四分，上有逆时针隶书『梁氏殿当』四字。字体拙朴。为梁氏宅舍用瓦。

五八〇 汉 马氏殿当瓦当

面径 15.5 厘米，边轮宽 1.2 厘米。当心为圆纽，双线十字间饰云纹。外圈饰网纹，间以隶书『马氏殿当』四字，字体规整，构图独具匠心。为马氏宅舍用瓦。

五八一 汉 马氏万年瓦当

面径 16 厘米，边轮宽 1.5 厘米。当心为圆纽，双线十字间饰云纹。外圈饰网纹，间以隶书『马氏万（？）年』四字，字体规整。疑为马氏宅舍用瓦。

五八二 汉 戴氏家当瓦当

面径 16 厘米，边轮宽 0.8 厘米。边轮残缺。当心为圆纽，外饰两圈弦纹，弦纹外先右后左直书『戴氏家当』四字，字体介于隶篆之间。外环饰四组两两相对的蝉翼状纹饰，蝉翼间夹以菱形纹。较为少见。为戴氏家舍用瓦。

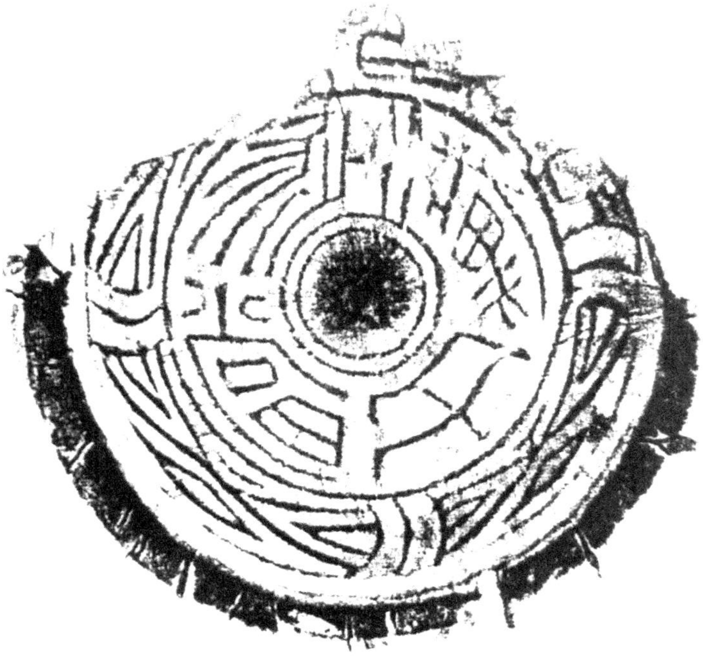

祠墓类文字瓦当

五八三 汉 冢字瓦当

面径 14 厘米，边轮宽 1 厘米。当面篆书『冢』字，随形屈曲。布局独特，篆法精妙。整瓦图案浑然一体。为私家祠墓用瓦。

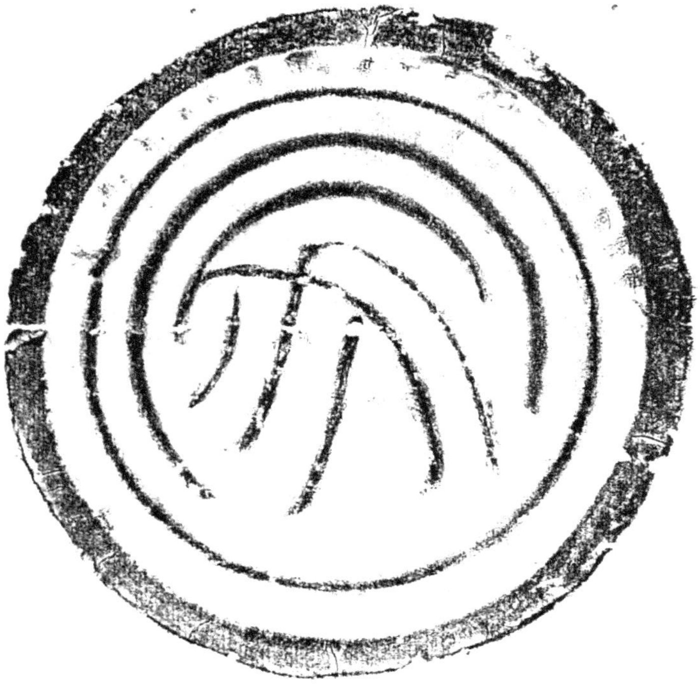

五八四　汉　冢字云纹瓦当

面径 16 厘米，边轮宽 1 厘米。当心圆内有篆书『冢』字，外区被双线十字四分，各饰一双直线，末端饰云纹，空白处填以小乳钉纹。文字、图案融为一体，构图巧妙，较为罕见。为私家祠墓用瓦。

五八五　汉　冢舍瓦当

面径 16 厘米，边轮宽 1.2 厘米。当面直书『冢舍』二字，篆书，随形就势，富于变化，煞费苦心。『冢』字上部分做弧线状，『舍』字中『人』字部分变形夸张。笔画自然，如行云流水。文字左右两边各饰一乳钉纹。文字、图案融为一体，构图巧妙。为私家祠墓用瓦。

五八六 汉 冢上瓦当

面径 17.5 厘米，边轮宽 1.2 厘米。当面直书『冢上』二字，篆书。『冢』字弯钩与『上』字笔画相互避让，尤以『上』字竖笔作盘曲回环，结构紧凑。文字左右两边各饰一蛇形曲线纹。为私家祠墓用瓦。

五八七 汉 冢当瓦当

面径 17.5 厘米，边轮宽 1.3 厘米。当心为圆纽，当面被双线平分为上下两部分，直书『冢当』二字，字体介于隶篆之间。为私家祠墓用瓦。

五八八　汉　冢当瓦当

面径 17.5 厘米，边轮宽 1.3 厘米。当心为圆纽，当面被双线平分为上下两部分，直书『冢当』二字，字体介于隶篆之间，沉稳大气。『冢』字下似有一单线小鸟纹。为私家祠墓用瓦。

五八九　汉　皮冢瓦当

面径 16 厘米，边轮宽 0.9 厘米。边轮稍残。当面直书『皮冢』二字，隶书。为皮氏家族祠墓用瓦。

五九〇 汉 李氏冢舍瓦当

面径 15.5 厘米，边轮宽 1 厘米。『冢舍』二字直书于当面中部，之间填以『李氏』二字，两边各有一半圆，半圆内各有两组由折线纹、黑三角形组成的图案，外有弦纹。结构严整、肃穆。为李氏私家祠墓用瓦。

五九一 汉 任氏冢舍瓦当

面径 15 厘米，边轮宽 0.8 厘米。当心为圆组，双线十字四分外区，先右后左直书『任氏冢舍』四字，字体介于隶篆之间。为任氏私家祠墓用瓦。

五九二　汉　酒张冢当瓦当

面径 15.5 厘米，边轮宽 0.8 厘米。当心为圆纽，双线十字四分外区，先右后左直书『酒张冢当』四字，字体介于隶篆之间。为私家祠墓用瓦。

五九三　汉　冢上西当瓦当

面径 16 厘米，边轮宽 1.5 厘米。当心为圆纽，外饰连珠纹、弦纹。外区顺时针篆书『冢上西当』四字，构图严整。为私家祠墓用瓦。

五九四　汉　治冢室当瓦当

面径 15 厘米，边轮宽 0.8 厘米。边轮稍残。外区为顺时针篆书『治冢室当』四字。构图严整。为私家祠墓用瓦。

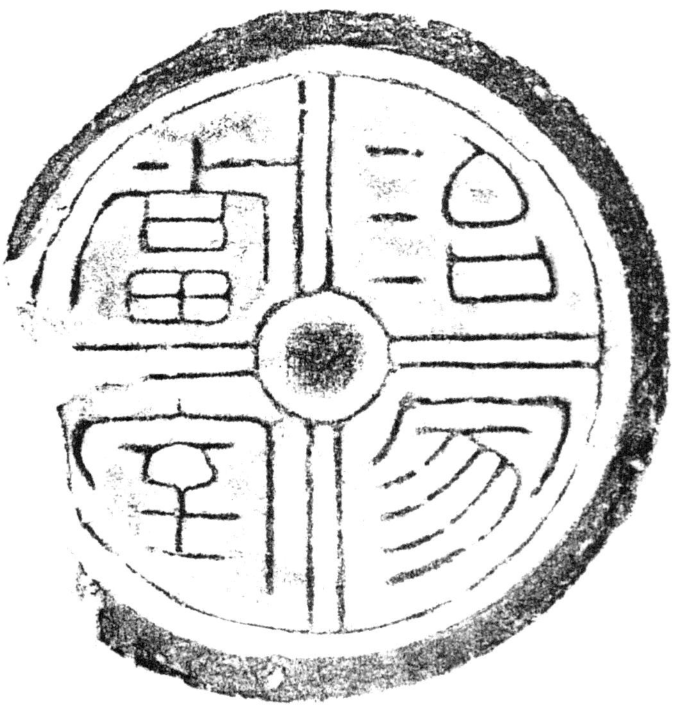

五九五　汉　冢治告（吉）当瓦当

面径 15 厘米，边轮宽 0.8 厘米。当心为一小圆纽，外区先右后左直书『冢治告（吉）当』四字，字体介于隶篆之间。『告』应为『吉』误。为私家祠墓用瓦。

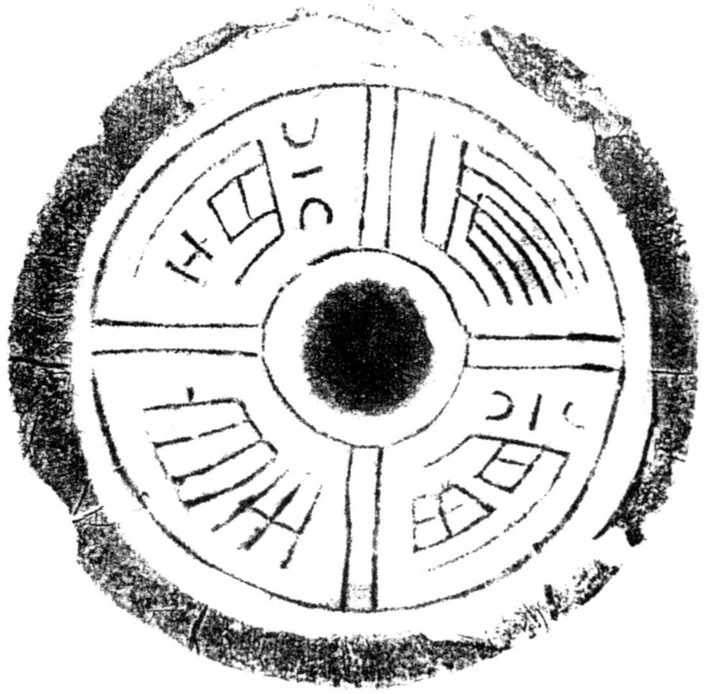

五九六　汉　堂皇冢当瓦当

面径 16 厘米，边轮宽 1.2 厘米。当心为圆纽，外区先左后右直书『堂皇冢当』四字，字体介于隶篆之间。为私家祠墓用瓦。

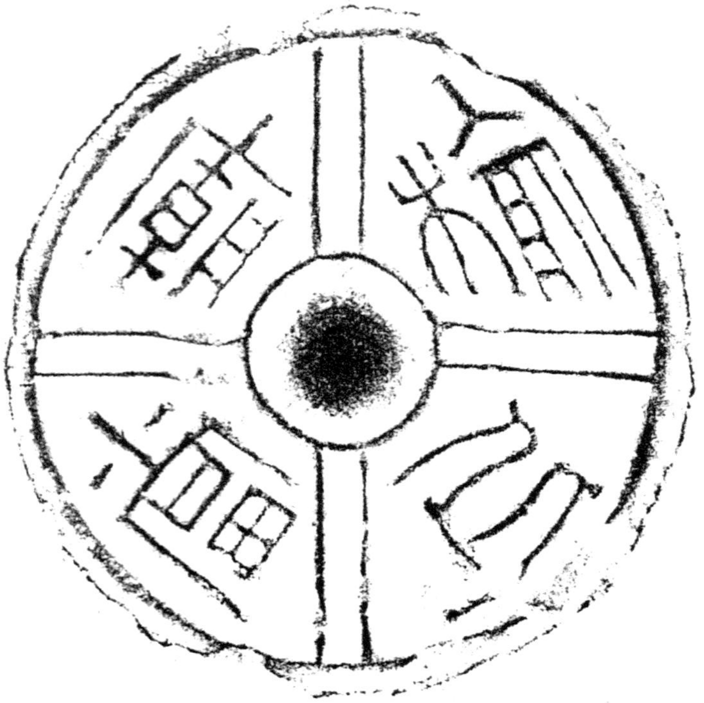

五九七　汉　榆丘庙当瓦当

面径 13 厘米，边轮宽 0.5 厘米。当心为圆纽，外区先右后左直书『榆丘庙当』四字，字体介于隶篆之间。为私家祠墓用瓦。

五九八 汉 司马塚当瓦当

面径 12.5 厘米，边轮宽 0.8 厘米。单线十字四分当面，先右后左直书『司马塚当』四字，篆书。可能为司马氏私家祠墓用瓦。

五九九 汉 万岁冢当瓦当

面径 16.5 厘米，边轮宽 1.2 厘米。当心为圆纽，外饰两圈弦纹，外区被双线十字四分，上有顺时针篆书『万岁冢当』四字，随形就势。凤翔县东社村曾出土此瓦。

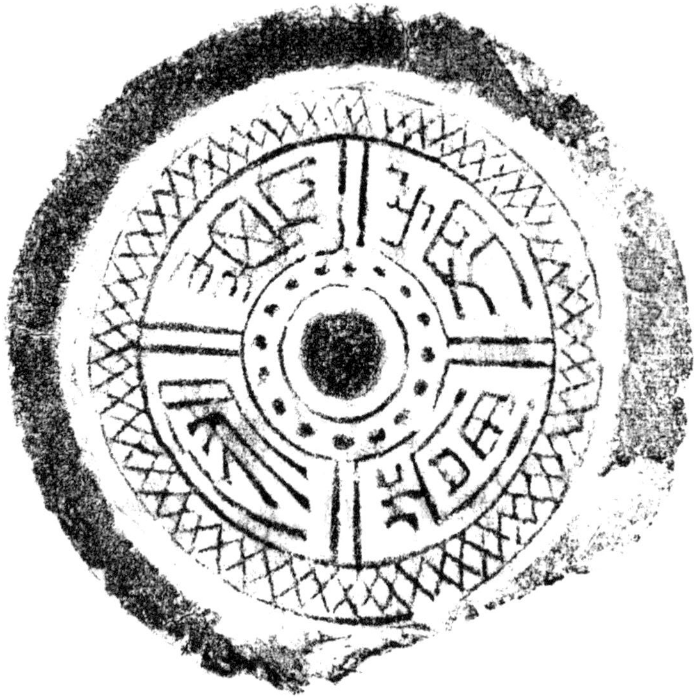

六〇〇　汉　万岁冢当瓦当

面径 15 厘米，边轮宽 1.2 厘米。当心为圆纽，外饰弦纹、连珠纹。外区被双线十字四分，先右后左直书篆体『万岁冢当』四字。外环饰一圈网格纹。

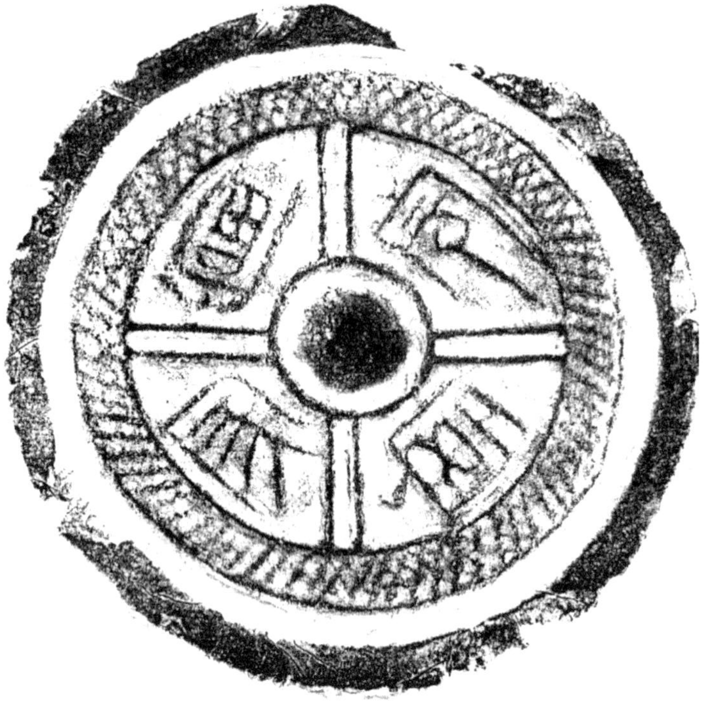

六〇一　汉　□室冢当瓦当

面径 16 厘米，边轮宽 1 厘米。当心为圆纽，外区被双线十字四分，顺时针篆书『□室冢当』四字。外环饰一圈网格纹。

六〇二 汉 冢当悲哉瓦当

面径 16.5 厘米，边轮宽 1.2 厘米。当心为圆纽，外区先右后左直书『冢当悲哉』四字，篆书，字体随形就势。用语沉痛。为祠墓用瓦。

六〇三 汉 冢当悲哉瓦当

面径 16 厘米，边轮宽 1 厘米。当心为圆纽，外区先右后左直书『冢当悲哉』四字，篆书，字体随形就势。用语沉痛。为祠墓用瓦。

六〇四　汉　长陵西神瓦当

面径 14.5 厘米，边轮宽 0.8 厘米。右上边轮残缺。为西汉文字瓦当典型风格。当心为圆纽，外饰弦纹、连珠纹，外区被双线十字四分，先右后左直书篆体『长陵西神』四字。篆文因扇形安排变化。咸阳长陵曾出土此瓦当。西神者，西祠也。汉张公祠碑额云『张公碑』可参证。此盖长陵陵园西诸神祠用瓦也。

六〇五　汉　□氏舍当冢瓦当

面径 16 厘米，边轮宽 1 厘米。当心圆内为一『冢』字，外区被双线十字四分，先右后左直书篆体『□氏舍当』四字。□字不识。外环饰一圈连作折线的菱形纹。为私家祠墓用瓦。

纪事类文字瓦当

六〇六　汉　汉并天下瓦当

面径 17 厘米，边轮宽 1.2 厘米。当心为圆纽，外区先右后左直书篆体『汉并天下』四字。『汉并天下』瓦当多出于汉代长安城内始建于武帝时期的建章宫遗址，另外还有武帝喜爱前往狩猎的长杨宫遗址（在今陕西周至）。此类瓦当为西汉中期之物，可能与武帝讨平匈奴，西汉疆域首次得到空前的统一与安宁有关。

六〇七　汉　汉并天下瓦当

面径 16 厘米，边轮宽 1 厘米。『汉并天下』在罗振玉《秦汉瓦当文字》卷一中有著录，云出自汉长安城。含义近似的还有『汉有天下』『大汉万世』『大并天下』『当王天命』『当王者贵』诸瓦当，后三者传出土于宁强。《汉书·贾邹枚路传》记：『夫汉并二十四郡，十七诸侯，方输错出，运行数千里不绝于道。』

吉语类文字瓦当

六〇八 汉 常宁瓦当

面径 15.5 厘米，边轮宽 0.8 厘米。当面以单直线分为上下两部分，直书篆体『常宁』二字，『常』字左右结构对称，『宁』字左右填以折线纹，匠心独运。字外有一周弦纹。

六〇九 汉 千世瓦当

面径 15.5 厘米，边轮宽 0.8 厘米。当面上下直书篆体『千世』二字，随形就势，占满当面。

六一〇　汉　宜王侯瓦当

面径 16 厘米，边轮宽 1 厘米。残缺。当面中心圆内为一『侯』字，外区上下直书篆体『宜王』二字，间以四组云纹及两组三直线，外环为一圈网格纹。

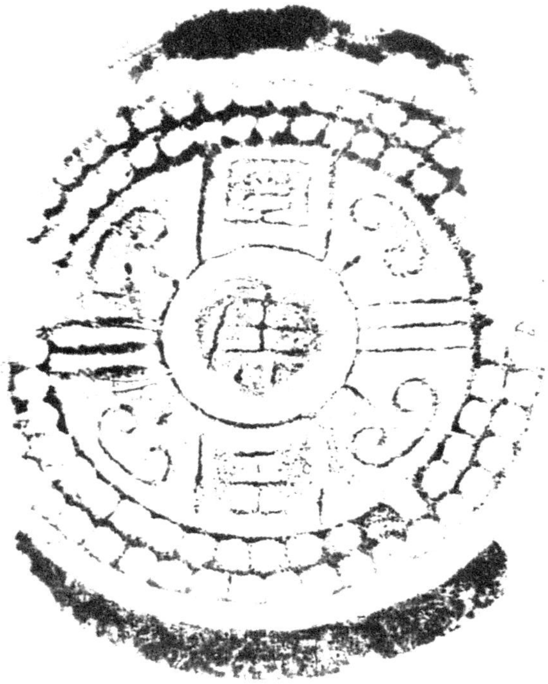

六一一　汉　万秋瓦当

面径 15 厘米，边轮宽 0.8 厘米。当面上下直书篆体『万秋』二字，随形就势，占满当面。

六一二 汉 万岁瓦当

面径 17.5 厘米，边轮宽 1 厘米。当面随形就势横书篆体『万岁』二字，结体绵密匀称，每一笔画都服从整体安排。

六一三 汉 延年半瓦当

面径 15 厘米，边轮宽 0.8 厘米。为半圆瓦当，边轮稍残。当面以双短线分为左右两部分，填以『延年』两字。字体较粗，介于隶篆之间，『年』字笔画较特别。

六一四 汉 延年半瓦当

面径 18 厘米，边轮宽 0.8 厘米。为半圆瓦当，两端残缺。当面以双短线分为左右两部分，填以『延年』两字。介于隶篆之间，笔意质朴。

六一五 汉 延年半瓦当

面径 15 厘米，边轮宽 0.8 厘米。为半圆瓦当，边轮稍残。汉长安城遗址发现较多此类半圆瓦当，圆形的较少见。曾有『延年』瓦当为汉未央宫延年殿所用的说法，但这种瓦当在山东等地也有发现，故『延年』有可能是『延年益寿』之省文，属通用吉语类瓦当。

六一六　汉　飞鸿延年瓦当

面径 16 厘米，边轮宽 1 厘米。当面下部有一鸿鹄纹，引颈展翅做飞鸣状，其左右有四个小乳钉纹，当面上部有篆书『延年』二字，故习称为飞鸿延年瓦当。

六一七 汉 飞鸿延年瓦当

面径 16.5 厘米，边轮宽 1 厘米。当面下部有一鸿鹊纹，引颈展翅做飞鸣状，当面上部有篆书『延年』二字。《三辅黄图》云：『鸿台，秦始皇二十七年筑，高四十丈，上起观宇，帝尝射鸿于台上，故号鸿台。』有人据此定为秦瓦，认为是秦鸿台观宇所施之瓦。

六一八 汉 延年益寿瓦当

面径 16 厘米，边轮宽 0.8 厘米。多见于汉长安城内宫殿遗址，流行于西汉中期。延年益寿是人们的美好愿望，《尚书·洪范》早把『寿』列为五福之首。此当当面设计颇与众不同，既不分格也无内外区之别，先右后左直书篆体『延年益寿』四字。

六一九 汉 延年益寿瓦当

面径 17 厘米，边轮宽 1.2 厘米。双线十字把当面四分，先右后左直书『延年益寿』四字，介于隶篆之间，笔画苍润。

六二〇 汉 延年益寿瓦当

面径 18 厘米，边轮宽 1 厘米。当心为圆纽，双线十字把当面四分，先右后左直书『延年益寿』四字，字体篆隶相间，笔画涩重迟缓，结字多减笔。

六二一 汉 延年益寿瓦当

面径 15 厘米，边轮宽 1 厘米。当心为圆纽，外饰弦纹。外区被双线十字四分，先右后左直书篆体『延年益寿』四字，结体平和略呈斜势，『年』字近乎隶书。

六二二 汉 延年益寿瓦当

面径 19 厘米，边轮宽 1 厘米。当心为圆纽，外饰弦纹。外区被双线十字四分，先右后左直书篆体『延年益寿』四字，线条清朗，笔意刚劲，气势雄强。

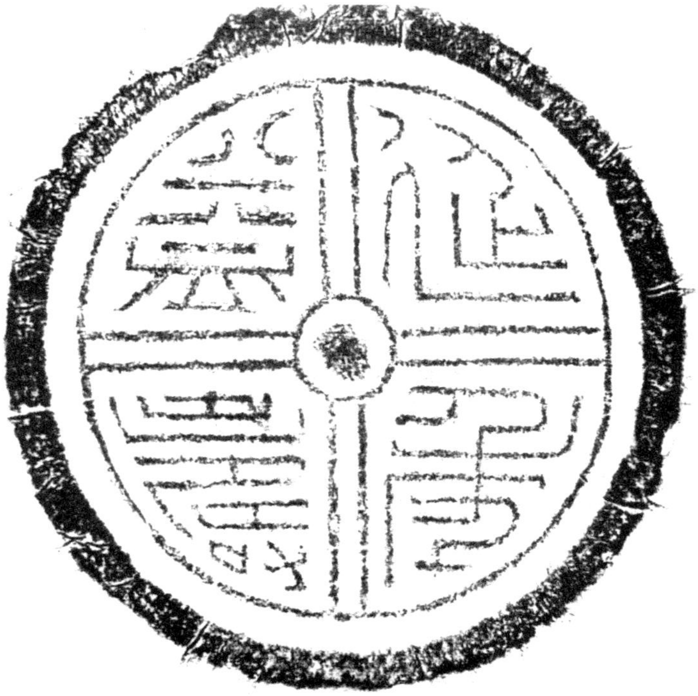

六二三　汉　延年益寿瓦当

面径 19.5 厘米，边轮宽 1 厘米。当心为圆纽，外饰弦纹。外区被双线十字四分，先右后左直书篆体『延年益寿』四字，中锋行笔，结构严谨。

六二四　汉　延年益寿瓦当

面径 17.5 厘米，边轮宽 1 厘米。当心为圆纽，外饰弦纹。外区被双线十字四分，先右后左直书篆体『延年益寿』四字，笔画长短相宜，『延』字写法奇特，结体不规整，笔画沉涩。

六二五 汉 延年未央瓦当

面径 16 厘米，边轮宽 0.8 厘米。当心为圆纽，外区被双线十字四分，先右后左直书篆体『延年未央』四字，结字乖谬，减笔严重。

六二六 汉 □□未央瓦当

面径 15.5 厘米，边轮宽 1.2 厘米。残缺。当心为圆纽，外区被双线十字四分，先右后左直书篆体『□□未央』四字，结字乖谬。

六二七 汉 延寿万岁瓦当

面径 17 厘米，边轮宽 0.8 厘米。边轮稍残。当心为圆纽，外区被双线十字四分，先右后左直书篆体『延寿万岁』四字。线条粗实厚重，笔意雄强苍劲。

六二八 汉 延寿万岁瓦当

面径 18 厘米，边轮宽 1.2 厘米。边轮稍残。当心为圆纽，外区被双线十字四分，先右后左直书篆体『延寿万岁』四字。字形随形就势，运笔抑扬顿挫，书风秀丽。

六二九　汉　亿年无疆瓦当

面径 18 厘米，边轮宽 2 厘米。当心为圆纽，外饰连珠纹、弦纹，外区被双线十字四分，自右向左直书篆体『亿年无疆』四字。行笔粗实均匀，书风肃穆。西安、咸阳等地均有发现。当为泛用吉语瓦。

六三〇　汉　亿年无疆瓦当

面径 20 厘米，边轮宽 2 厘米。当心为圆纽，外饰连珠纹、弦纹，外区被双线十字四分，自右向左直书篆体『亿年无疆』四字。行笔流畅，笔画方圆相济，粗实均匀，结体严整端庄。

六三一　汉　亿年无疆瓦当

面径 17 厘米，边轮宽 2 厘米。当心为圆纽，外饰连珠纹、弦纹，外区被双线十字四分，自右向左直书篆体『亿年无疆』四字。中锋行笔，干净利落，书风秀丽。

六三二　汉　千秋万岁瓦当

『千秋万岁』瓦当是汉代吉语瓦当中分布最广、使用时间较长的瓦当之一。此瓦版式极多，往往篆法精纯，『千』字在四字中笔画最简，无名工匠往往巧加变化。总的说来，这类瓦当在西汉中期使用更多些。此瓦当面径 15 厘米，边轮宽 0.8 厘米。边轮稍残。当面无分格，自右至左直书篆体『千秋万岁』四字，依空间随形就势，此种形式罕见，为此类瓦当之精品。

六三三　汉　千秋万岁瓦当

面径 18 厘米，边轮宽 1.5 厘米。边轮稍残。无当心，单线十字将当面四分，自右至左直书篆体『千秋万岁』四字。四字依扇形作相应变化，笔意秀丽端庄。

六三四　汉　千秋万岁瓦当

面径 17.5 厘米，边轮宽 1 厘米。无当心，单线十字将当面四分，自右至左直书篆体『千秋万岁』四字。四字依扇形作相应变化，字体介于隶篆之间。全瓦有端庄平整的特点，结体古朴典雅。

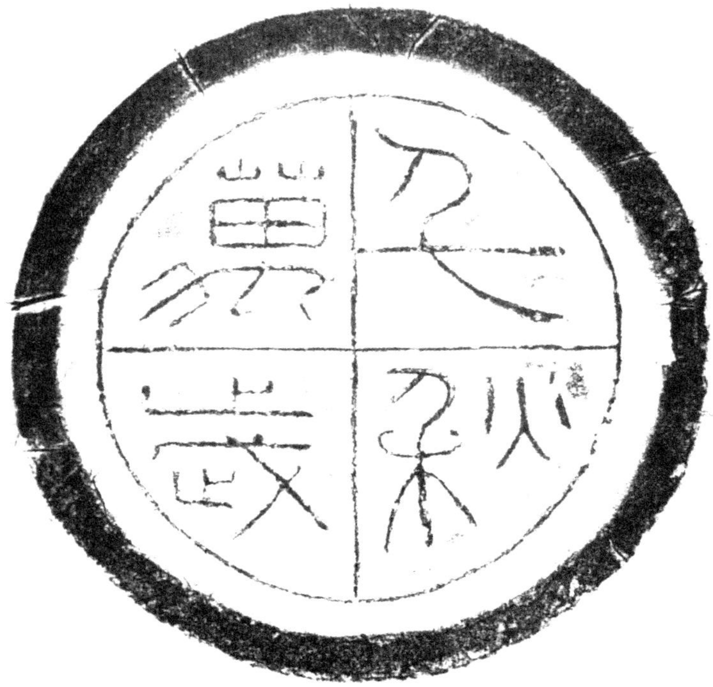

六三五　汉　千秋万岁瓦当

面径 13 厘米，边轮宽 0.8 厘米。边轮稍残。无当心，单线十字将当面四分，自右至左直书篆体『千秋万岁』四字。结字简约，笔意率真、稚拙，颇有意趣。

六三六　汉　千秋万岁瓦当

面径 12.5 厘米，边轮宽 1 厘米。无当心，单线十字将当面四分，自右至左直书篆体『千秋万岁』四字。构图简洁，笔意刚柔相济。

六三七 汉 千秋万岁瓦当

面径 13.3 厘米，边轮宽 0.7 厘米。无当心，单线十字将当面四分，自右至左直书篆体『千秋万岁』四字。布局饱满，结体方正，线条有力。

六三八 汉 千秋万岁瓦当

面径 14.5 厘米，边轮宽 1 厘米。边轮残缺。无当心，单线十字将当面四分，自右至左直书篆体『千秋万岁』四字。字体盘曲，布局饱满，线条沉雄有力。

六三九　汉　千秋万岁瓦当

面径 15 厘米，边轮宽 1 厘米。边轮残缺。无当心，单线十字将当面四分，先上后下横书篆体『千秋万岁』四字。四字随形就势，构图简洁，笔意遒劲。

六四〇　汉　千秋万岁瓦当

面径 19 厘米，边轮宽 1.4 厘米。无当心，单线十字将当面四分，自右至左直书篆体『千秋万岁』四字。四字依扇形作相应变化，中锋行笔，笔画婉转，恰似铁线银钩。

六四一　汉　千秋万岁瓦当

面径 18 厘米，边轮宽 1.5 厘米。边轮稍残。无当心，单线十字将当面四分，自右至左直书篆体『千秋万岁』四字。四字依扇形随形就势。

六四二　汉　千秋万岁瓦当

面径 15.5 厘米，边轮宽 1.2 厘米。无当心，双线十字将当面四分。自左至右直书篆体『千秋万岁』四字。四字随形就势，笔意拙朴，特别是『千』字因笔画少，而为双线勾画，设计煞费苦心，为文字瓦当中所少见。

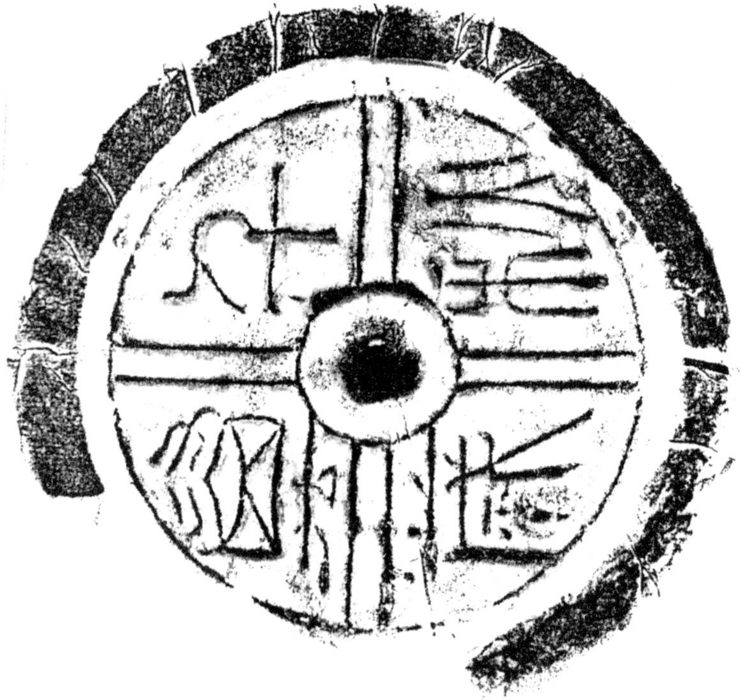

六四三　汉　千秋万岁瓦当

面径 15.8 厘米，边轮宽 1 厘米。边轮残缺。当心为圆纽，外饰弦纹，外区被双线十字四分，先右后左直书篆体『千秋万岁』四字。字体盘曲，布局饱满，线条遒劲。

六四四　汉　千秋万岁瓦当

面径 20 厘米，边轮宽 1.5 厘米。当心为圆纽，外饰弦纹，外区被双线十字四分，先右后左直书篆体『千秋万岁』四字。四字随形就势，笔画纤细，笔意拙朴。

六四五 汉 千秋万岁瓦当

面径 20 厘米，边轮宽 1 厘米。当心为圆纽，外饰弦纹，外区被双线十字四分，先右后左直书篆体『千秋万岁』四字。四字随形就势，笔画较粗，笔意秀丽端庄。

六四六 汉 千秋万岁瓦当

面径 19.5 厘米，边轮宽 1.5 厘米。当心为圆纽，边轮内有一周弦纹，外区被双线十字四分，先右后左直书篆体『千秋万岁』四字。四字随形就势，笔画率真，行笔笃实，起落处皆有意趣，于浑朴中见俊秀。

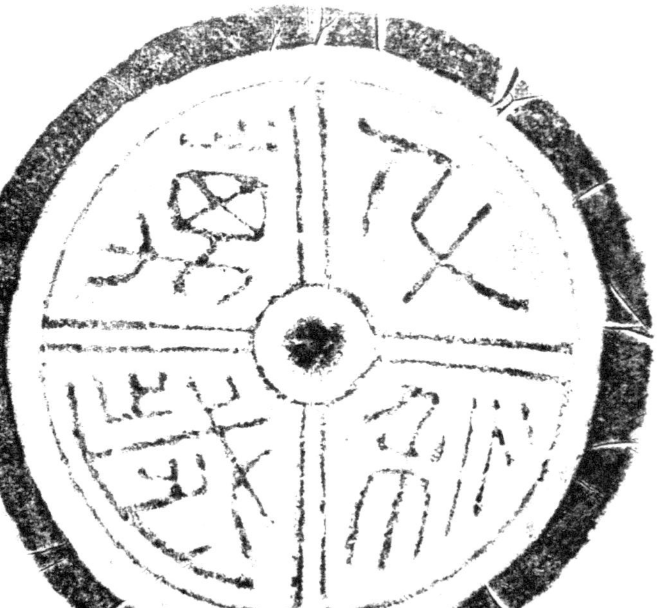

六四七 汉 千秋万岁瓦当

面径 17 厘米，边轮宽 1.5 厘米。当心为圆纽，外饰连珠纹、弦纹。外区被双线十字四分。先右后左直书篆体『千秋万岁』四字。四字随形就势，中锋运笔，并适当减笔，使当面布局显得清秀俊朗。

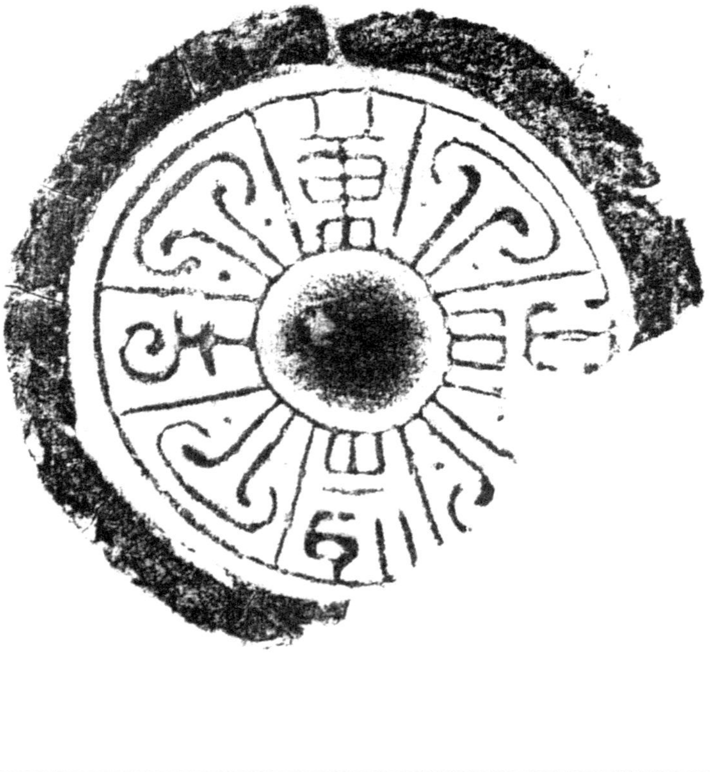

六四八 汉 千秋万岁瓦当

面径 15 厘米，边轮宽 1.2 厘米。边轮残缺。当心为圆纽，外饰弦纹。外区被八条直线等分，先左后右，由上及下篆书『千秋万岁』四字，每两字间饰蘑菇状云纹。此瓦章法精美，构思巧妙。瓦文四字皆作装饰，为汉时瓦当专用文字，亦称古代『花体字』。

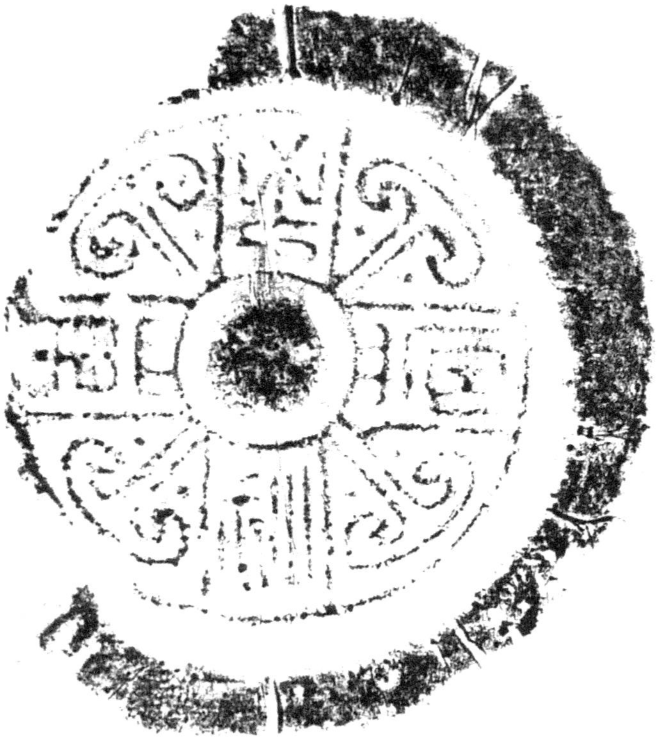

六四九　汉　千秋万岁瓦当

面径 14 厘米。边轮残缺。当心为圆纽，外饰弦纹。外区被八条直线等分，先左后右，由上及下篆书『千秋万岁』四字，每两字间饰蘑菇状云纹。此瓦章法精美，构思巧妙。瓦文四字皆作装饰，为汉时瓦当专用文字，亦称古代『花体字』。

六五〇　北魏　千秋万岁瓦当

面径 16 厘米，边轮宽 1.5 厘米。当心为圆纽，外饰连珠纹、弦纹。外区被双线十字四分。自右至左直书篆体『千秋万岁』四字。四字随形就势，减笔严重，特别是『秋』字。

六五一　北魏　千秋万岁瓦当

面径 17 厘米，边轮宽 0.8 厘米。当面以凸弦方框为界，框内自右至左直书『千秋万岁』四字，字体介于隶篆间。瓦文书法生拙，古意盎然。外区饰四个乳钉纹，此瓦章法少见。

六五二　北魏　千秋万岁瓦当

面径 16 厘米，边轮宽 1.5 厘米。当心为圆纽，外饰弦纹，连接四个叶状纹，四分外区，叶内饰乳钉纹。自右至左直书篆体『千秋万岁』四字。

六五三　北魏　千秋万世瓦当

面径 16.5 厘米，边轮宽 1 厘米。当心为圆纽，外区被三线十字四分，自右至左直书篆体『千秋万世』四字，间以十字花纹。

六五四　北魏　千秋万岁瓦当

面径 14 厘米。当心为圆纽，外区被宽双线四分。双线之间先上后下，由左及右篆书『千秋万岁』四字，双线外饰四个大乳钉。瓦文四字皆作装饰，为汉时瓦当专用文字，亦称古代『花体字』。

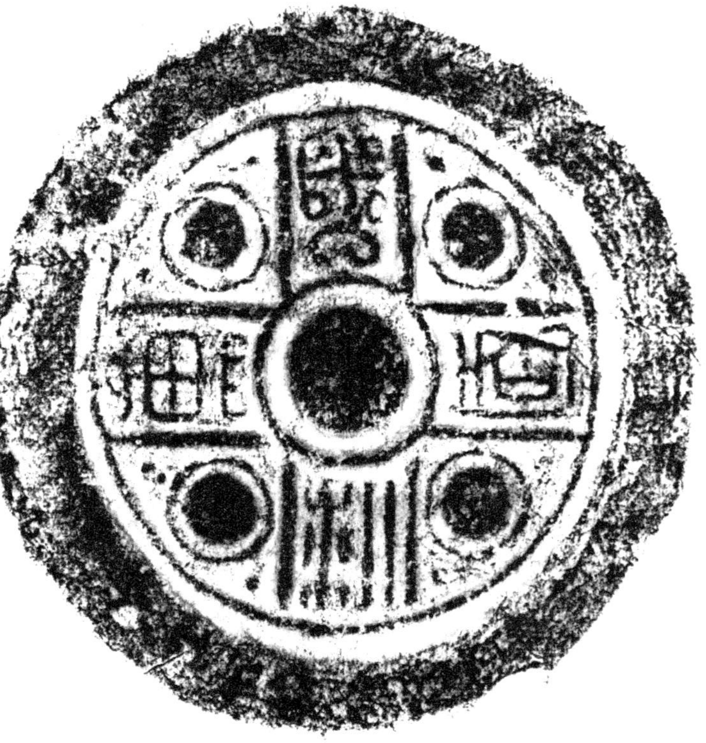

六五五　汉　万岁无极瓦当

面径 17 厘米，边轮宽 1.5 厘米。当心为一不规则圆纽，外饰弦纹，外区被双线十字四分，自右至左直书篆体『万岁无极』四字。四字随形就势，中锋运笔，笔意飘逸，雍容华贵。外环饰网格纹。

六五六　汉　长乐未央瓦当

面径 11.5 厘米，边轮宽 0.8 厘米。无当心，单线十字将当面四分，自右至左直书篆体『长乐未央』四字，四字依扇形随形就势。同类瓦所见甚多。《汉书·高帝纪》记：『五年后九月治长乐宫，七年二月治未央宫。』或云『长乐未央』瓦即长乐宫、未央宫瓦。但是此瓦于西安地区随处可见，并不仅仅出自长乐、未央二宫遗址内。可知『长乐』『未央』是古人泛用吉语。

六五七　汉　长乐未央瓦当

面径 11.5 厘米，边轮宽 0.8 厘米。无当心，单线十字将当面四分，自右至左直书篆体『长乐未央』四字。『长乐』原是君王祝福自己的统治连绵不绝之语，『未央』就是没有终止。

六五八　汉　长乐未央瓦当

面径 19 厘米，边轮宽 1.5 厘米。边沿稍残。无当心，单线十字将当面四分，自右至左直书篆体『长乐未央』四字。布局整洁、大气，运笔流畅，端庄堂皇。

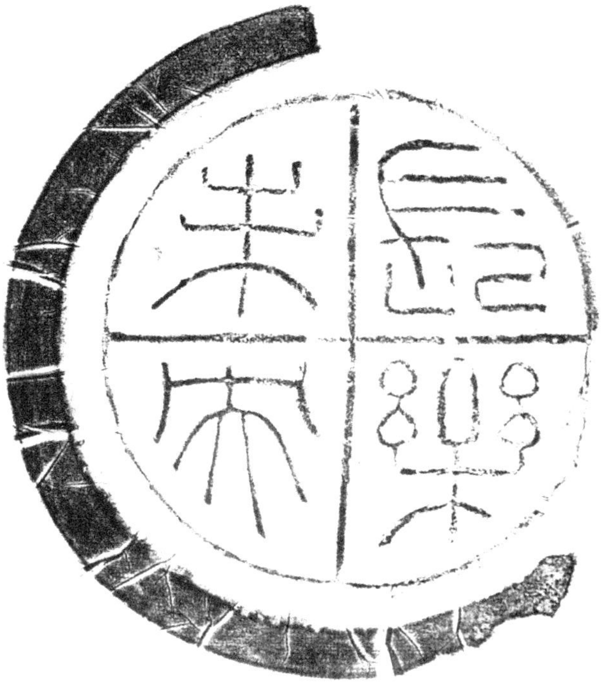

六五九　汉　长乐未央瓦当

面径 20 厘米，边轮宽 2 厘米。无当心，单线十字将当面四分，自右至左直书篆体『长乐未央』四字。宽边轮显得整个当面大气、沉稳、厚重。

六六〇　汉　长乐未央瓦当

面径 14.5 厘米，边轮宽 0.8 厘米。当心为一小乳钉，单线十字将外区四分，自右至左直书篆体『长乐未央』四字。结体方圆结合，线条刚劲，尤其『长』字，横画波折，奇纵恣肆。『未』字左侧空间有三个乳钉纹。整个当面清新秀丽。

六六一　汉　长乐未央瓦当

面径 13 厘米，边轮宽 1 厘米。边轮稍残。当心为圆纽，单线十字将外区四分，自右至左直书篆体『长乐未央』四字。字体介于隶篆之间，适当减笔，笔意率真拙朴，当面活泼可爱。

六六二　汉　长乐未央瓦当

面径 16 厘米，边轮宽 1 厘米。当心为圆纽，单线十字将外区四分，自右至左直书篆体『长乐未央』四字。笔意拙朴，当面活泼。

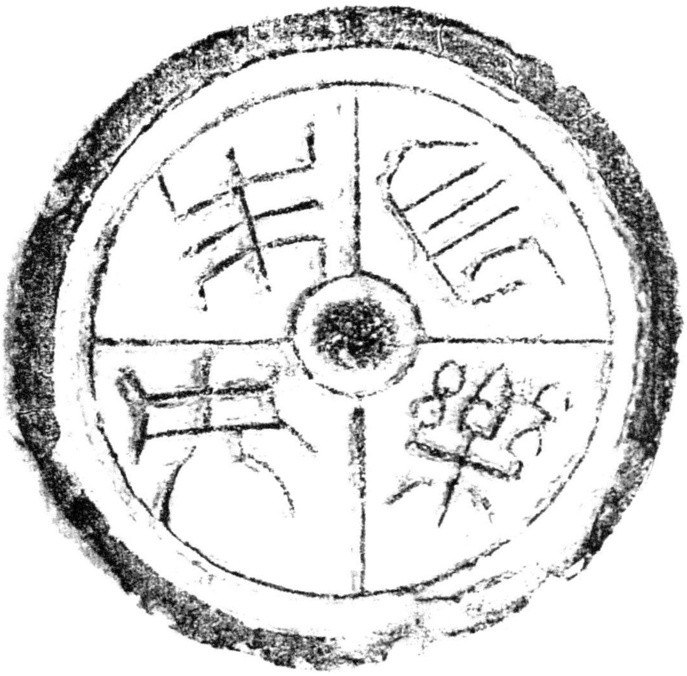

六六三 汉 长乐未央瓦当

面径 16 厘米，边轮宽 1.5 厘米。当心为圆纽，外饰连珠纹、弦纹。外区被双线十字四分，自右至左直书篆体『长乐未央』四字。四字随形就势，中锋运笔，笔画纤细，秀丽清新。

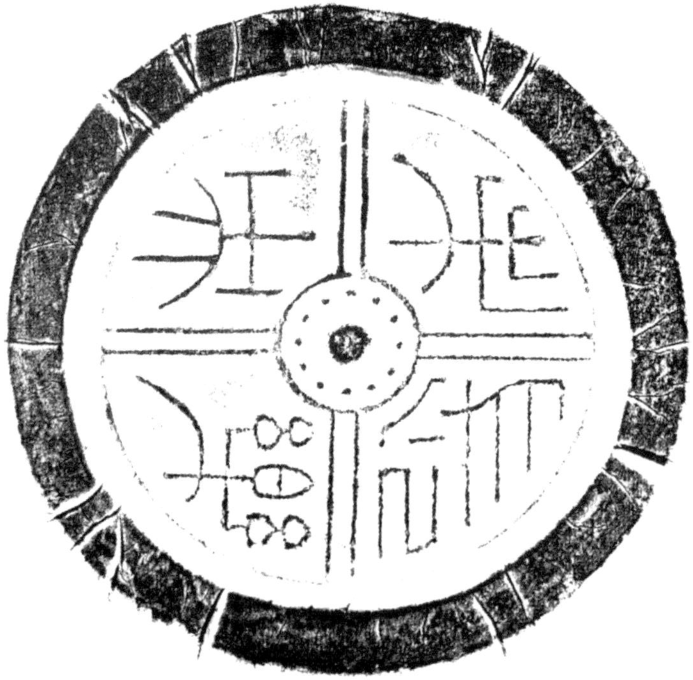

六六四 汉 长乐未央瓦当

面径 18 厘米，边轮宽 2 厘米。当心为圆纽，外饰连珠纹、弦纹，外区被双线十字四分，自右至左直书篆体『长乐未央』四字。四字随形就势，中锋运笔，变化多端，整个当面秀丽而不乏严谨。

六六五 汉 长乐未央瓦当

面径 17 厘米，边轮宽 1 厘米。当心为圆纽，外饰连珠纹、弦纹，外区被双线十字四分，自右至左直书篆体『长乐未央』四字。四字随形就势，中锋运笔，结字多采用方笔，笔画粗实，行笔刚健，书风肃穆。

六六六 汉 长乐未央瓦当

面径 15 厘米，边轮宽 1.2 厘米。右上边轮残缺。当心为圆纽，外饰连珠纹、弦纹，外区被双线十字四分，自右至左直书篆体『长乐未央』四字。四字随形就势，中锋运笔，结字多采用圆笔，笔意飘逸。外环内饰 X 形纹。

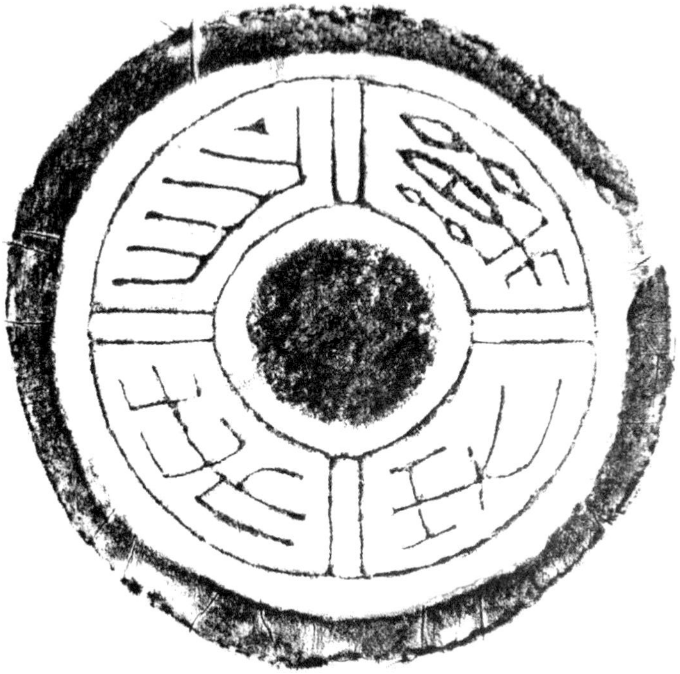

六六七　汉　长乐未央瓦当

面径 16 厘米，边轮宽 1 厘米。当心为大圆纽，外区被双线十字四分，自右至左直书篆体『长乐未央』四字。四字随形就势，中锋运笔，笔画纤细，结字多采用方笔，清新秀丽。

六六八　汉　长乐未央瓦当

面径 17 厘米，边轮宽 1 厘米。当心为圆纽，外区被双线十字四分，自右至左直书篆体『长乐未央』四字。四字随形就势，中锋运笔，笔画舒展，书体方中寓圆，书风肃穆。

六六九 汉 长乐未央瓦当

面径 16 厘米，边轮宽 1 厘米。当心为大圆纽，外区被双线十字四分，自右至左直书篆体『长乐未央』四字。四字随形就势，中锋运笔，笔画粗实，结字多采用方笔，气韵流畅。

六七〇 汉 长乐未央瓦当

面径 16 厘米，边轮宽 1 厘米。边轮残缺。当心为大圆纽，外饰弦纹，单线十字与四组羊角形云纹组成的纹饰将当面四分，自右至左直书隶体『长乐未央』四字。笔画纤细，结字多采用方笔，构图华丽。

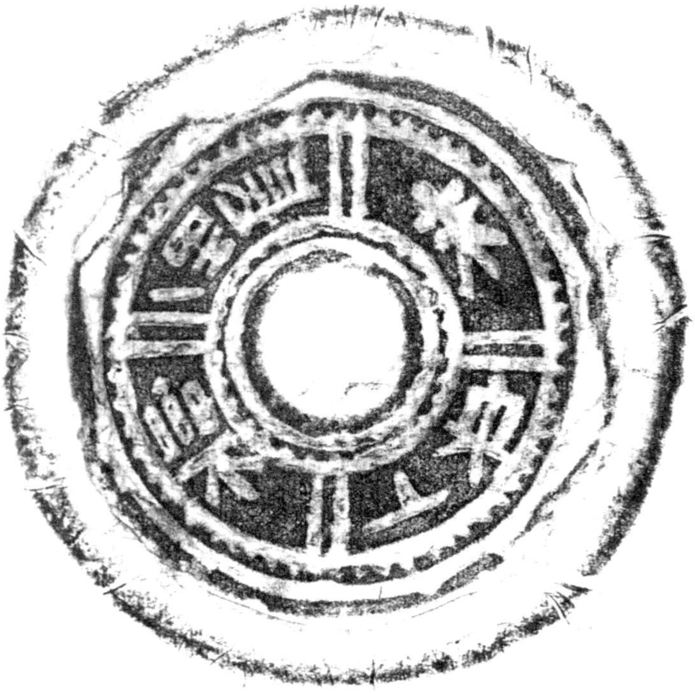

六七一　汉　长乐未央瓦当范

面径16厘米，边轮宽1厘米。当心为大圆纽，外饰弦纹、锯齿纹。外区被双线十字四分，自左至右直书隶体『长乐未央』四字。四字笔画粗实，其中『长』字反书。『长』与『央』下填以几何图形，构图复杂。外环饰一圈锯齿纹。

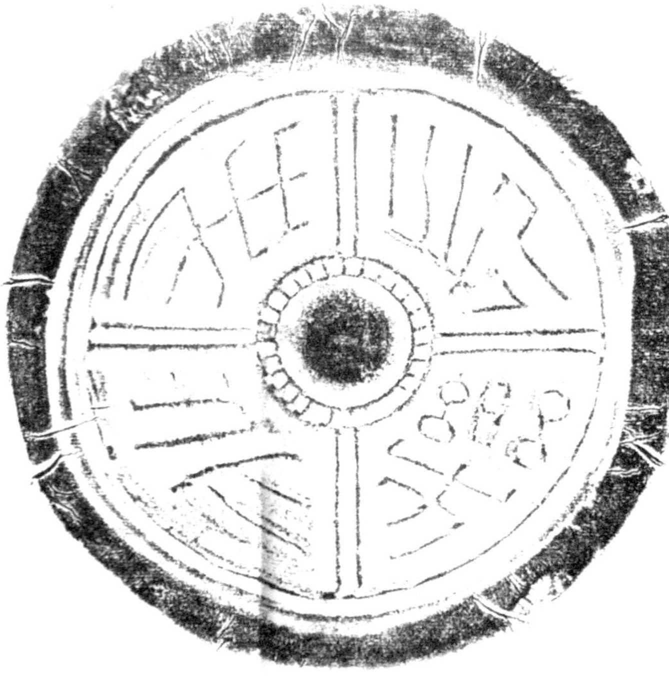

六七二　汉　长乐未央瓦当

面径22厘米，边轮宽1.6厘米。当心为圆纽，外饰一圈绳索纹。外区被双线十字四分，自右至左直书篆体『长乐未央』四字。四字随形就势，中锋运笔，笔画纤细，结字多采用方笔，稚气可爱。

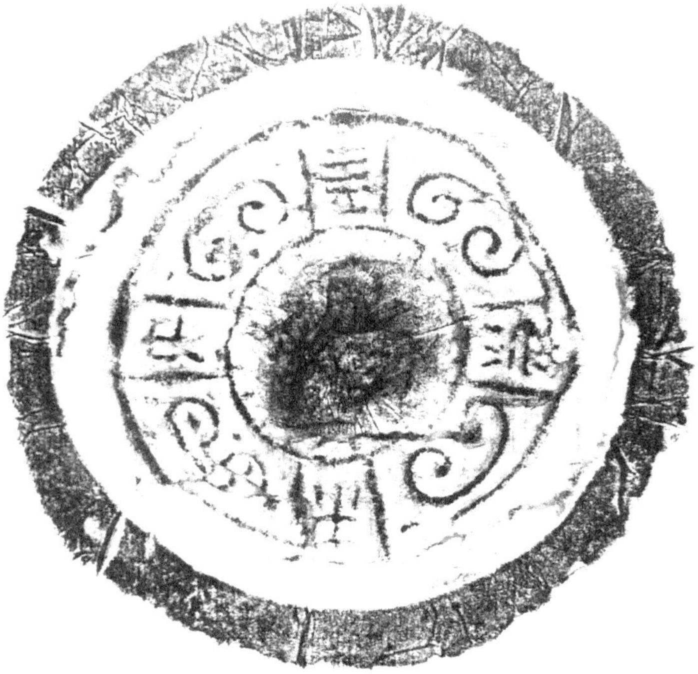

六七三 汉 长乐未央瓦当

面径 14.5 厘米，边轮宽 1 厘米。当心为圆纽，外区被宽双线四分。双线间顺时针篆书『长乐未央』四字。双线外饰云纹。

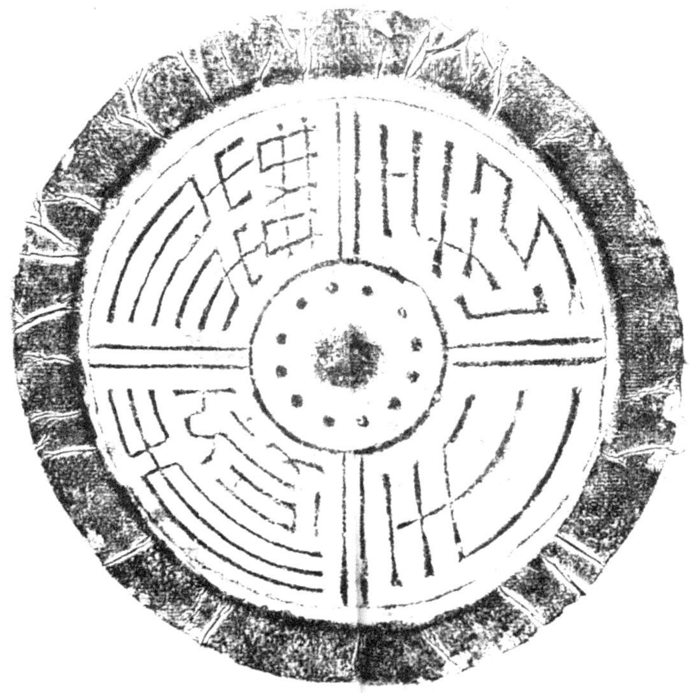

六七四 汉 长生无极瓦当

面径 21 厘米，边轮宽 2 厘米。当心为圆纽，外饰连珠纹、弦纹。外区被双线十字四分，自右至左直书篆体『长生无极』四字。四字随形就势，结体严谨。『长生无极』是大汉王朝追求长生不老、国家永昌的思想反映。把『长生无极』『长生未央』的哲理艺术化，制成瓦当垂悬于房檐，有着重要的昭示意义。

六七五　汉　长生无极瓦当

面径18厘米，边轮宽1.5厘米。当心为圆纽，外饰弦纹、连珠纹。外区被双线十字四分，自右至左直书篆体『长生无极』四字。四字随形就势，笔画粗细因笔画多少而变化，『长生』二字笔画粗，『无极』笔画细，结体严谨。

六七六　汉　长生无极瓦当

面径20厘米，边轮宽1.5厘米。当心为圆纽，外饰弦纹、连珠纹。外区被双线十字四分，自右至左直书篆体『长生无极』四字。四字随形就势，书风整肃。

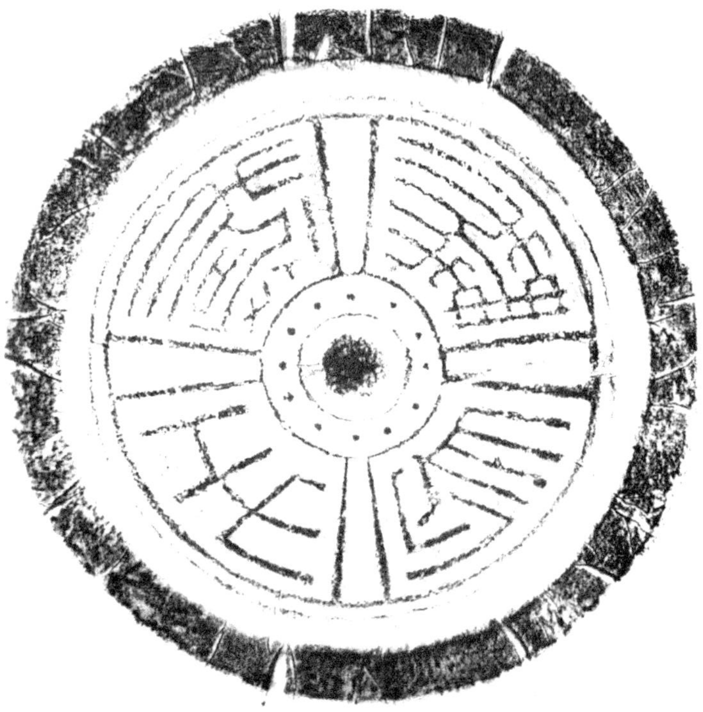

六七七 汉 长生无极瓦当

面径 18 厘米，边轮宽 1.2 厘米。当心为圆纽，外饰弦纹、连珠纹。外区被双线十字四分，自右至左直书篆体『长生无极』四字。笔画均为方笔，且随形就势，并作适当欹侧、延伸、挪让、增减，错落有致。书体宽博硬朗，书风严谨。

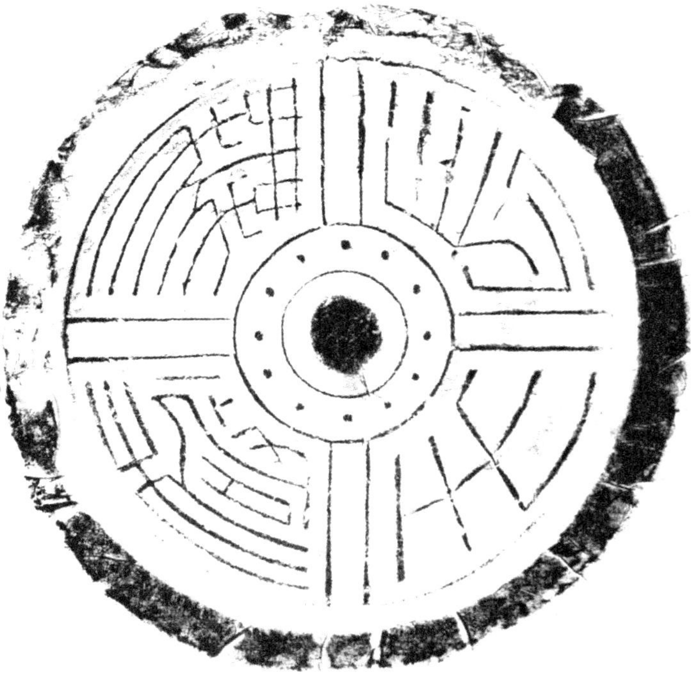

六七八 汉 长生无极瓦当

面径 18 厘米，边轮宽 1.5 厘米。当心为圆纽，外饰弦纹、连珠纹。外区被双线十字四分，逆时针书篆体『长生无极』四字。笔画均为方笔，四字随形就势，布局丰满，错落有致。

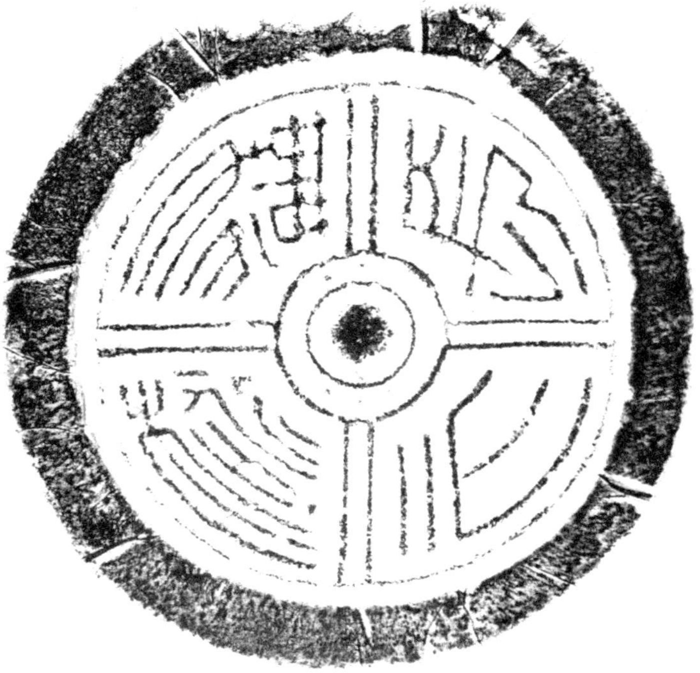

六七九 汉 长生无极瓦当

面径 19 厘米，边轮宽 1.5 厘米。边轮稍残。当心为圆纽，外饰两圈弦纹。外区被双线十字四分，先右后左直书篆体『长生无极』四字。笔画均为方笔，随形就势。

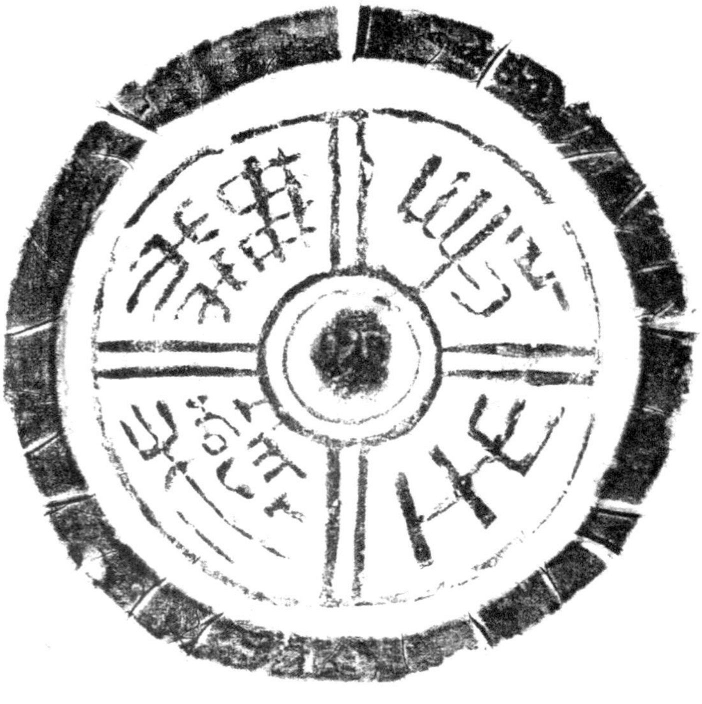

六八〇 汉 长生无极瓦当

面径 18 厘米，边轮宽 1.5 厘米。当心为圆纽，外饰两圈弦纹。外区被双线十字四分，先右后左直书篆体『长生无极』四字。笔画粗细多变，随形就势。

六八一 汉 长生无极瓦当

面径 19 厘米，边轮宽 1.6 厘米。当心为圆纽，外饰弦纹、连珠纹。外区被双线十字四分，自右至左直书篆体『长生无极』四字，随形就势。

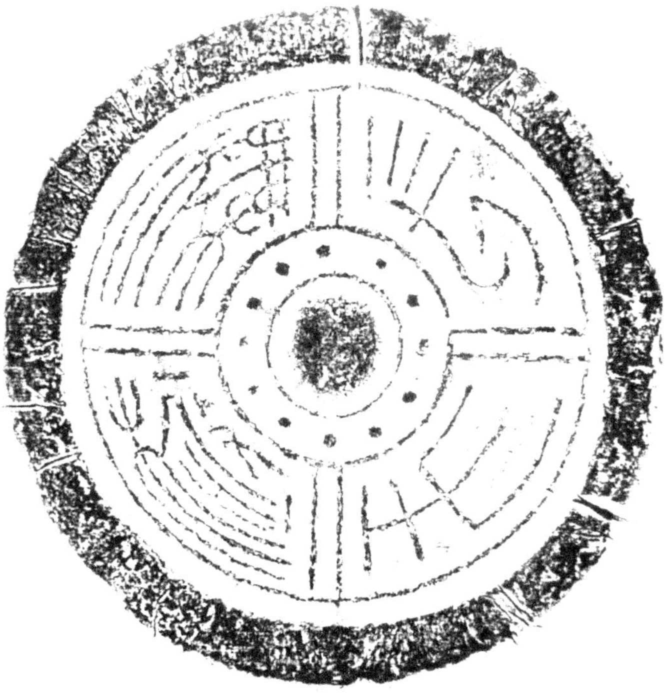

六八二 汉 常生无极瓦当

面径 16 厘米，边轮宽 1.5 厘米。边轮残缺。当心为圆纽，外饰弦纹、连珠纹。外区被双线十字四分，顺时针书阳文篆体『常生无极』四字，笔画均为方笔，随形就势，错落有致。王莽之时，改『长安』为『常安』，故『长生』『长乐』等亦改作『常生』『常乐』。

六八三　汉　常生无极瓦当

面径 17 厘米，边轮宽 1.5 厘米。当心为圆纽，外饰弦纹、连珠纹。外区被双线十字四分，自右至左直书阳文篆体『常生无极』四字。笔画均为方笔，随形就势，错落有致。王莽之时，改『长安』为『常安』，故『常生无极』即『长生无极』。

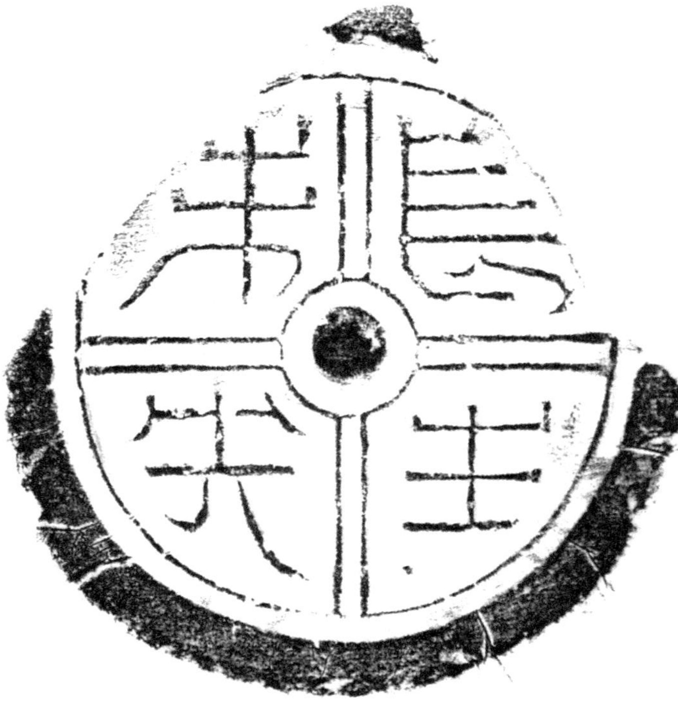

六八四　汉　长生未央瓦当

面径 16 厘米，边轮宽 1.2 厘米。上半边轮残缺。当心为圆纽，外饰弦纹。外区被双线十字四分，自右至左直书『长生未央』四字。字体处于篆隶之间，具有鲜明的时代性。『未央』，原出自《诗经·小雅·庭燎》：『夜如何其？夜未央。』『长生』即长寿，『未央』就是没有终止。

六八五 汉 长生未央瓦当

面径 19.5 厘米，边轮宽 1.5 厘米。当心为圆纽，外饰弦纹。外区被双线十字四分，自右至左直书『长生未央』四字。字体舒展，线条沉雄，有毛笔遗韵。

六八六 汉 长生未央瓦当

面径 16.5 厘米，边轮宽 1.6 厘米。当心为圆纽，外饰弦纹、连珠纹。外区被双线十字四分，自右至左直书『长生未央』四字。字体笔画随形就势，结体规整，线条以方笔为主，偶见圆笔。外周饰方格形网纹。

六八七　汉　长生未央瓦当

面径 16.5 厘米，边轮宽 1.2 厘米。当心为圆纽，外饰弦纹。外区被双线十字四分，自右至左直书『长生未央』四字。四字随形就势，多用方笔，行笔刚健，书风清秀。

六八八　汉　长生未央瓦当

面径 17 厘米，边轮宽 1.5 厘米。上半边轮残缺。当心为圆纽，外饰弦纹。外区被双线十字四分，自右至左直书『长生未央』四字。多用方笔，字体处于篆隶之间。行笔刚健洒脱，书风清俊。

六八九　汉　长生未央瓦当

面径 14.5 厘米，边轮宽 1.2 厘米。右上边轮残缺。当心为圆纽，外饰弦纹。外区被双线十字四分，自右至左直书『长生未央』四字。字体笔画纤细，多用方笔，有减笔现象，字体处于篆隶之间。

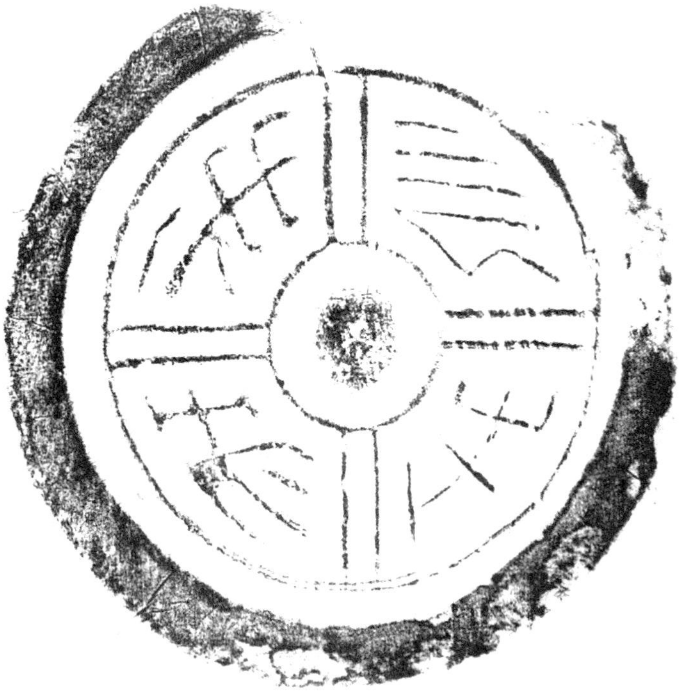

六九〇　汉　长生未央瓦当

面径 19 厘米，边轮宽 0.8 厘米。边轮稍残。当心为圆纽，外饰弦纹。外区被双线十字四分，自右至左直书『长生未央』四字。字体处于篆隶之间。行笔简洁明快，书风清俊。

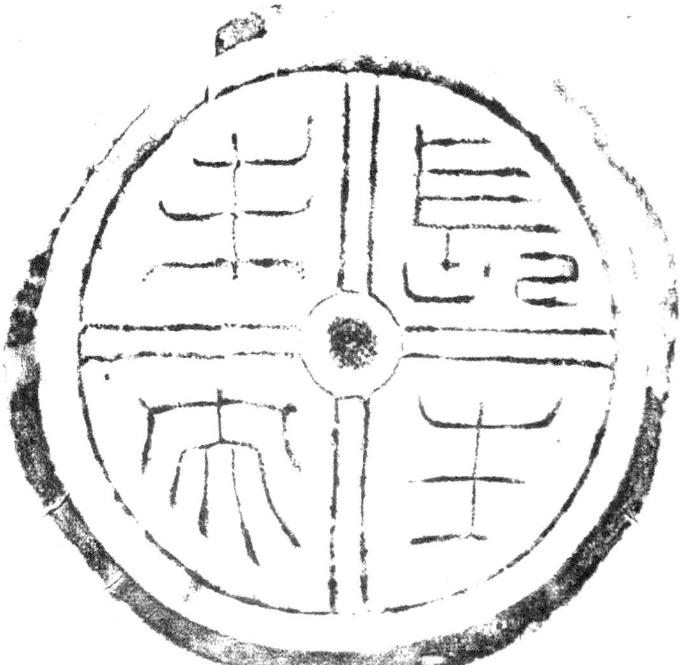

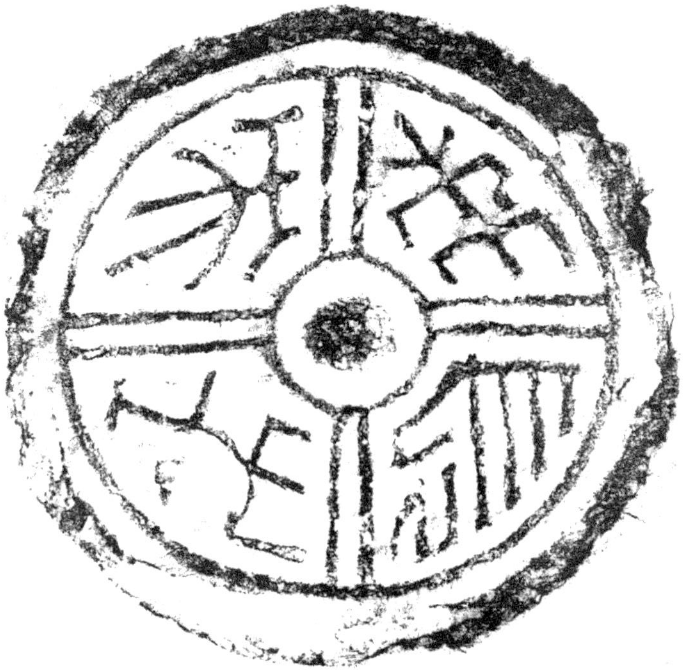

六九一　汉　长生未央瓦当

面径16厘米，边轮宽1厘米。当心为圆纽，外饰弦纹。外区被双线十字四分，自右至左直书『长生未央』四字。笔画粗壮，字体处于篆隶之间。行笔刚健古拙。

六九二　汉　长生未央瓦当

面径16厘米，边轮宽0.8厘米。无当心，双线十字四分当面。自右至左直书『长生未央』四字，隶书。笔意沉稳拙朴。

六九三 汉 长生未央瓦当

面径 16.5 厘米，边轮宽 0.8 厘米。边轮稍残。双线十字穿过当心圆，将当面四分，当心圆内饰四个折线纹，外区自右至左直书『长生未央』四字，隶书。笔画粗细变化明显。

六九四 汉 长生未央瓦当

面径 17 厘米，边轮宽 1 厘米。边轮稍残。双线十字穿过当心圆，将当面四分，外区自右至左直书『长生未央』四字，隶书。结体自然，笔意拙朴。

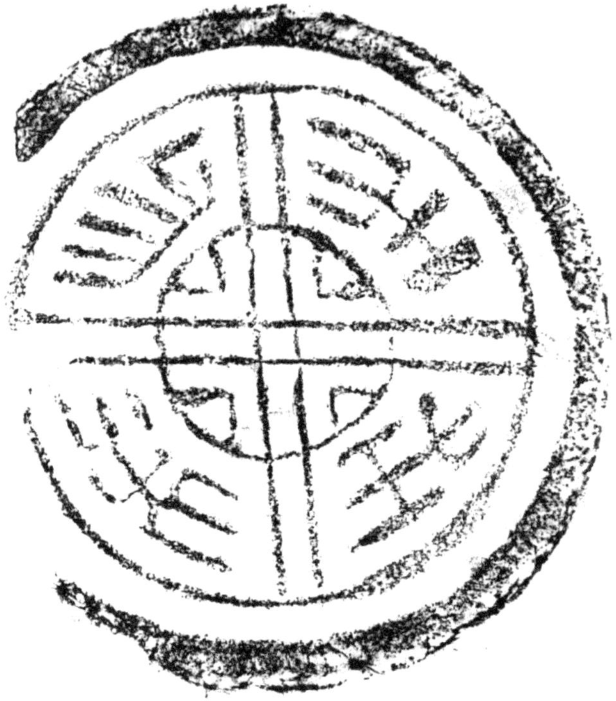

六九五　汉　长生未央瓦当

面径 13.5 厘米，边轮宽 1 厘米。边轮稍残。双线十字穿过当心圆，将当面四分，当心圆内饰四个折线纹，外区自右至左直书『长生未央』四字，隶书。行笔老辣。

六九六　汉　长生未央瓦当

面径 20 厘米，边轮宽 1.5 厘米。当心为圆纽，外饰弦纹。外区被双线十字四分，自右至左直书『长生未央』四字。字体处于篆隶之间，结体多圆笔，布局丰满，错落有致。行笔刚健、匀实。书风肃穆。

六九七 汉 长生未央瓦当

面径 14.5 厘米，边轮宽 0.8 厘米。当心为大圆纽，外区被双线十字四分，自右至左直书『长生未央』四字，字体处于篆隶之间，『长』字反书。

六九八 汉 长生未央瓦当

面径 19 厘米，边轮宽 1.5 厘米。上半边轮残缺。当心为圆纽，外饰弦纹。外区被双线十字四分，自右至左直书『长生未央』四字。字体处于篆隶之间，结字随扇形变化而变化，中锋行笔，笔画或有增减，使当面布局显得清秀俊朗。

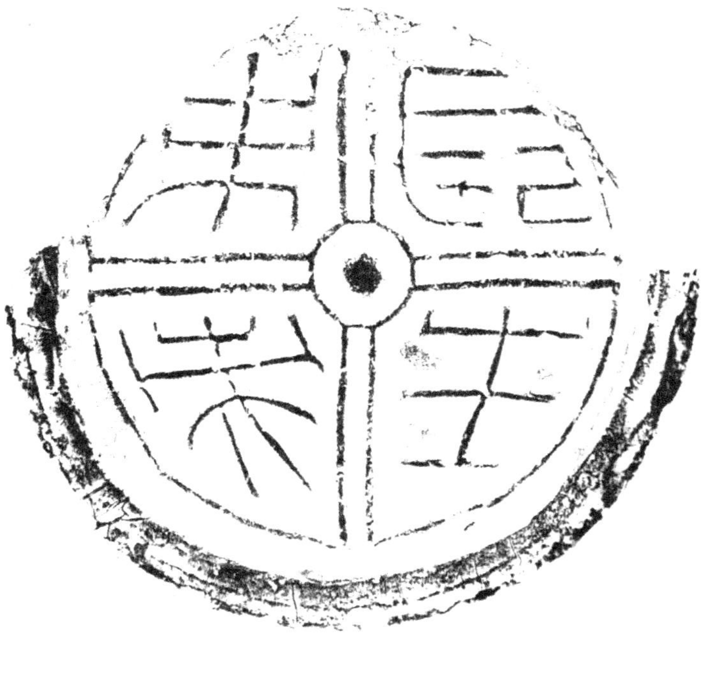

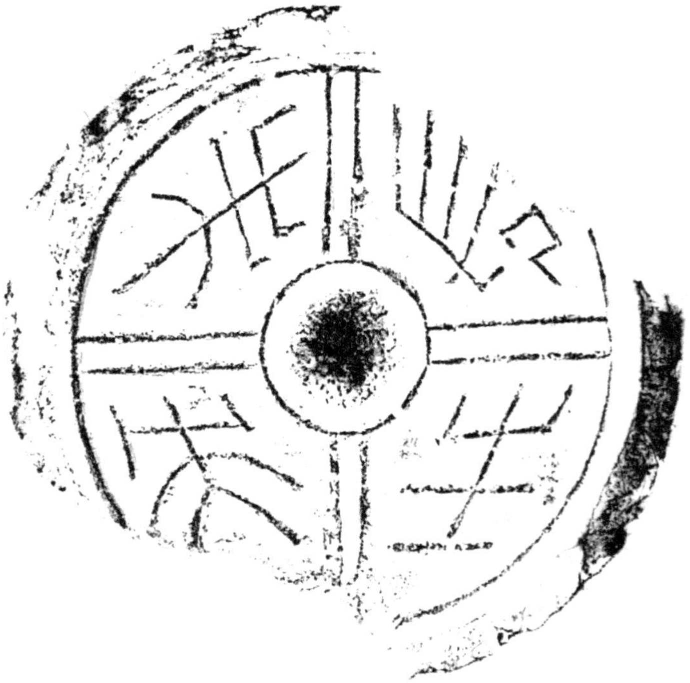

六九九　汉　长生未央瓦当

面径18厘米，边轮宽1厘米。边轮有残缺。当心为圆纽，外饰弦纹。外区被双线十字四分，自右至左直书『长生未央』四字。字体处于篆隶之间，行笔粗细匀实，笔意劲健。

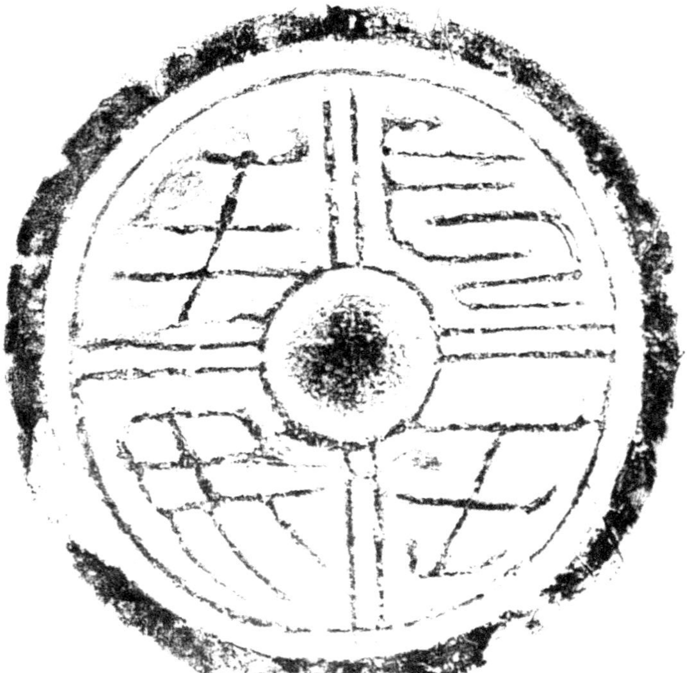

七〇〇　汉　长生未央瓦当

面径17厘米，边轮宽1厘米。当心为圆纽，外饰弦纹。外区被双线十字四分，自右至左直书『长生未央』四字。字体处于篆隶之间，结体乖谬，多讹化，特别是『生』『未』二字。

七〇一　汉　长生未央瓦当

面径17厘米，边轮宽0.8厘米。边轮残缺。当心为圆纽，外饰弦纹。外区被双线十字四分，自右至左直书『长生未央』四字。字体处于篆隶之间，结体虽乖谬，但别有意趣。

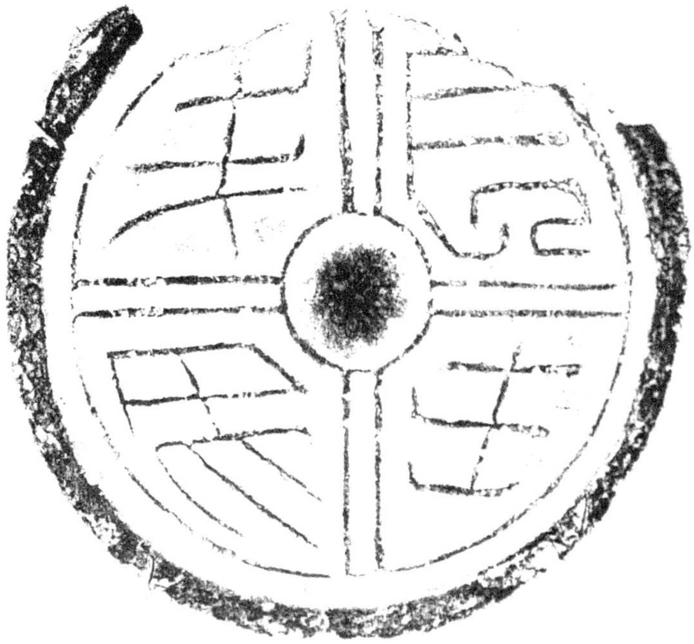

七〇二　汉　长生未央瓦当

面径14厘米，边轮宽0.8厘米。当心为圆纽，外饰弦纹。外区被双线十字四分，自右至左直书『长生未央』四字，隶书，运笔粗壮，结体多减笔，沉着敦厚。

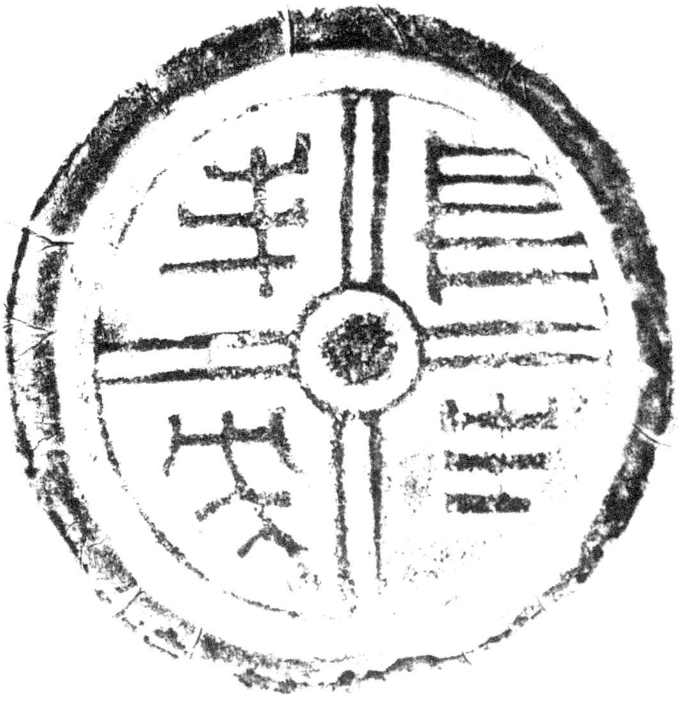

七〇三 汉 长生未央瓦当

面径 15.5 厘米，边轮宽 1.2 厘米。当心为柿蒂状纽，外区被双线十字四分，自右至左直书『长生未央』四字，篆书，中锋行笔，结构严谨。

七〇四 汉 与天瓦当

面径 15 厘米，边轮宽 0.8 厘米。当面横书篆体『与天』二字。字体随形就势，笔画纤细，应是『与天无极』省语。

七〇五 汉 无极瓦当

面径 17 厘米，边轮宽 1.5 厘米。当面横书篆体『无极』二字。字体结构随形就势，中锋行笔，寓方于圆，笔意刚柔相济。应是『与天无极』省语。

七〇六 汉 与天无极瓦当

面径 16.5 厘米，边轮宽 1.2 厘米。边轮稍残。无当心，双线十字四分当面，各饰一字。从右至左直书阳文小篆『与天无极』四字。中锋行笔，字体随形就势，寓方于圆，笔意刚柔相济。

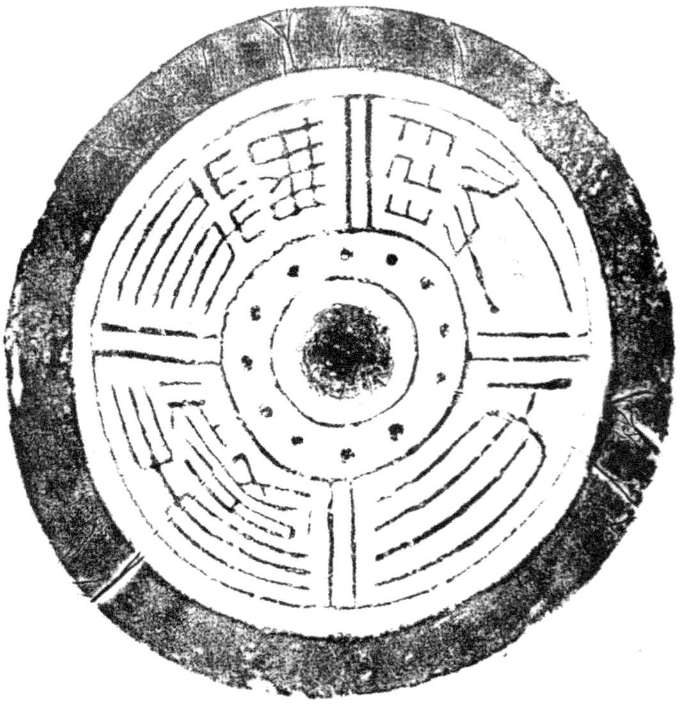

七〇七 汉 与天无极瓦当

面径 18.5 厘米，边轮宽 2 厘米。当心为圆纽，外饰弦纹、连珠纹。外区被双线十字四分，先右后左直书『与天无极』四字，阳文篆书，笔画均为方笔，且随形就势，并作适当欹侧、延伸、挪让，错落有致。书体宽博硬朗，书风严谨。

七〇八 汉 与天无极瓦当

面径 19 厘米，边轮宽 1.8 厘米。边轮稍残。当心为圆纽，外饰弦纹、连珠纹。外区被双线十字四分，先右后左直书篆体『与天无极』四字，笔画均为方笔，且随形就势。书风严谨。

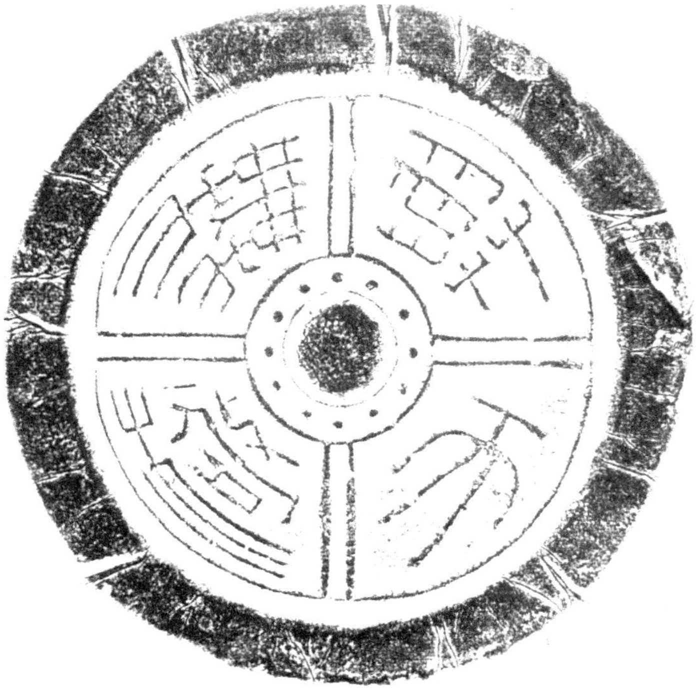

七〇九 汉 与天无极瓦当

面径 20.5 厘米，边轮宽 2 厘米。当心为圆纽，外饰弦纹、连珠纹。外区被双线十字四分，先右后左直书篆体『与天无极』四字，笔画多方笔，且随形就势，笔意率真。

七一〇 汉 与天无极瓦当

面径 19 厘米，边轮宽 1.5 厘米。当心为圆纽，外饰连珠纹。外区被双线十字四分，先右后左直书『与天无极』四字，阳文篆书，字体随形就势，笔意率真、稚拙。

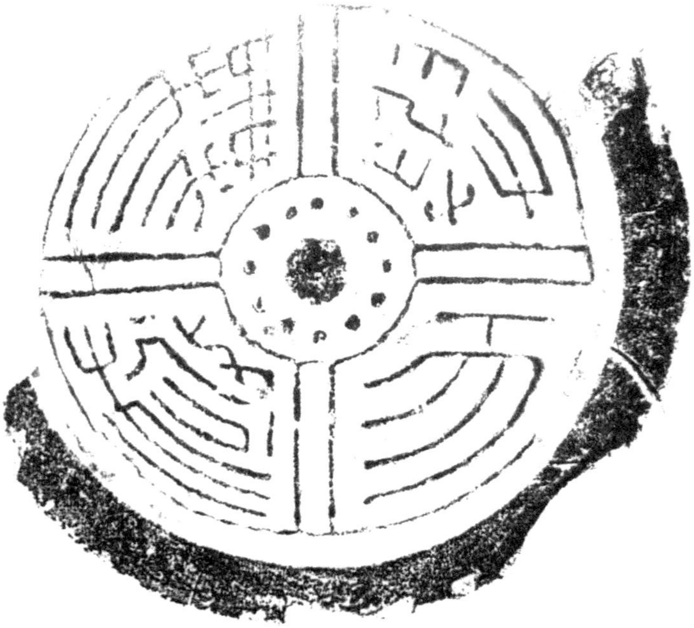

七一一 汉 与天无极瓦当

面径 19 厘米，边轮宽 1.5 厘米。边轮残缺。当心为圆纽，外饰连珠纹。外区被双线十字四分，先右后左直书『与天无极』四字，阳文篆书，随形就势，笔画精劲利落，书意挺拔俊秀。

七一二 汉 与天无极瓦当

面径 19 厘米，边轮宽 1.4 厘米。当心为圆纽，外饰弦纹。外区被双线十字四分，先右后左直书『与天无极』四字，阳文篆书，字体随形就势，笔画粗实，结体厚敦，笔意拙朴。

七一三 汉 与天无极瓦当

面径 19.5 厘米，边轮宽 1 厘米。当心为圆纽，外饰弦纹。外区被双线十字四分，先右后左直书『与天无极』四字，阳文篆书，字体随形就势，笔画粗实，结体宽扁，笔意率真。

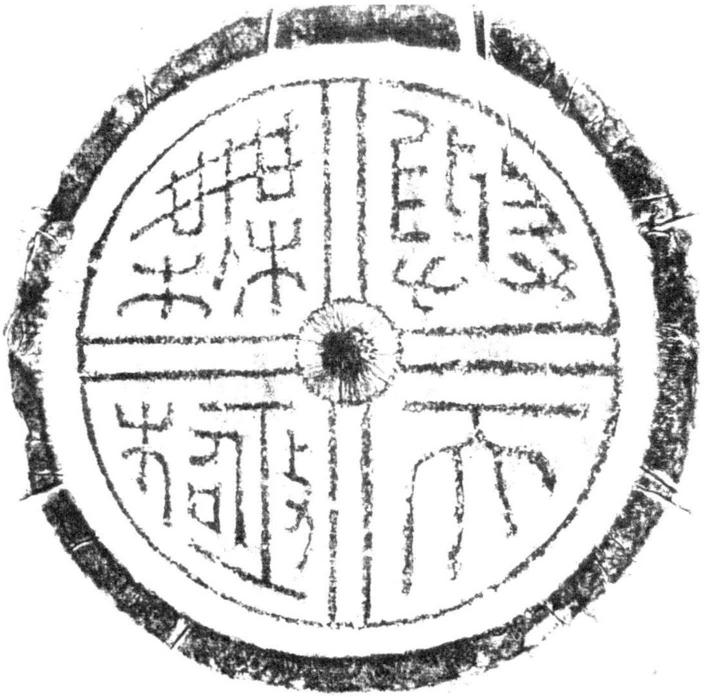

七一四 汉 与天无极瓦当

面径 17 厘米，边轮宽 1 厘米。边轮残缺。当心为圆纽，外饰弦纹。外区被双线十字四分，先右后左直书篆书『与天无极』四字，中锋运笔，并作适当减笔，使当面布局显得清秀俊朗。

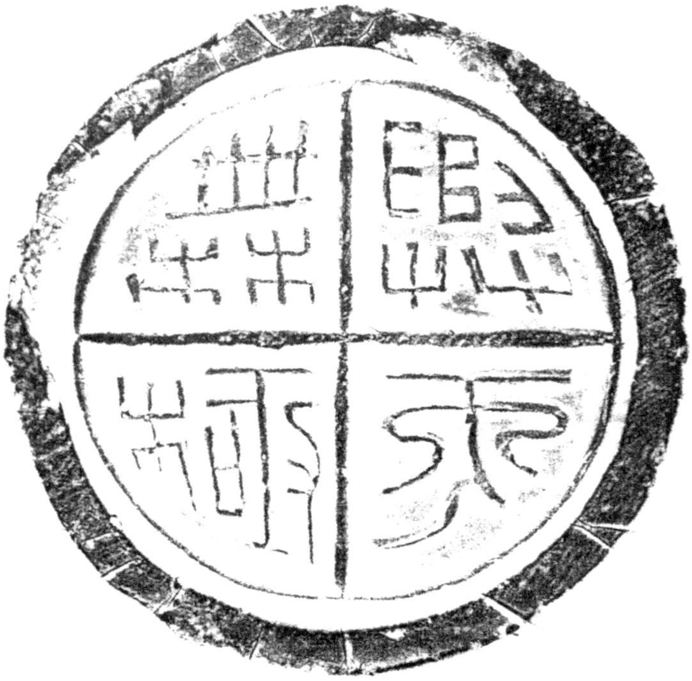

七一五 汉 与天无极瓦当

面径 17 厘米，边轮宽 1 厘米。当面布局十分简洁，仅单线十字四分外区，先右后左直书『与天无极』四字。书体为典型汉篆，寓方于圆，结字工整，线条粗实厚重，笔意雄强苍劲，布局饱满，浑厚中不失灵秀。

七一六 汉 与天无极瓦当

面径 15.5 厘米，边轮宽 0.6 厘米。双线十字穿过当心圆，将当面四分，外区顺时针书『与天无极』四字，书体为典型汉篆，寓方于圆。

七一七 汉 与天毋极瓦当

面径 15.5 厘米，边轮宽 1 厘米。当心为圆纽，外饰弦纹。外区被双线十字四分，先右后左直书『与天毋极』四字，阳文篆书，字体随形就势，结体宽扁，笔意率真。

七一八 汉 与天毋极瓦当

面径 19.5 厘米，边轮宽 1.5 厘米。边轮残缺。当心为圆纽，外饰弦纹。外区被双线十字四分，先右后左直书篆体『与天毋极』四字。四字随形就势，结体宽扁，运笔抑扬顿挫。

七一九　汉　与天毋极瓦当

面径 19 厘米，边轮宽 1.5 厘米。当心为圆纽，外饰弦纹。外区被双线十字四分，先右后左直书篆体『与天毋极』四字。四字随形就势，笔画粗实。

七二〇　汉　与天毋极瓦当

面径 16 厘米，边轮宽 1.5 厘米。边轮稍残。当心为圆纽，外饰弦纹。外区被双线十字四分，先左后右直书篆体『与天毋极』四字，结字多有减笔，整个当面显得疏朗沉稳。

七二一 汉 与天毋极瓦当

面径 20 厘米，边轮宽 1.5 厘米。边轮稍残。当心为圆纽，当面被双线十字四分，先右后左直书篆体『与天毋极』四字，笔画恣肆随意。

七二二 汉 与地相长瓦当

面径 17 厘米，边轮宽 1 厘米。当面布局十分简洁，仅以直线十字四分当面。四区先右后左直书『与地相长』四字，书体为典型汉篆，寓方于圆，结字工整，线条粗实厚重，浑厚中不失灵秀。

七一三　汉　与华无极瓦当

面径15厘米，边轮宽0.8厘米。当心为圆纽，外饰弦纹，外区自右向左直书篆体『与华无极』四字，作环绕式布置。此类瓦当主要出土于陕西省华阴县。20世纪80年代华阴华仓遗址又出土一定数量的『与华无极』瓦当。此类瓦当还有『与华相宜』等。『华』乃『华仓』或其所在地『华阴』之省称，也有人认为此『华』指『华山』。

七一四　汉　与华无极瓦当

面径15厘米，边轮宽0.8厘米。当心为圆纽，外饰弦纹，外区自右向左直书篆体『与华无极』四字，作环绕式布置。西汉政府每年要从山东调运大批粮食供应京师。为了便于运输，专门修有一条漕渠，使关东粮食得以从黄河、渭河转入漕渠运到长安。漕渠之旁建有粮仓，『华仓』即是其中之一。

七二五 汉 与华无极瓦当

面径 15 厘米，边轮宽 0.8 厘米。边轮稍残。当心为圆纽，外饰弦纹，外区被单线十字四分，自右向左直书篆体『与华无极』四字，字外亦有一周弦纹。《汉书·地理志》注云：『华阴，故阴晋，秦惠文王五年更名宁秦，高帝八年更名华阴。』东汉时仍称华阴。因华仓仓址位于华阴地界，故名。此类瓦为华阴汉粮仓建筑所施。

七二六 汉 与华无极瓦当

面径 14 厘米，边轮宽 0.8 厘米。当心为圆纽，外饰弦纹。外区被双线十字四分，自右向左直书篆体『与华无极』四字。运笔粗实，结体拙朴。

七二七 汉 与华无极瓦当

面径 15.5 厘米，边轮宽 0.8 厘米。边轮残缺。当心为圆纽，外饰弦纹。外区被双线十字四分，自右向左直书篆体『与华无极』四字。笔画粗实，多用方笔，结体古朴。

七二八 汉 与华无极瓦当

面径 16 厘米，边轮宽 0.8 厘米。边轮稍残。当心为圆纽，外饰弦纹。外区被双线十字四分，自右向左直书篆体『与华无极』四字。运笔方圆相宜。

七二九 汉 与华无极瓦当

面径 15.5 厘米，边轮宽 0.8 厘米。当心为圆纽，外饰弦纹。外区被双线十字四分，自右向左直书篆体『与华无极』四字。笔画虚实变化，多用方笔，笔意刚柔相济。

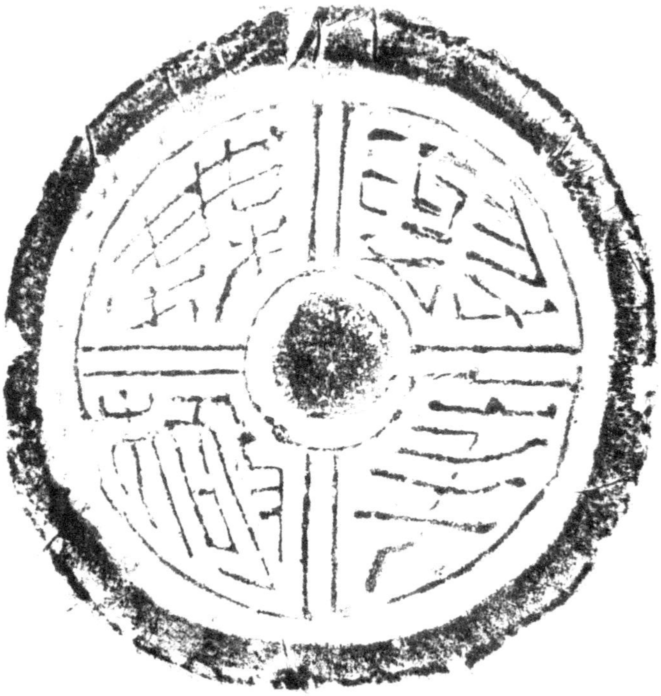

七三〇 汉 与华无极瓦当

面径 15.5 厘米，边轮宽 0.8 厘米。上边轮稍残。当心为圆纽，外饰弦纹。外区被双线十字四分，自右向左直书篆体『与华无极』四字。多用方笔，笔意老辣，当面显得肃穆严整。

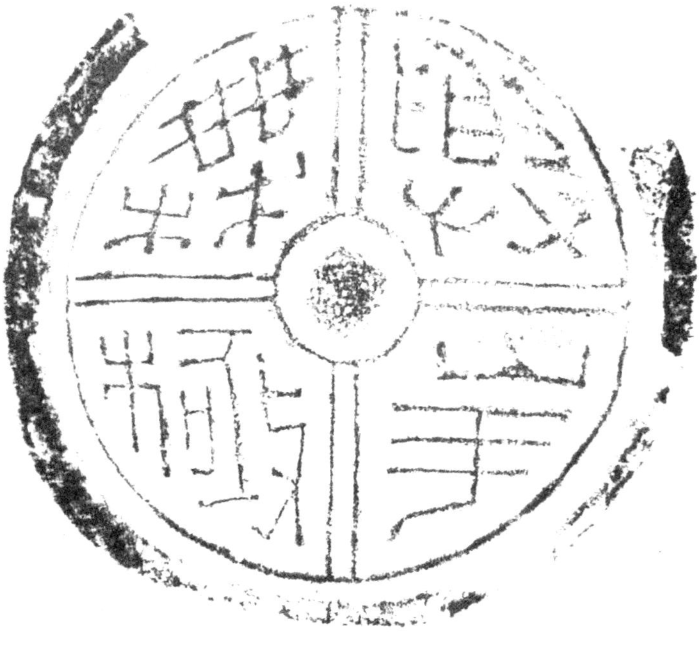

七三一 汉 与华无极瓦当

面径15厘米，边轮宽0.8厘米。边轮稍残。当心为圆纽，外饰弦纹。外区被双线十字四分，自右向左直书篆体『与华无极』四字。运笔随形就势，笔意遒劲。

七三二 汉 与华无极瓦当

面径15厘米，边轮宽0.8厘米。边轮残缺。当心为圆纽，外饰弦纹，外区被双线十字四分，自右向左直书篆体『与华无极』四字。运笔随形就势，结体看似随意，笔画显得极为流畅、柔美。

七三三　汉　与华无极瓦当

面径 14.5 厘米，边轮宽 1 厘米。边轮稍残。当心为圆纽，外饰弦纹。外区被双线十字四分，自右向左直书篆体『与华无极』四字。运笔方圆相宜，笔意遒劲。

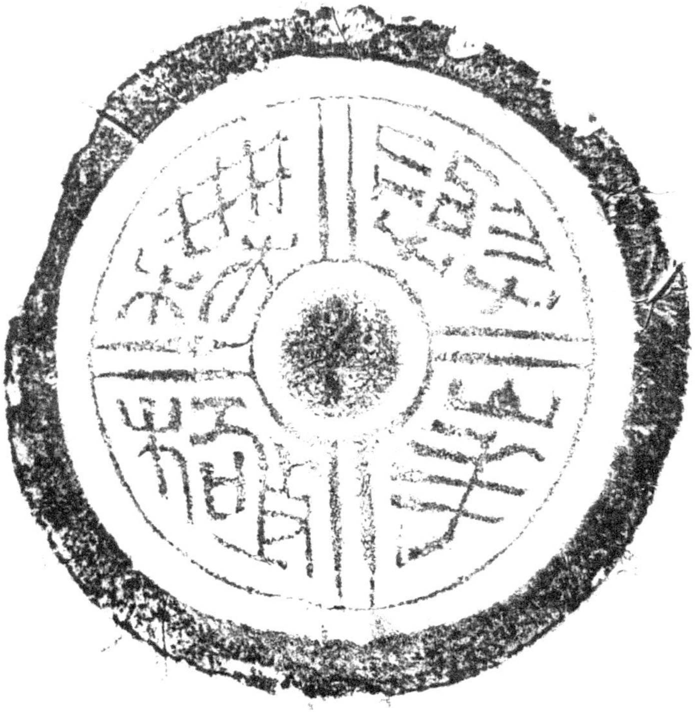

七三四　汉　与华无极瓦当

面径 14 厘米，边轮宽 0.8 厘米。边轮残缺。当心为圆纽，外饰弦纹，外区被双线十字四分，自右向左直书篆体『与华无极』四字。笔画虚实变化，多用方笔，笔意刚柔相济。

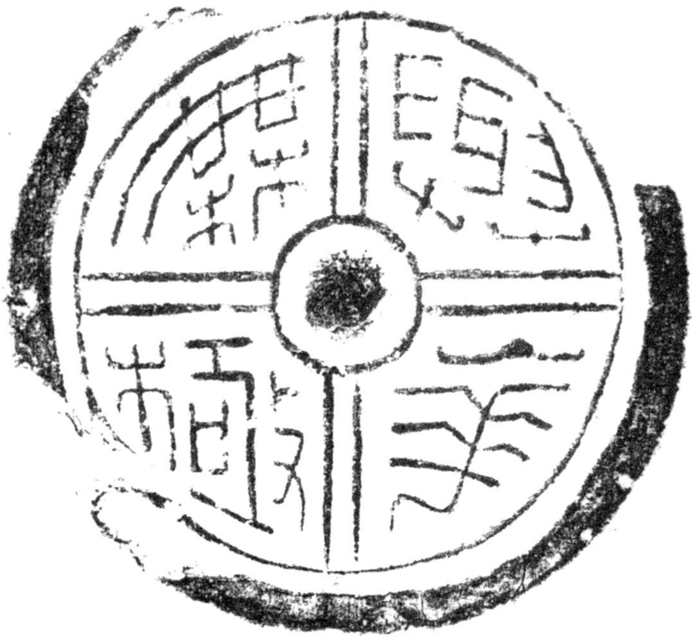

七三五　汉　与华无极瓦当

面径 14 厘米，边轮宽 0.8 厘米。边轮残缺。当心为圆纽，外饰弦纹。外区被双线十字四分，自右向左直书篆体『与华无极』四字。笔画随形就势，多用方笔，笔画较粗，行笔刚健、匀实。布局丰满，错落有致。书风肃穆。

七三六　汉　与华无极瓦当

面径 15.5 厘米，边轮宽 1 厘米。上半边轮残缺。当心为圆纽，外饰弦纹。外区被双线十字四分，自右向左直书篆体『与华无极』四字。笔画随形就势，作适当夸张，运笔方圆相济，布局丰满。

七三七 汉 与华无极瓦当

面径15.5厘米，边轮宽1厘米。当心为圆纽，外饰弦纹。外区被双线十字四分，自右向左直书篆体『与华无极』四字。笔画粗细变化，多用方笔，线条直挺，使得此瓦具有气势纵横，朴茂无华之感。

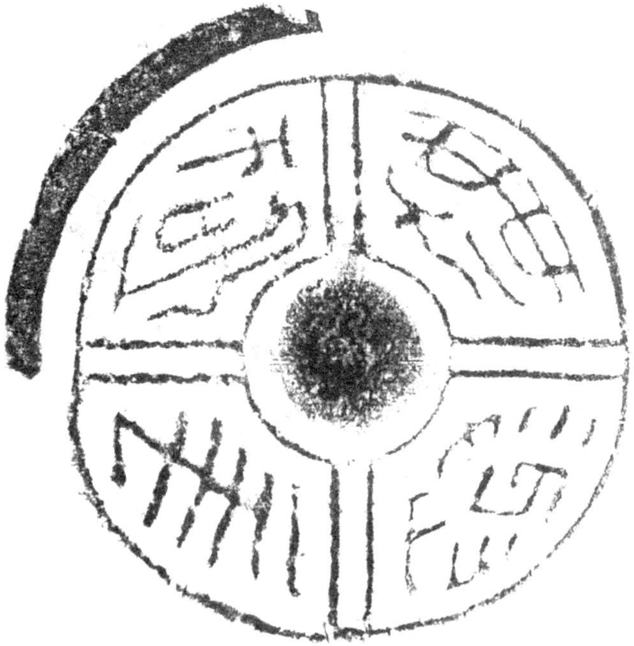

七三八 汉 与华无极瓦当

面径14厘米，边轮宽0.8厘米。四分之三边轮残缺。当心为圆纽，外饰弦纹。外区被双线十字四分，自右向左直书篆体『与华无极』四字。中锋运笔，并作适当减笔。

七三九　汉　与华无极瓦当

面径 15 厘米，边轮宽 1 厘米。边轮残缺。当心为圆纽，外饰弦纹。外区被双线十字四分，自右向左直书篆体『与华无极』四字。笔画方圆相济，且随形就势，并作适当欹侧、延伸、挪让、增减，错落有致。中锋行笔，笔意秀丽端庄。书体宽博硬朗，书风严谨。

七四〇　汉　与华无极瓦当

面径 15 厘米，边轮宽 1 厘米。边轮残缺。当心为圆纽，外饰弦纹。外区被双线十字四分，自右向左直书篆体『与华无极』四字。瓦文随势布局，笔法飘逸，四字首尾呼应，当面布局平整中蓄起伏。

七四一　汉　与华无极瓦当

面径 15 厘米，边轮宽 1.2 厘米。当心圆内饰网格纹，外区被双线十字四分，自左向右直书篆体『与华无极』四字，『极』字反书。字外亦有一周弦纹。笔意闲散，却有情致。

七四二　汉　与华相宜瓦当

面径 15.5 厘米，边轮宽 0.8 厘米。边轮残缺。当心为圆纽，外饰弦纹。外区被双线十字四分，自右向左直书篆体『与华相宜』四字。中锋行笔，多方笔，笔意秀丽。

七四三　汉与华相宜瓦当

面径14.5厘米，边轮宽0.8厘米。当心为圆纽，外饰弦纹。外区被双线十字四分，自右向左直书篆体『与华相宜』四字。中锋行笔，笔画粗实厚重。

七四四　汉与华相宜瓦当

面径15厘米，边轮宽1厘米。当心为圆纽，外饰弦纹，外区被四个Y形图案四分，自右向左直书篆体『与华相宜』四字。中锋行笔，笔画粗实厚重，结体敦实可爱。

七四五 汉 与华相宜瓦当

面径 15 厘米，边轮宽 1 厘米。边轮残缺。当心为圆纽，外饰弦纹，外区被四个 Y 形图案四分，自右向左直书篆体『与华相宜』四字。字体笔画纤细，随形就势，稚气活泼。

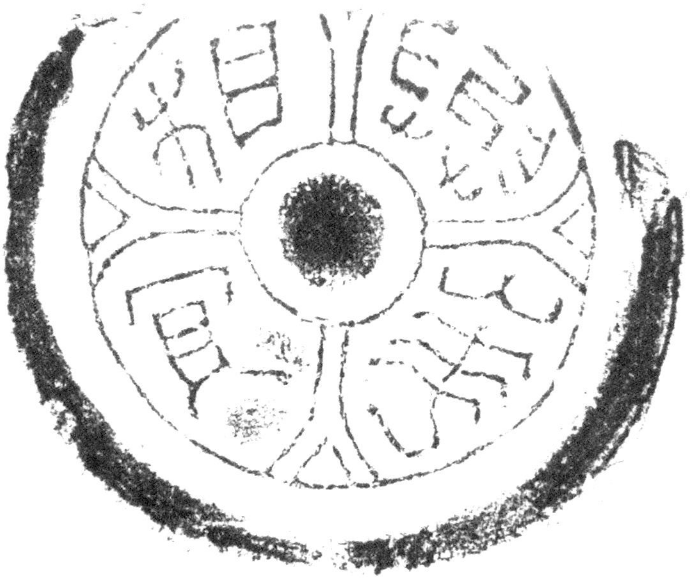

七四六 汉 与华相宜瓦当

面径 15.5 厘米，边轮宽 1 厘米。边轮稍残缺。当心为圆纽，外饰弦纹。外区被双线十字四分，自右向左直书篆体『与华相宜』四字，字外亦有一周弦纹。笔画粗细变化，随形就势，书风肃穆。

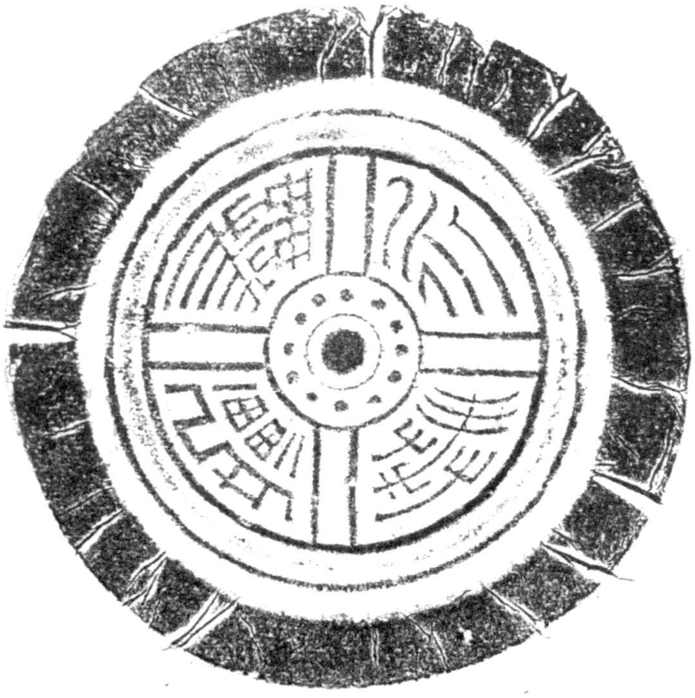

七四七　汉　永奉无疆瓦当

面径 18 厘米，边轮宽 2 厘米。当心为圆纽，外饰弦纹、连珠纹。外区被双线十字四分，自右向左直书篆体『永奉无疆』四字。传汉长安城遗址曾出土此瓦，但见于报道的是发现于汉元帝渭陵和汉哀帝义陵陵区遗址中的此类瓦当。瓦文系颂祷之词，当为汉宫殿或祠墓所用之物。

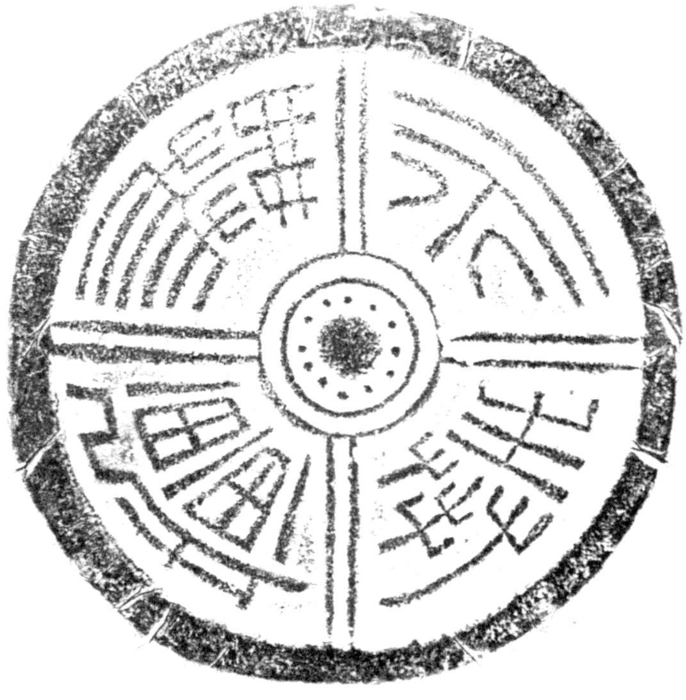

七四八　汉　永奉无疆瓦当

面径 19 厘米，边轮宽 1.2 厘米。当心为圆纽，外饰弦纹、连珠纹。外区被双线十字四分，自右向左直书篆体『永奉无疆』四字。四字随形就势，中锋运笔，行笔刚健、匀实，书风肃穆。

七四九　汉　永奉无疆瓦当

面径 20.5 厘米，边轮宽 1.8 厘米。当心为圆纽，外饰弦纹、连珠纹。外区被双线十字四分，自右向左直书篆体『永奉无疆』四字。运笔方圆相济，错落有致，『奉』字笔画稍作变化。

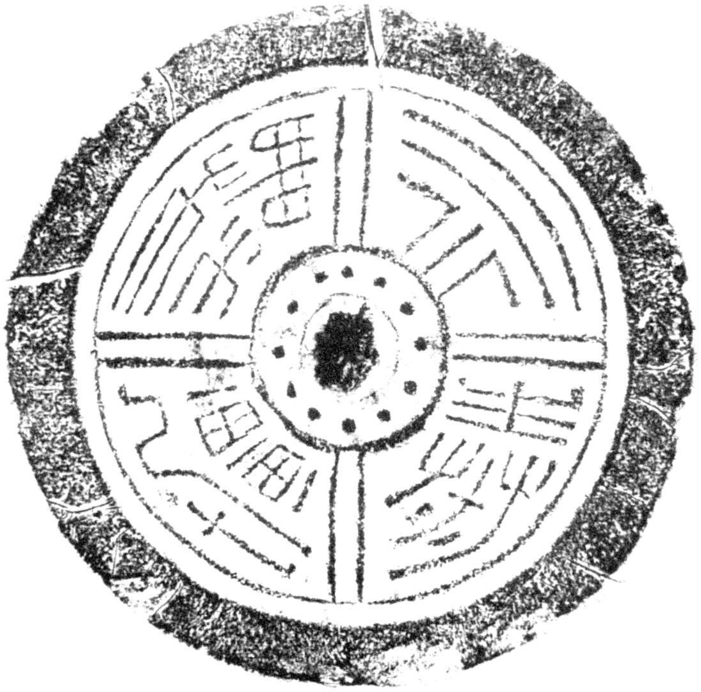

七五〇　汉　永奉无疆瓦当

面径 17.5 厘米，边轮宽 1 厘米。当心为圆纽，外饰弦纹、连珠纹。外区被双线十字四分，自右向左直书篆体『永奉无疆』四字。中锋行笔，笔画纤细但刚劲，运笔多方笔，『永』字结体似流水波动，富有动感。

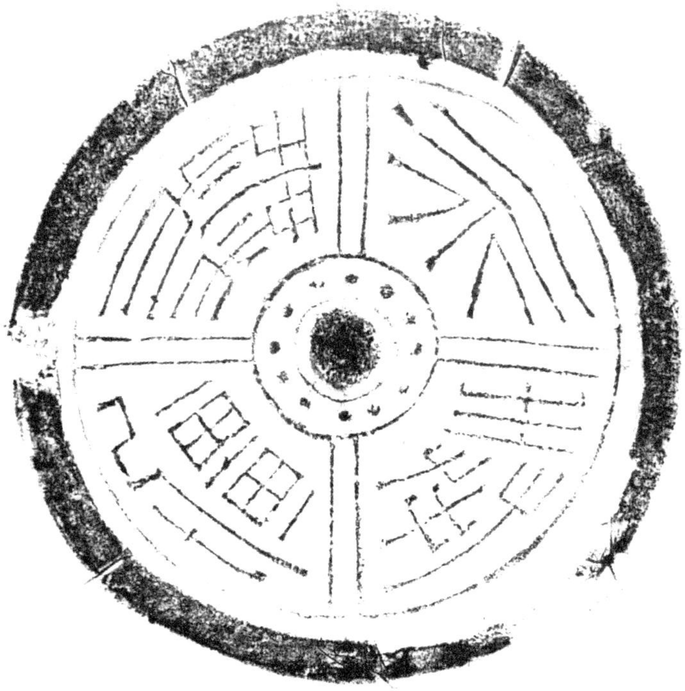

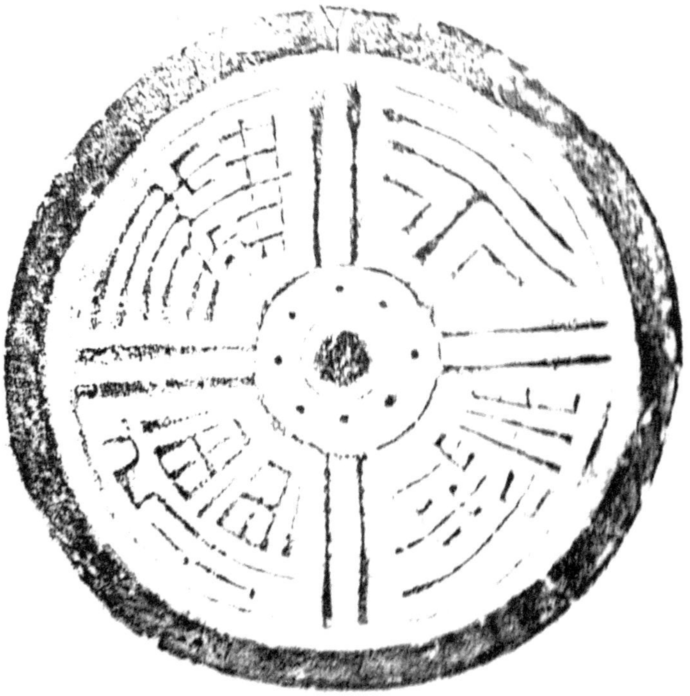

七五一 汉 永奉无疆瓦当

面径 14.5 厘米，边轮宽 0.8 厘米。当心为圆纽，外饰弦纹、连珠纹。外区被双线十字四分，自右向左直书篆体『永奉无疆』四字。字体随形就势，在扇形空间内表现得畅达自如。结体宽博，『永』字弧线优美，灵动秀逸。整个当面似不经意，却又天趣自成。

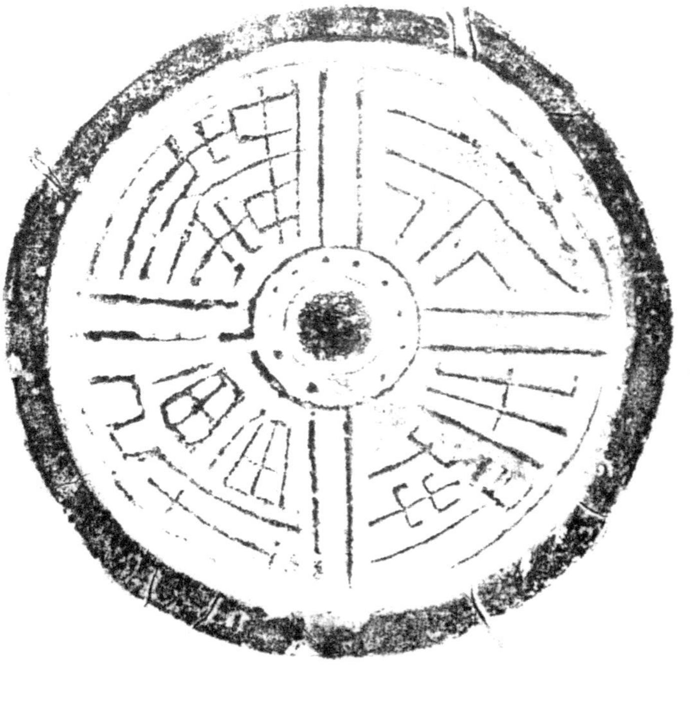

七五二 汉 永奉无疆瓦当

面径 16 厘米，边轮宽 1 厘米。当心为圆纽，外饰弦纹、连珠纹。外区被双线十字四分，自右向左直书篆体『永奉无疆』四字。中锋行笔，笔画虽纤细但刚劲有力。

七五三 汉 永奉无疆瓦当

面径 19 厘米，边轮宽 5 厘米。当心为圆纽，外饰弦纹、连珠纹。外区被双线十字四分，自右向左直书篆体『永奉无疆』四字。中锋行笔，笔画粗实。书体宽博硬朗，书风严谨。

七五四 汉 永奉无疆瓦当

面径 18 厘米，边轮宽 1.5 厘米。当心为圆纽，外饰弦纹、连珠纹。外区被双线十字四分，自右向左直书篆体『永奉无疆』四字。

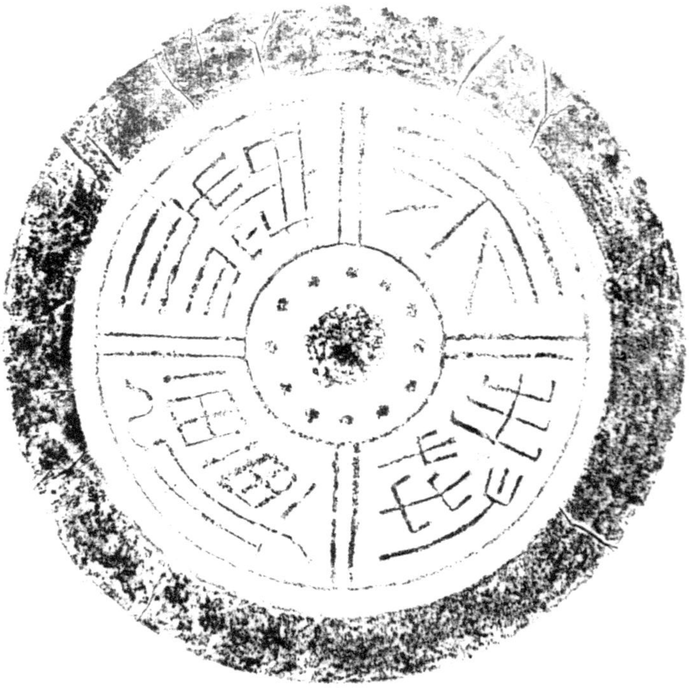

七五五　汉　永奉无疆瓦当

面径 18.5 厘米，边轮宽 2 厘米。当心为圆纽，外饰连珠纹，外区被双线十字四分，自右向左直书篆体『永奉无疆』四字。行笔粗细匀实，笔意劲健。书风整肃。

七五六　汉　永奉无疆瓦当

面径 19 厘米，边轮宽 1.5 厘米。当心为圆纽，外饰弦纹、连珠纹。外区被双线十字四分，自右向左直书篆体『永奉无疆』四字。

七五七 汉 永奉无疆瓦当

面径 18.5 厘米，边轮宽 1.5 厘米。边轮残缺。当心为圆纽，外饰弦纹、连珠纹。外区被双线十字四分，自右向左直书篆体『永奉无疆』四字。笔画因粗细有变化，结体稚气可爱。

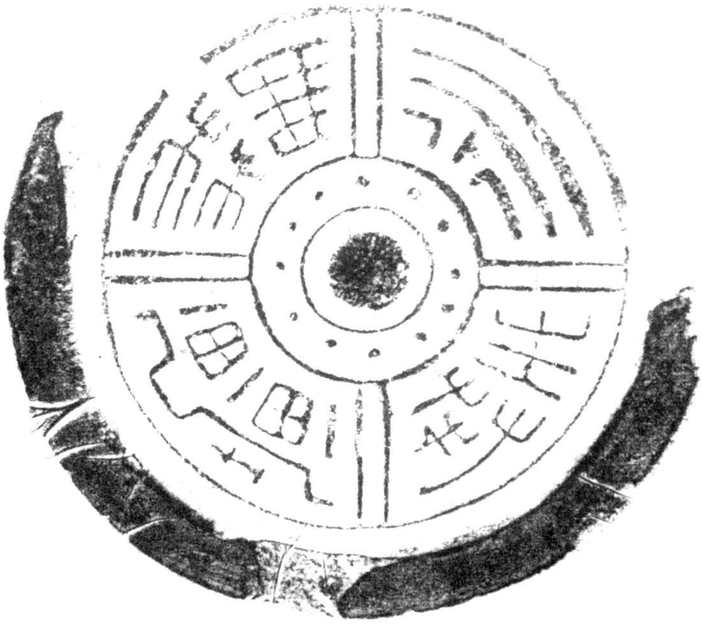

七五八 汉 永奉无疆瓦当

面径 15 厘米，边轮宽 1.2 厘米。当心为圆纽，外饰弦纹、连珠纹。外区被双线十字四分，自右向左直书篆体『永奉无疆』四字。中锋行笔，线条干净利落，书风肃穆。

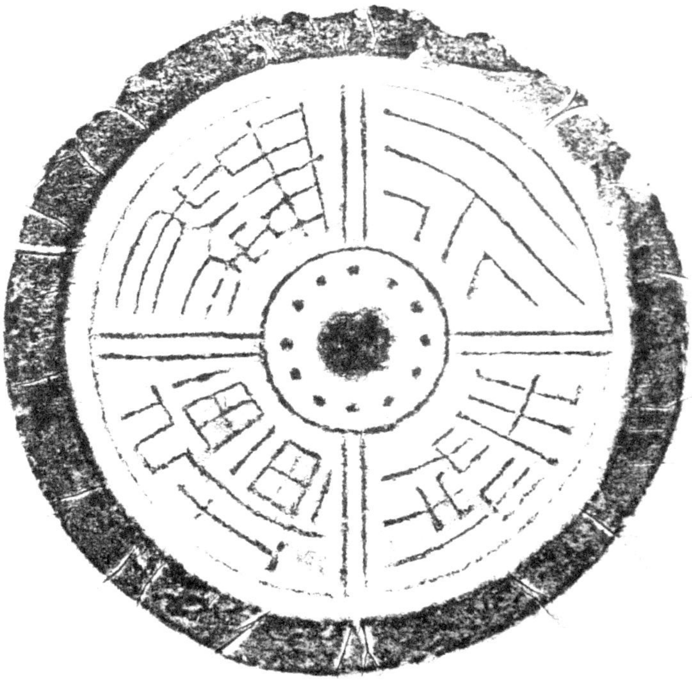

七五九　汉　永奉无疆瓦当

面径 16 厘米，边轮宽 1.8 厘米。当心为圆纽，外饰连珠纹，外区被双线十字四分，自右向左直书篆体『永奉无疆』四字。宽边轮与小当面对比，显得别有情调。

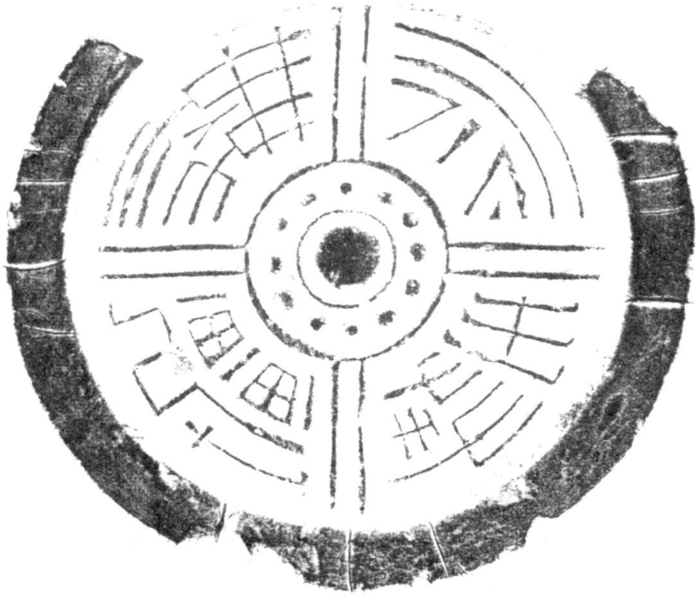

七六〇　汉　永奉无疆瓦当

面径 18 厘米，边轮宽 1.5 厘米。边轮残缺。当心为圆纽，外饰弦纹、连珠纹。外区被双线十字四分，自右向左直书篆体『永奉无疆』四字。笔意率真、稚拙，颇有意趣。

七六一　汉　永奉无疆瓦当

面径 15.5 厘米，边轮宽 1.5 厘米。当心为圆纽，外饰弦纹、连珠纹。外区被双线十字四分，自右向左直书篆体『永奉无疆』四字。四字随形就势，运笔多方笔，结体严整。

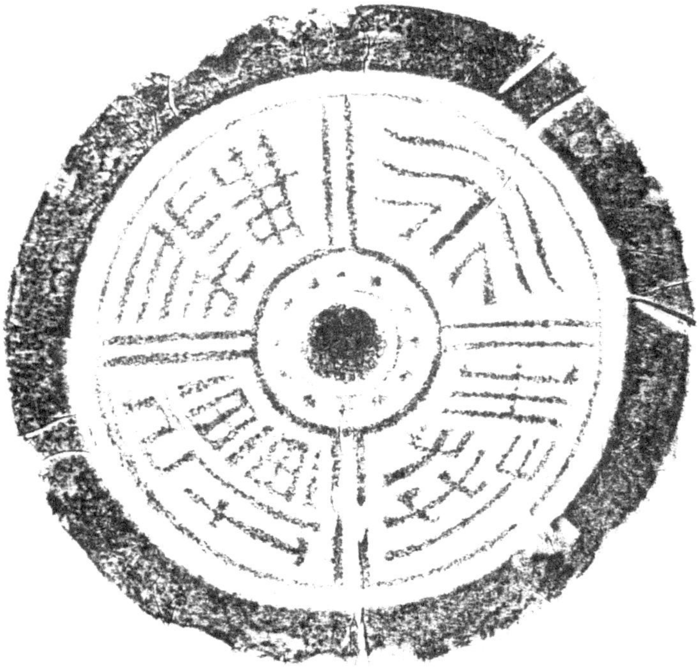

七六二　汉　永奉无疆瓦当

面径 18 厘米，边轮宽 1.8 厘米。当心为圆纽，外饰弦纹、连珠纹。外区被双线十字四分，自右向左直书篆体『永奉无疆』四字。外饰一周弦纹。四字多采用方笔，笔画较粗，行笔刚健、匀实。布局丰满，错落有致，当面显得格外整洁雅致。

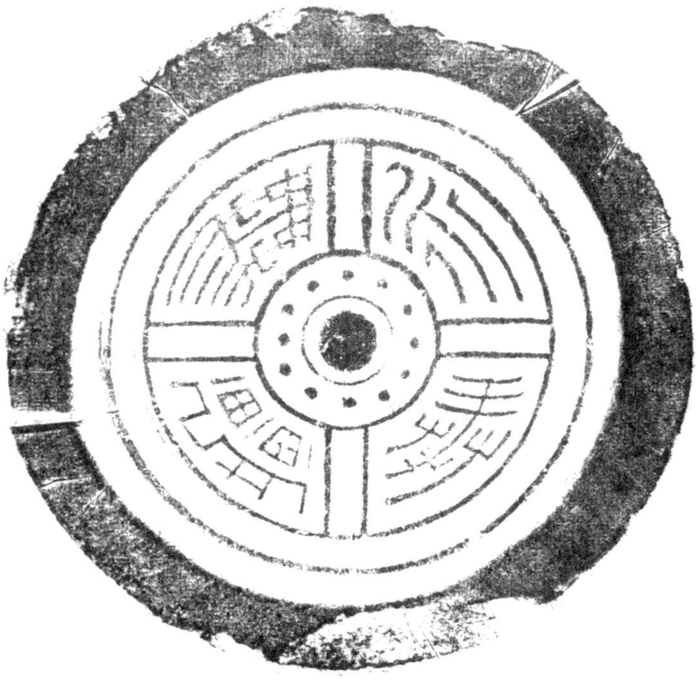

七六三 汉 永奉无疆瓦当

面径 19.5 厘米，边轮宽 2 厘米。当心为圆纽，外饰弦纹、连珠纹。外区被双线十字四分，自右向左直书篆体『永奉无疆』四字。四字多采用方笔，笔画较粗，布局丰满。书风肃穆。

七六四 汉 永奉无疆瓦当

面径 19.5 厘米，边轮宽 1.8 厘米。当心为圆纽，外饰弦纹、连珠纹。外区被双线十字四分，自右向左直书篆体『永奉无疆』四字。笔画较粗，布局丰满。书风大气。

七六五　汉　长毋相忘瓦当

面径 15 厘米，边轮宽 1.2 厘米。当心为圆纽，外饰弦纹。外区被双线十字四分，自右向左直书篆体『长毋相忘』四字。结字雄劲老辣，气势宏伟，布局苍茂高古。淳化县董村曾有出土，可能系汉甘泉宫所用。『长毋相忘』也是汉代常用的吉语之一。

七六六　汉　长毋相忘瓦当

面径 15.5 厘米，边轮宽 0.8 厘米。当心为圆纽，外饰弦纹。外区被双线十字四分，自右向左直书篆体『长毋相忘』四字。『长』字多减笔，结字平稳祥和，布局疏意率真，有匀净、静谧之美。

七六七　汉　毋相疑之瓦当

面径 15.5 厘米，边轮宽 1.5 厘米。当面布局十分简洁，仅以单线十字四分当面，自右向左直书篆体『毋相疑之』四字。书体寓方于圆，结字工整平稳，线条粗实厚重，笔意雄强苍劲，布局饱满，浑厚中不失灵秀。

七六八　汉　为臣忠信瓦当

面径 17 厘米，边轮宽 1 厘米。当心为圆纽，双线十字把当面四分，自右向左直书『为臣忠信』四字。字体介于隶篆之间，中锋行笔，笔画张弛自如，挺拔精劲，结字肃穆。

七六九　汉　四极咸依瓦当

面径 16.5 厘米，边轮宽 0.8 厘米。边轮稍残。当心为圆纽，外饰弦纹。外区被双线十字四分，自右向左直书『四极咸依』四字。字体介于隶篆之间，汉长安城遗址曾有出土。瓦文有阴文、阳文二种，为颂祷之词。『四极』指四方、普天下之地。《楚辞·离骚》云：『览相观于四极兮，周流乎天余乃下。』秦《峄山刻石》有『威动四极』之句，意在颂扬汉王朝疆域广大，天下顺服。

七七〇　汉　高安万世瓦当

面径 16.5 厘米，边轮宽 1.8 厘米。当心为圆纽，外饰连珠纹，外区被双线十字四分，自右向左直书篆体『高安万世』四字。这类瓦当在汉长安城遗址和咸阳等地均有发现，当面设计、布局、字体均相同，仅笔画有粗细之分。当属颂祷吉语类瓦当。

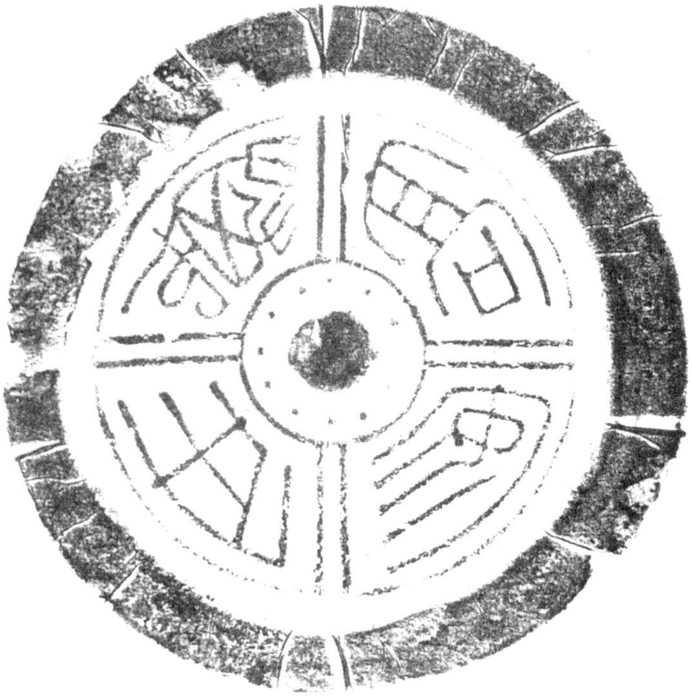

七七一　汉　高安万世瓦当

面径16厘米，边轮宽1.5厘米。当心为圆纽，外饰连珠纹，外区被双线十字四分，自右向左直书篆体『高安万世』四字。宽边轮与小当面形成强烈反差，给人以厚重结实之感。

七七二　汉　高安万世瓦当

面径18厘米，边轮宽2厘米。当心为圆纽，外饰连珠纹，外区被双线十字四分，自右向左直书篆体『高安万世』四字。『万』字的『艹』字头多变化。结字严谨工整。

七七三　汉　高安万世瓦当

面径 16 厘米，边轮宽 1.8 厘米。当心为圆纽，外饰弦纹、连珠纹。外区被双线十字四分，自右向左直书篆体『高安万世』四字。中锋行笔，寓方于圆，笔意秀丽端庄。书体规整，书风肃穆。

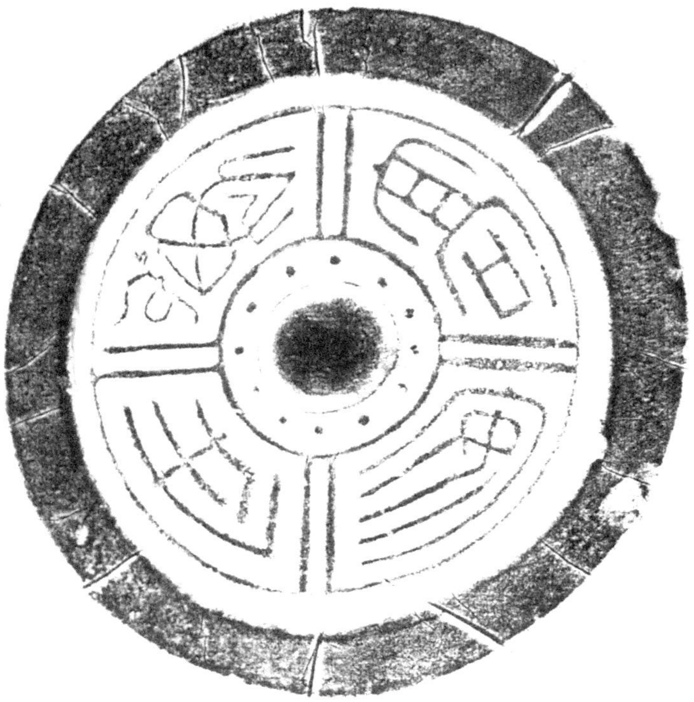

七七四　汉　永受嘉福瓦当

面径 16 厘米，边轮宽 1.2 厘米。无当心，单线十字把当面四分，自右向左直书鸟虫篆『永受嘉福』四字。四字结体疏密均匀，线条盘曲蜿蜒，如行云流水，畅达自然。布局饱满，雍容华丽，极富装饰性，为汉文字瓦当中的珍品。这类瓦当传出土于咸阳，较少见。

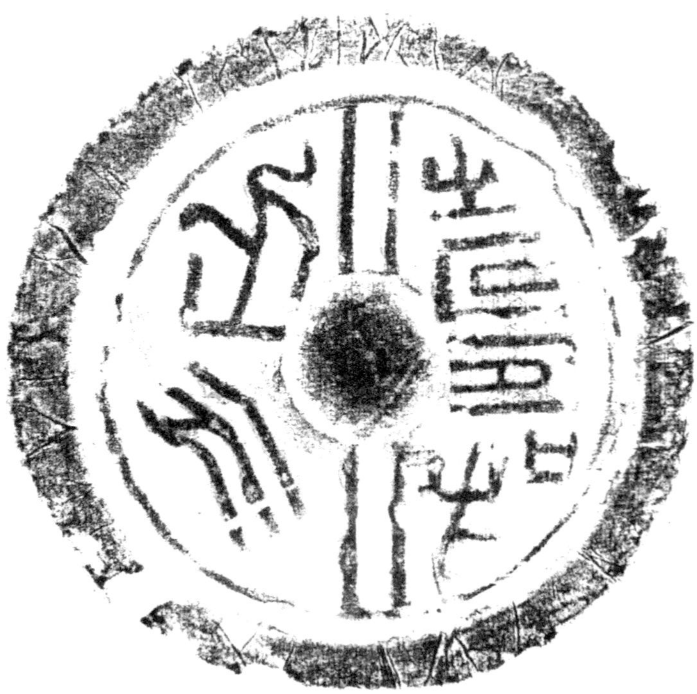

七七五 汉 寿如山川瓦当

面径 16 厘米，边轮宽 1.2 厘米。当心为圆纽，双线十字把当面四分，自右向左直书篆体『寿如山川』四字。四字随形就势，中锋行笔，笔画粗实。书体规整，书风肃穆。

七七六 汉 大富昌瓦当

面径 14 厘米，边轮宽 1 厘米。当心圆内为一『富』字，上下分别为『大』字和『昌』字，间以四个云纹。外环内饰折线纹。

七七七　汉

千金宜富贵当瓦当

面径 16 厘米，边轮宽 0.8 厘米。当心圆内从右至左横书篆书『千金』二字。外区被双线十字四分，顺时针篆书『宜富贵当』四字。寓方于圆，结字工整平稳，笔意雄强苍劲，布局饱满。

七七八　汉
长乐未央千秋万世昌瓦当

面径 16 厘米，边轮宽 1 厘米。边轮稍残。无格界，『千秋万世』顺时针方向旋读，『长乐未央』逆时针方向旋读，『昌』字位于中央。通过笔画腾挪避让，巧妙安排，使画面既充实饱满，又疏朗清丽，毫不局促。

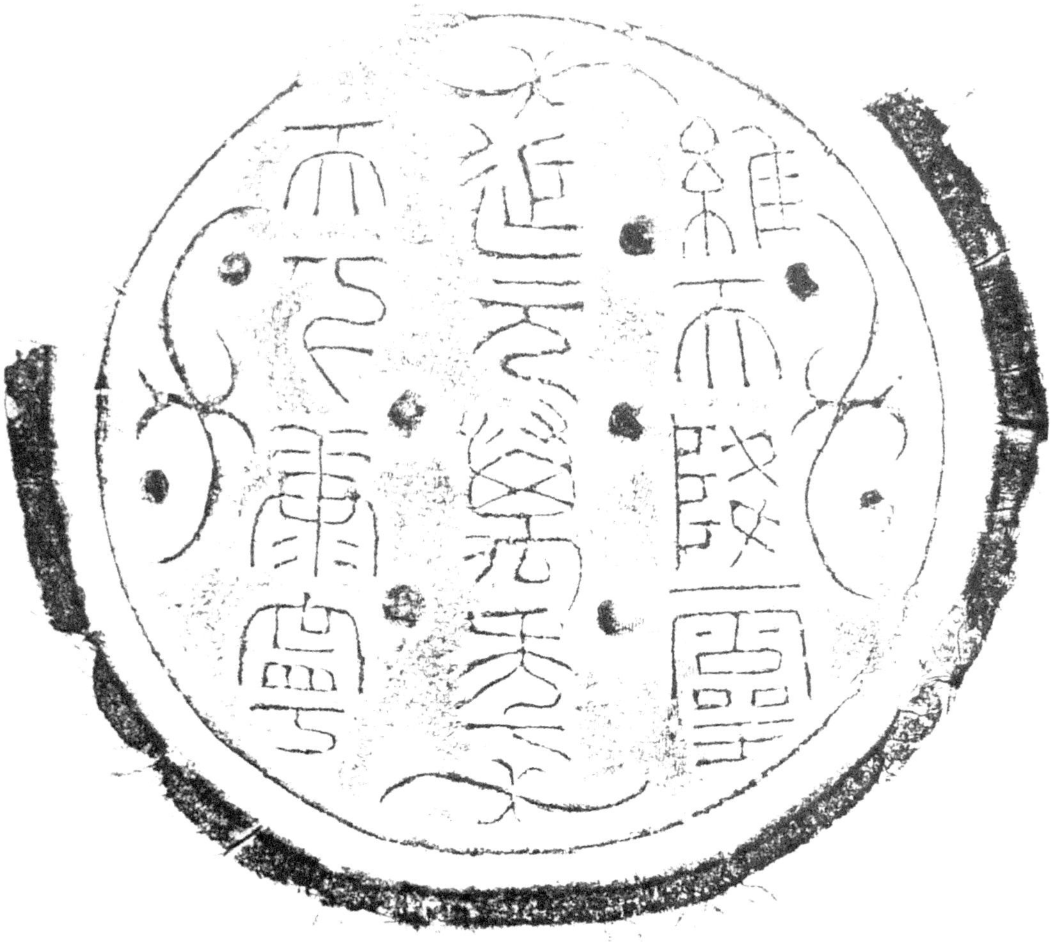

七七九 汉

维天降灵延元万年天下康宁瓦当

面径 17 厘米，边轮宽 0.8 厘米。边轮残缺。有阳文篆书十二字：『维天降灵 延元万年 天下康宁』，分三列，每列间及四周衬以乳钉及蔓草纹。语句以『灵』『宁』两字为韵，运笔方圆相济，蜿曲刚劲，秀整可爱。整体布局协调，纹饰随圆形当面而变化。系汉代吉祥颂词，表达了当时人们意识中『天命』『神授』及永恒不变的思想。

七八〇 汉

维天降灵延元万年天下康宁瓦当

面径 16 厘米，边轮宽 1 厘米。有阳文篆书十二字：『维天降灵 延元万年 天下康宁』，分三列，每列间及四周衬以乳钉及蔓草纹。十分巧妙地运用文字作为装饰，具有图案美。当面文字具有图案化特征。边际饰有弦纹，整体风格自然、安详、质朴。

七八一　汉

维天降灵延元万年天下康宁瓦当

面径 16.5 厘米，边轮宽 0.8 厘米。边轮残缺。有阳文篆书十二字：『维天降灵 延元万年 天下康宁』，分三列，每列间及四周衬以乳钉及蔓草纹。语句以『灵』『宁』两字为韵，运笔寓方于圆，蜿曲刚劲，整体布局协调，纹饰随圆形当面而变化。此实为统治者以自然现象附会神灵祥瑞之兆，又取警示之意，以图王朝永固。

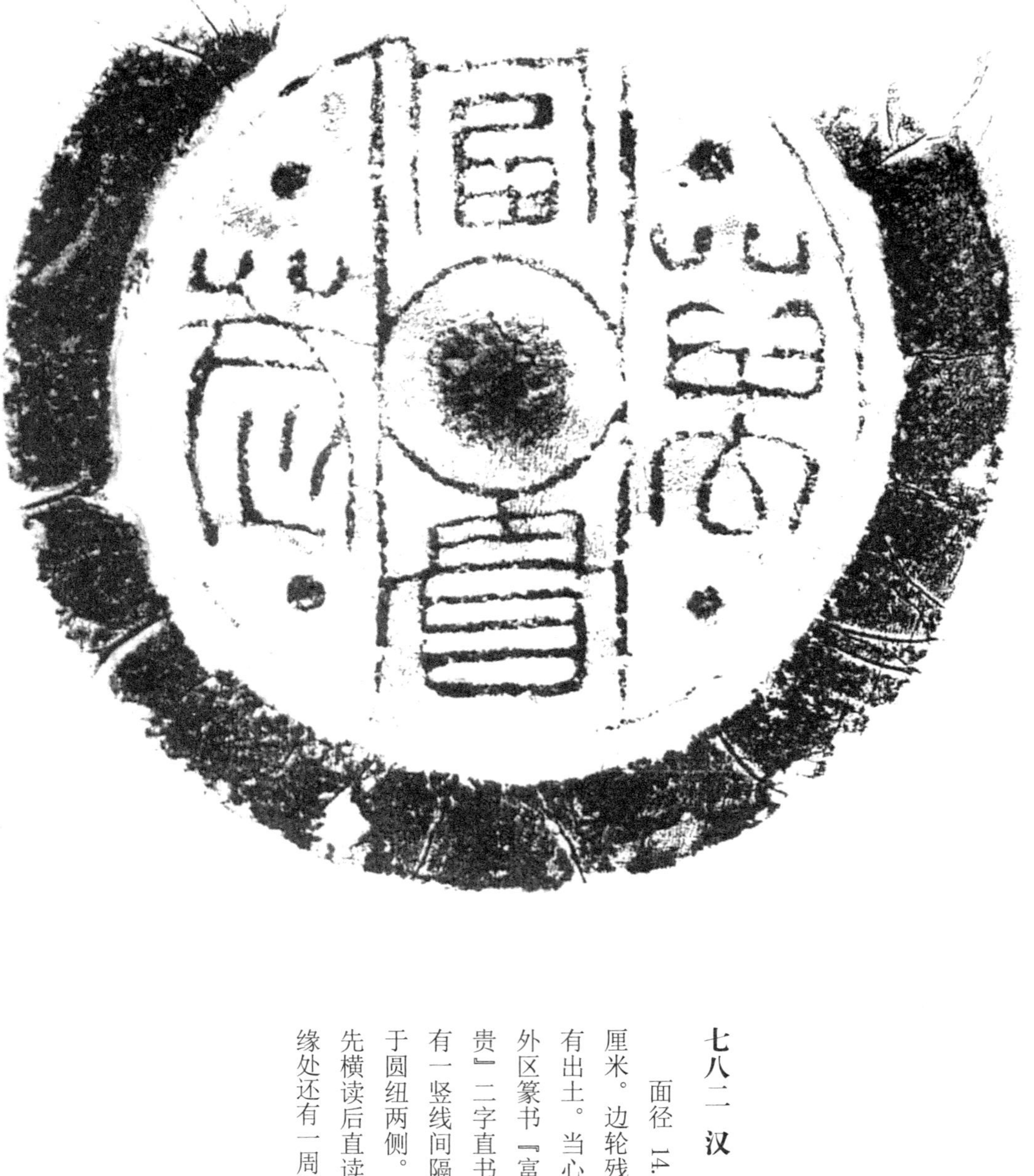

七八二　汉　富贵万岁瓦当

面径 14.5 厘米，边轮宽 1.5 厘米。边轮残缺。汉长安城遗址多有出土。当心为圆纽，外饰弦纹。外区篆书『富贵万岁』四字，『富贵』二字直书于圆纽上下，两边各有一竖线间隔；『万岁』二字横书于圆纽两侧。或先直读后横读，或先横读后直读。此类瓦当有些在边缘处还有一周绳索纹。

七八三　汉　大宜子孙瓦当

面径 17 厘米，边轮宽 1.5 厘米。边轮残缺。汉长安城遗址曾有出土。当心为圆纽，外饰连珠纹。外区被双线十字四分，自右向左直书篆体『大宜子孙』四字。『大』『宜』二字省去上部点画，『孙』字『系』部亦省去一点。结体宽博，笔画畅达。此为瓦当文字中常见者。同类的瓦当还有『长宜子孙』等，均系汉代吉语瓦。

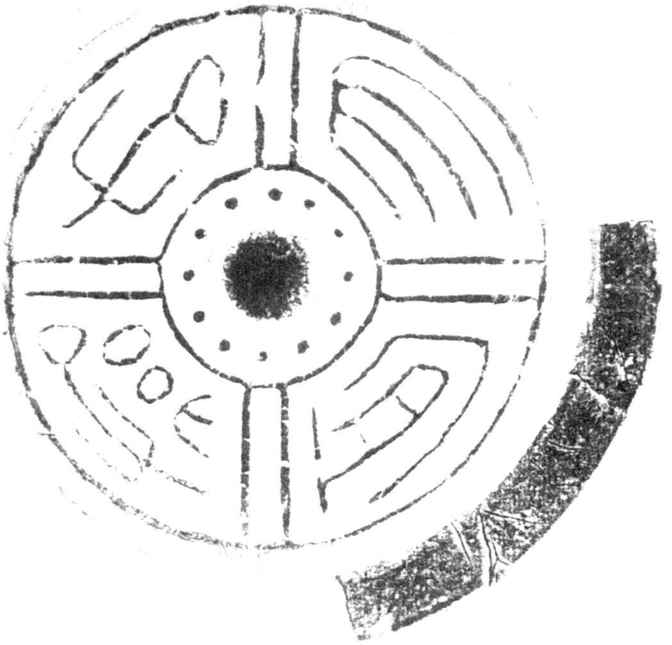

七八四　汉　宫宜子孙瓦当

面径 17 厘米，边轮宽 1.2 厘米。当面被单线十字四分，自右向左直书篆体『宫宜子孙』四字，以中锋行笔，笔画张弛自如，挺拔精劲，结字端正肃穆，布局空灵，气韵酣畅。文意为：使子孙适其宫位。瓦文神采凝重。『宫』是古代对房屋、居室的通称。秦汉以来，特指帝王之宫。《吕氏春秋·慎势》有云：『古之王者，择天下之中而立国，择国之中而立宫，择宫之中而立庙。』

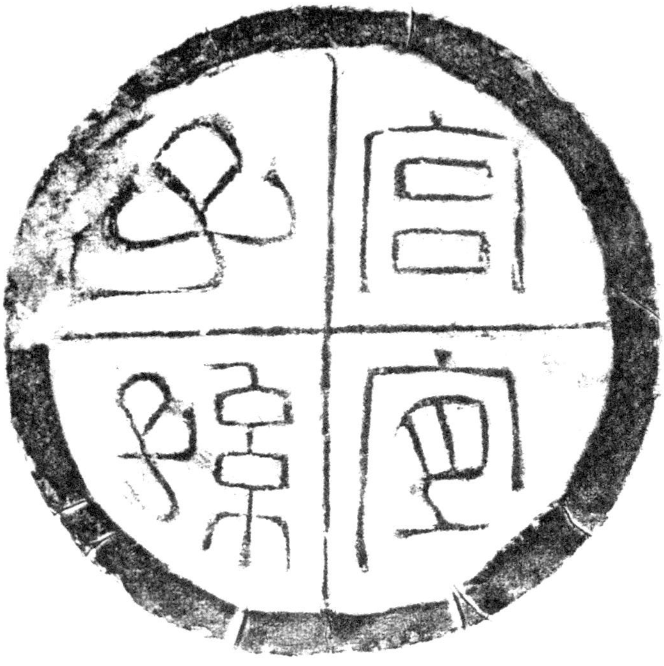

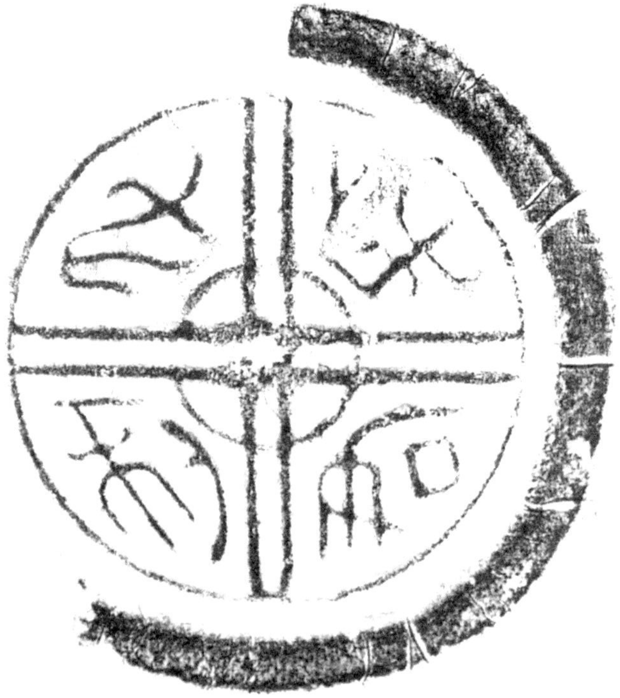

七八五　汉　千秋利君瓦当

面径 15 厘米，边轮宽 1 厘米。边轮残。双线十字穿过当心圆，将当面四分，外区自右向左直书篆体『千秋利君』四字，字体轻盈浑圆。

七八六　汉　君长宜宫瓦当

面径 13.5 厘米，边轮宽 1 厘米。当心为圆纽，单线十字将当面四分，自右向左直书篆体『君长宜宫』四字，『长（？）』似为反书。系汉代吉语瓦。

七八七 汉 君宜官秩瓦当

面径 15 厘米，边轮宽 0.8 厘米。当心为圆纽，外饰弦纹。外区被双线十字四分，逆时针书篆体『君宜官秩』四字，字迹潦草。

七八八 汉 大吉益昌瓦当

面径 15 厘米，边轮宽 1.2 厘米。当心为圆纽，四组由直线与羊角状云纹组成的图案将当面四分，先上后下、由右向左篆书『大吉益昌』四字。系汉代吉语瓦。

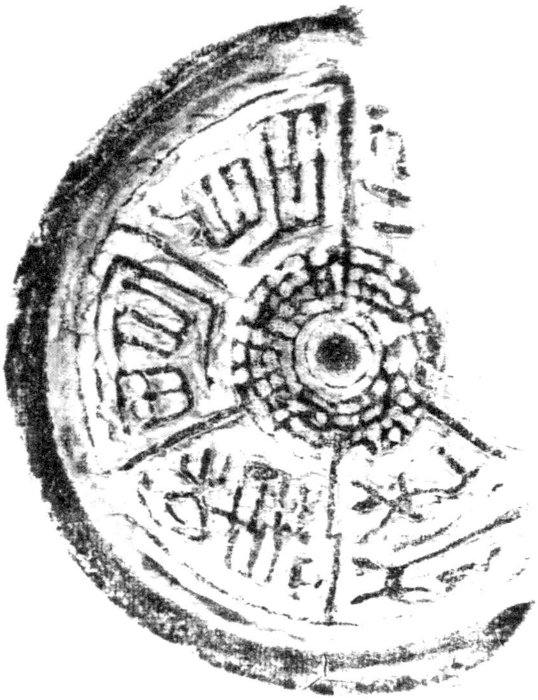

七八九　汉　富贵万秋残当

面径 16 厘米，边轮宽 1.2 厘米。当心为麻点状纽，由于当面残缺，仅存『富贵万秋』四字，字体介于隶篆之间。

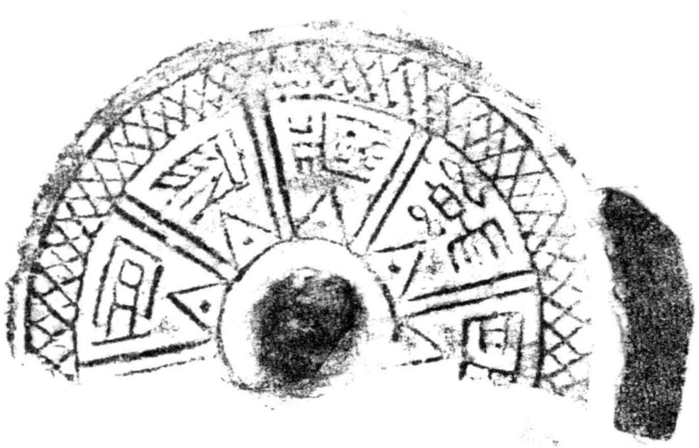

七九〇　汉　家宜常乐残当

当面残缺严重。当心为圆纽，外饰弦纹，弦纹外有锯齿纹，双直线划分外区，各饰一字，仅存『家宜常乐』四字。字体介于隶篆之间，外轮有一圈菱形网格纹。

七九一　汉　大富昌宜侯王半瓦当

当面呈不规则半圆形，为一兽面，眼睛有神，眉毛清晰。兽面两侧隶书『大富昌　宜侯王』六字。

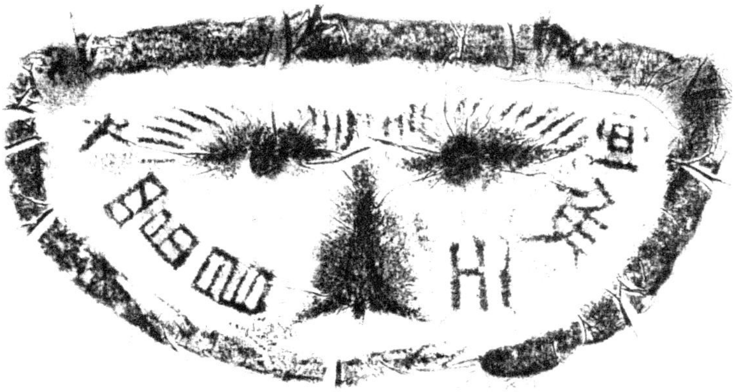

其他文字瓦当

七九二　战国秦　壬子瓦当

面径 17 厘米，边轮宽 1 厘米。当心圆内饰龟形纹，外区饰勾纹，间有字，第一字明显是『壬』而非『王』，第二字似为小篆『子』，当为干支纪年『壬子』。按此壬子年应为公元前 249 年，秦庄襄王元年，于秦统一之前 28 年。此瓦为唯一有绝对纪年的秦瓦当。凤翔雍城遗址曾有出土。

七九三　汉　程氏富贵瓦当

面径 17.5 厘米，边轮宽 1.5 厘米。当心为圆纽，外饰弦纹。外区被双线十字四分，各饰一云纹。外环内饰一圈文字，为篆书『程氏富贵为天思福禄并至保子孙长宜官秩寿万年』二十一字。文字随形就势，书体规整，书风肃穆，甚为罕见。

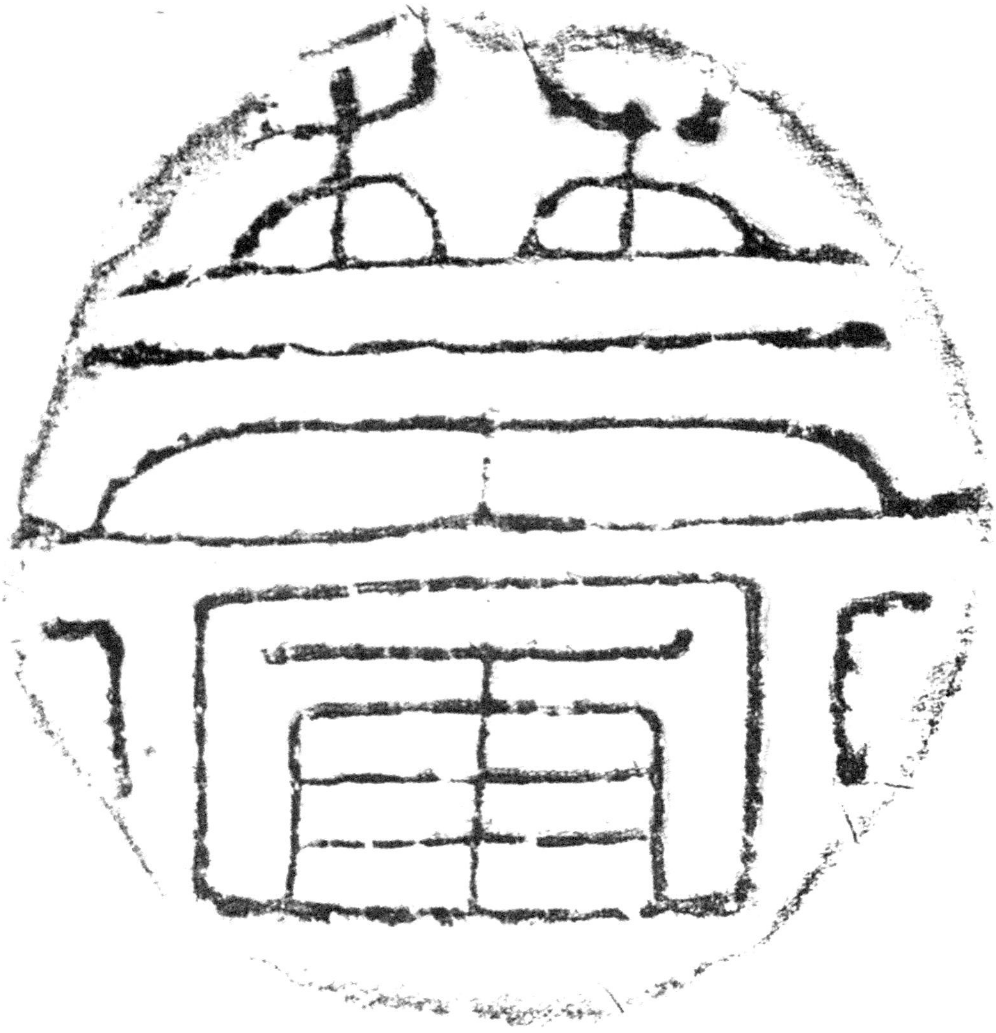

七九四 汉 禁圃瓦当

面径 11 厘米。无边轮，当面直书『禁圃』二字，『圃』字左右饰折线纹。『禁圃』即禁苑中栽植菜蔬之圃，属水衡部都尉，西汉中期官印有见。此瓦二字上下排列，铁线银钩的小篆将当面布满，与单线瓦边浑然一体。

七九五　汉　□君瓦当

面径 16 厘米，边轮宽 1.2 厘米。当心为圆纽，外区被两组三直线平分，每部分各饰由直线、乳钉、对称勾线组成的纹饰。下部分纹饰之间书隶体『君』字，上部分不识。

七九六　汉　尧墨禹汤瓦当

面径 16.5 厘米，边轮宽 1.2 厘米。无当心，单线十字四分当面，各饰一字，先右后左直书篆体『尧墨禹汤』四字。

七九七 汉 什肆厕当瓦当

面径 14 厘米，边轮宽 1.2 厘米。无当心，双线十字四分当面，先右后左直书『什肆厕当』四字。笔画圆劲，『什』字写得婉转多姿，『肆』字减笔。也有释作『口津厕当』。仅此一件，词意待考。

七九八 汉 华叶移莛瓦当

面径 16 厘米，边轮宽 0.8 厘米。当心为圆纽，外饰弦纹。外区被双线十字四分，先右后左直书篆体『华叶移莛』四字。

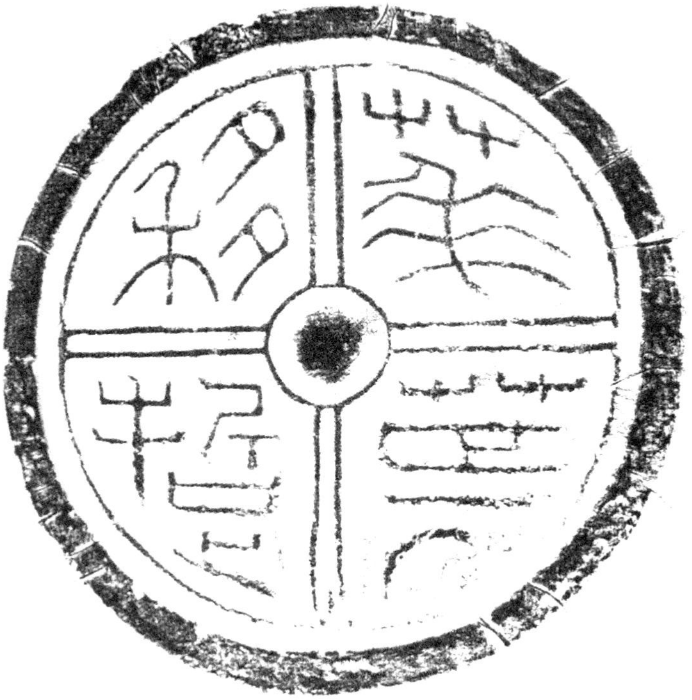

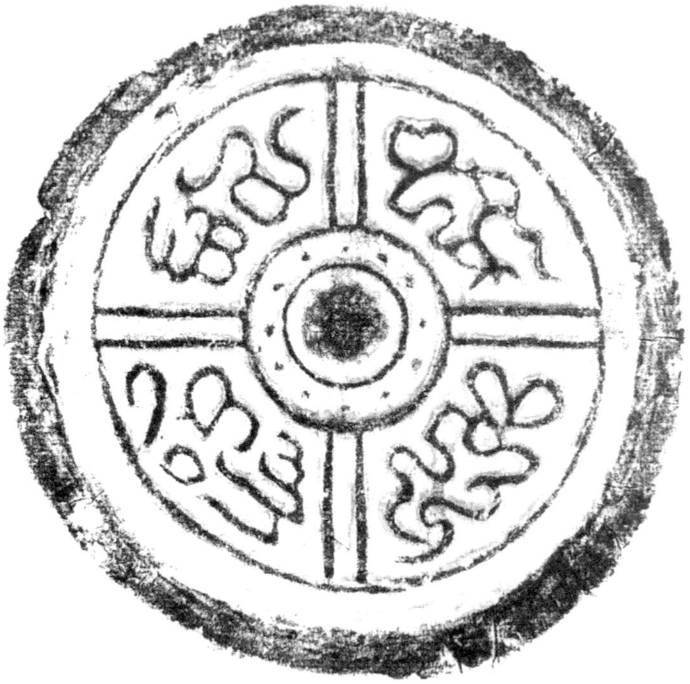

七九九　汉　□□□□瓦当

面径 14.5 厘米，边轮宽 0.8 厘米。当心为圆纽，外饰弦纹、连珠纹。外区被双线十字四分，自右向左直书篆体□□□□四字，不识。

八〇〇　汉　临邸瓦当

面径 13.5 厘米，边轮宽 0.8 厘米。当面篆书『临邸』二字，上下布局，舒朗清秀。

八〇一 汉 临邸瓦当

面径 14.5 厘米，边轮宽 0.8 厘米。当面篆书『临邸』二字，上下布局。

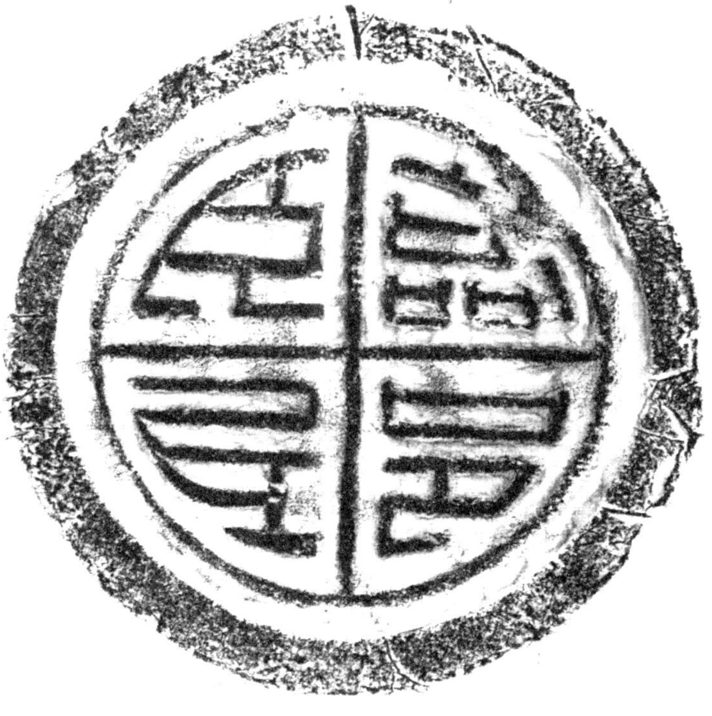

八〇二 汉 临邸瓦当

面径 14.5 厘米，边轮宽 1.2 厘米。无当心，单线十字四分当面，把『临邸』二字分别左右拆分置于四格，十分罕见。布局饱满，线条沉雄有力。疑为临邸官员住舍所用。

八〇三　汉　阳谷半瓦当

高 8.5 厘米，边轮宽 0.8 厘米。残缺。横书篆体『阳谷』二字。结字多方笔，笔画古拙遒劲。

八〇四　汉　射室瓦当

面径 15 厘米，边轮宽 1.2 厘米。上部边轮残。直书隶体『射室』二字，笔画随形就势，笔意恣肆率真，颇有意趣。

参考文献

[1] 赵丛苍. 古代瓦当［M］. 北京：中国书店，1997.

[2] 陈根远，朱思红. 屋檐上的艺术：中国古代瓦当［M］. 成都：四川教育出版社，1998.

[3] 傅嘉仪. 秦汉瓦当［M］. 西安：陕西旅游出版社，1999.

[4] 傅嘉仪. 中国瓦当艺术［M］. 上海：上海书店出版社，2002.

[5] 王世昌. 陕西古代砖瓦图典［M］. 西安：三秦出版社，2004.

[6] 赵力光. 中国古代瓦当图典［M］. 北京：文物出版社，1998.

[7] 贺云翱. 六朝瓦当与六朝都城［M］. 北京：文物出版社，2005.

[8] 张文彬. 新中国出土瓦当集录 • 齐临淄卷［M］. 西安：西北大学出版社，1999.

[9] 申云艳. 中国古代瓦当研究［M］. 北京：文物出版社，2006.

[10] 张童心，黄永久. 禹王城瓦当［M］. 上海：上海古籍出版社，2010.

[11] 郭兵. 椽檐遗珍：中国古代瓦当鉴赏［M］. 太原：山西人民出版社，2010.

[12] 陕西省考古研究院. 雍城秦汉瓦当集萃［M］. 西安：三秦出版社，2008.

[13] 陕西省考古研究院等. 秦雍城豆腐村 战国制陶作坊遗址［M］. 北京：科学出版社，2013.

[14] 刘军社. 论砖的起源与发展[M]. 西部考古 • 第一辑（纪念西北大学考古专业成立五十周年专刊）. 西安：三秦

出版社，2006.

[15] 考古研究所沣西发掘队．1955—1957 年陕西长安沣西发掘简报[J]．考古，1959（10）．

[16] 中国科学院考古研究所丰镐考古队．1961—1962 年陕西长安沣东试掘简报[J]．考古，1963（8）．

[17] 陕西省周原考古队．陕西岐山凤雏村西周建筑基址发掘简报[J]．文物，1979（10）．

[18] 宝鸡市文物普查队．特大发现——桥镇遗址发现『龙山筒瓦』[M] // 宝鸡市文物普查队．踏遍宝鸡寻遗珍——宝鸡市第三次全国文物普查工作纪实．北京：科学出版社，2011.

[19] 陕西省周原考古队．扶风召陈西周建筑群基址发掘简报[J]．文物，1981（3）．

[20] 陈根源，朱思红．屋檐上的艺术[M]．成都：四川教育出版社，1998.

[21] 冯长哲，上官存德，李昌峰．雍城秦汉瓦当[M]．宝鸡：中国石鼓印社出版社，2016.

[22] 陈直．秦汉瓦当概述[J]．文物，1963（11）．

[23] 刘怀君，王力军．秦汉遗珍——眉县秦汉瓦当图录[M]．西安：三秦出版社，2002.

[24] 王世昌．陕西古代砖瓦图典[M]．西安：三秦出版社，2004.

[25] 陕西省考古研究院．雍城秦汉瓦当集萃[M]．西安：三秦出版社，2008.

[26] 陕西省考古研究所凤翔队．陕西凤翔南古城村遗址试掘记[J]．考古，1962（9）．

[27] 徐锡台，孙德润．凤翔发现『年宫』和『棫』字瓦当[J]．文物，1963（5）．

[28] 陕西省雍城考古队．一九八二年凤翔雍城秦汉遗址调查简报[J]．考古与文物，1984（2）．

[29] 曹明檀，赵丛苍，王保平．凤翔雍城出土的秦汉瓦当[J]．考古与文物，1985（4）．

[30] 陕西省雍城考古队．陕西凤翔四里秦汉遗址调查简报[J]．考古与文物，1989（4）．

[31] 焦南峰，王保平，周晓陆，路东之. 秦文字瓦当的确认和研究[J]. 考古与文物，2000（3）.
[32] 赵丛苍，刘怀君. 陕西眉县成山宫遗址的调查[J]. 考古，1998（6）.

后记

多年前，一个偶然的机会看到著名书法家、原陕西省书协副主席李子青、陕西省书协顾问宋志贤先生题跋的瓦当拓片，使我们对瓦当产生了特殊的感情。后来由于长期从事博物馆陈列设计工作，我们对瓦当的感情与日俱增，其间也收藏了许多瓦当拓片。如何拂去历史的尘埃，使瓦当艺术为更多的人所了解，也是我们多年来的心愿。

2013 年初，我们拜访西安美术学院吴昊教授时送给他我们编写的介绍瓦当的小册子。吴老师翻着册子，欣赏着拓片，惊喜道：『这能编一本大书，下点功夫再挖掘些资料是很有意义的。』得到大家的指点，令我们备受启发。经过三年努力，《雍城秦汉瓦当》一书于 2016 年 1 月由中国石鼓印社出版社出版。在编辑出版《雍城秦汉瓦当》的过程中，宝鸡民间藏瓦之多、品种之全令我们惊叹。《雍城秦汉瓦当》的编印出版，不期竟然得到一致好评，来自陕西省文物局原副局长、研究员刘云辉，副巡视员、研究员呼林贵，宝鸡市文物局原局长张润棠，设计大家孙西京教授、张伏虎教授以及老领导、老同事的肯定和鼓励，于是产生了编写一本宝鸡瓦当大全的念头。由于有《雍城秦汉瓦当》的编辑经验，资料收集与整理非常顺利，初步构思和框架很快形成。在此期间，宝鸡市考古研究所辛怡华研究员、陕西省考古研究院田亚岐研究员一直给予热情的帮助与指导，宝鸡市文物旅游局和宝鸡青铜器博物院的领导也给予了大力支持。陕西人民美术出版社韩宏伟编辑建议把

《雍城秦汉瓦当》的内容重新整理，与民间收藏的瓦当一起编成《宝鸡瓦当》一书。经过认真的研究推敲，我们商定将《宝鸡瓦当》分上下两卷：上卷为宝鸡地区出土瓦当，突出瓦当的地域性；下卷为宝鸡民间收藏瓦当，突出民间的参与性。相比而言，下卷内容更加丰富多彩。暑往寒来，编辑整理工作终于完成。回想这半年来的工作，吃饭、睡觉时都在想瓦当，苦尽甘来，书稿付梓，总算了结了一桩心愿。

最后要感谢所有为本书编写、出版提供帮助的同事、朋友，特别感谢提供瓦当珍拓的李建林、宋志贤、郑存才、庞文龙、杨富科等诸位热心朋友。感谢陕西人民美术出版社给予积极支持，使本书在很短时间内得以出版。这本书吸纳了多位学者的研究成果，谨致谢忱。发现无止境，研究亦无止境。对于瓦当的研究与鉴赏需要多方面的知识与深厚的学养，坦率地说，我们正缺少这些方面的能力。由于我们仅仅是爱好者，编辑此书充其量只能算是对资料的收集与整理，不足和错误在所难免，敬请方家和读者指教。

编者

二〇一八年一月